日本国憲法（前文）

1946（昭21）年11月3日公布
1947（昭22）年5月3日施行

　日本国民は，正当に選挙された国会における代表者を通じて行動し，われらとわれらの子孫のために，諸国民との協和による成果と，わが国全土にわたつて自由のもたらす恵沢を確保し，政府の行為によつて再び戦争の惨禍が起ることのないやうにすることを決意し，ここに主権が国民に存することを宣言し，この憲法を確定する。そもそも国政は，国民の厳粛な信託によるものであつて，その権威は国民に由来し，その権力は国民の代表者がこれを行使し，その福利は国民がこれを享受する。これは人類普遍の原理であり，この憲法は，かかる原理に基くものである。われらは，これに反する一切の憲法，法令及び詔勅を排除する。

　日本国民は，恒久の平和を念願し，人間相互の関係を支配する崇高な理想を深く自覚するのであつて，平和を愛する諸国民の公正と信義に信頼して，われらの安全と生存を保持しようと決意した。われらは，平和を維持し，専制と隷従，圧迫と偏狭を地上から永遠に除去しようと努めてゐる国際社会において，名誉ある地位を占めたいと思ふ。われらは，全

THE CONSTITUTION OF JAPAN
——日本国憲法の英訳

　We, the Japanese people, acting through our duly elected representatives in the National Diet, determined that we shall secure for ourselves and our posterity the fruits of peaceful cooperation with all nations and the blessings of liberty throughout this land, and resolved that never again shall we be visited with the horrors of war through the action of government, do proclaim that sovereign power resides with the people and do firmly establish this Constitution. Government is a sacred trust of the people, the authority for which is derived from the people, the powers of which are exercised by the representatives of the people, and the benefits of which are enjoyed by the people. This is a universal principle of mankind upon which this Constitution is founded. We reject and revoke all constitutions, laws, ordinances, and rescripts in conflict herewith.

　We, the Japanese people, desire peace for all time and are deeply conscious of the high ideals controlling human relationship, and we have determined to preserve our security and existence, trusting in the justice and faith of the peace-loving peoples of the world. We desire to occupy an honored place in an international society striving for the preservation of peace, and the banishment of tyranny and slavery, oppression

世界の国民が，ひとしく恐怖と欠乏から免かれ，平和のうちに生存する権利を有することを確認する。

われらは，いづれの国家も，自国のことのみに専念して他国を無視してはならないのであつて，政治道徳の法則は，普遍的なものであり，この法則に従ふことは，自国の主権を維持し，他国と対等関係に立たうとする各国の責務であると信ずる。

日本国民は，国家の名誉にかけ，全力をあげてこの崇高な理想と目的を達成することを誓ふ。

（条文は巻末資料〈p.230〉に掲載）

and intolerance for all time from the earth. We recognize that all peoples of the world have the right to live in peace, free from fear and want.

We believe that no nation is responsible to itself alone, but that laws of political morality are universal; and that obedience to such laws is incumbent upon all nations who would sustain their own sovereignty and justify their sovereign relationship with other nations.

We, the Japanese people, pledge our national honor to accomplish these high ideals and purposes with all our resources.

政治・経済を学ぶ読者の皆さんへ

時代の変化が激しい今日，情報としての教養書が求められています。書店には how to モノが溢れ，簡便な知識の切り売りが盛んですが「それでよいのか」との批判も根強いように思われます。そのような状況のなかで，むしろ，仕事に全力を尽くした日々が一段落した人，いま現実の社会に立ち向かっている人，これから新しい道を歩もうとする人のほうが，強烈な問題意識をもち，鋭い思索の切り口をもっているはずです。いったん立ち止まって基礎理論を学び直し，歴史的流れの中で現状を見通してみると，日本社会の将来について新しい展望が開けてくるかも知れません。歴史の転換点にさしかかった今ほど，一人でも多くの人が世界と日本の現状を正確に認識した上で，その将来のあり方を考えることが重要な時はないでしょう。

本書は，高等学校の教科書として使われている『詳説政治・経済』をベースにしていますが，一般の読者を対象として構成・内容を見直し，簡潔かつ明確な形に改めました。さらに，現代の理解の手助けになるような解説をコラムの形にまとめています。誰にでも読みやすく，1冊で政治・経済の全体を把握できる書物です。本書が皆さんの政治・経済についての理解を助け，世界や日本についての将来像を考える一助となることを願っています。

編　者

目次

第1部 現代の政治

第1章 民主政治の基本原理 2
1 政治と法 2
2 民主政治の発展 4
3 世界のおもな政治体制 15

第2章 日本国憲法と民主政治 20
1 日本国憲法の成立と基本的性格 20
2 基本的人権の保障 27
3 平和主義と日本の安全保障 46

第3章 日本の政治制度 55
1 日本の政治機構と国会 55
2 内閣の仕組みと行政権の拡大 59
3 裁判所と国民の司法参加 64
4 地方自治の仕組みと住民参加 71

第4章 現代日本の政治 76
1 政党政治の展開 76
2 選挙 80
3 世論と国民の政治参加 83

第5章 現代の国際社会 88
1 国際社会の成立と国際法 88
2 拡大する国際機関の役割 93
3 戦後国際社会の動向 99
4 国際平和と日本の役割 108

●コラム
民主政治を進展させたおもな市民革命 6
アメリカ独立宣言（抜粋） 7
フランス人権宣言（抜粋） 7
ヴァイマル（ワイマール）憲法（抜粋） 9
ルソーの代議制批判 11
古代アテネの直接民主制 12
国民代表の理論 12
ファシズム 14
ポツダム宣言（抜粋） 22
刑事司法の原則 29
津地鎮祭訴訟 32
靖国神社への公式参拝 32
チャタレー事件 33
華族制度 34
全国水平社創立大会「宣言」 35
朝日訴訟 38
大阪空港公害訴訟 43
プライバシーの権利をめぐる裁判 44
情報公開法 45
憲法第9条と自衛隊，日米安全保障条約 48
憲法第9条をめぐる裁判所の判断 49
国連平和維持活動（PKO）協力法 51
衆議院の優越 57
立法過程 58
オンブズマン制度 63
刑罰の種類 65
大津事件 66
司法制度改革 67
国選弁護人と当番弁護士 70
住民投票条例による住民投票 73
政令指定都市 75
NPO（非営利組織）法人 87
核保有国 105
日本の領域と領土問題 110

第2部 現代の経済

第1章 経済社会の変化 *114*
1 経済活動の意義 *114*
2 資本主義経済の特徴と変化 *116*

第2章 現代経済の仕組み *122*
1 国民経済の主体と相互関係 *122*
2 市場の機能と限界 *129*
3 物価の動き *135*
4 国民所得と経済成長 *137*
5 財政の仕組みと租税 *143*
6 貨幣と金融の仕組み *151*

第3章 日本経済の発展と国民福祉の向上 *160*
1 戦後日本の経済成長 *160*
2 産業構造の変化 *166*
3 中小企業問題 *168*
4 農業と食料問題 *171*
5 労働問題と労働市場 *176*
6 社会保障と国民生活 *184*
7 消費者問題と消費者保護 *190*
8 公害防止と環境保全 *194*

第4章 国際経済の変化と日本 *199*
1 国際経済の仕組み *199*
2 国際協調と国際経済機関の役割 *206*
3 国際経済の特質 *215*
4 地球環境と資源・エネルギー問題 *221*
5 国際経済における日本の役割 *226*

企業の種類 *125*
企業の社会的責任（CSR） *128*
価格メカニズム *130*
規模の経済 *132*
デフレーション *136*
経済を表わす指標 *139*
国債依存度と国債発行残高の推移 *146*
所得税の税率 *149*
信用創造の仕組み *154*
経済の民主化 *161*
知的財産権 *168*
食料自給率の推移 *173*
労働者派遣法の改正 *178*
賃金制度の種類 *179*
変形労働時間制 *180*
年金制度 *187*
バリアフリー化 *189*
クーリング＝オフ制度 *191*
グリーン＝コンシューマーと10原則 *192*
ダイオキシンの検出 *195*
ISO14001 *196*
リカードの比較生産費説の考え方 *200*
為替相場の変動による影響 *204*
GATTのラウンド（多角的交渉） *209*
後発発展途上国 *213*
地球の平均気温上昇予測 *222*
青年海外協力隊の活動 *228*

資料 *230*

索引 *253*

iii

第1部

現代の政治

衆議院本会議場の風景(ユニフォトプレス提供)

| 第1章 | 民主政治の基本原理 |

1 政治と法

私たちと政治

　人間は一人で生きているわけではなく，家族・学校・地域社会・企業・国家など，さまざまな集団の中で生活している。しかし，人によって価値観や求める利益は異なる。複数の人びとから構成される集団においては，考え方の違いや利害の対立はさけられず，場合によっては放置しておくと，激しい紛争にまで発展することがある。こうした状況の中で，多様な意見や利害の対立を調整し，秩序を維持する機能を果たすのが政治である。意見や利害が対立している限り，その中で秩序を維持するためには集団が決定し，集団の構成員を従わせる強制的な力が政治には必要となる。この強制力を権力(政治権力)という。

　広い意味での政治は，複数の人びとから構成される集団ではどこでもみられるが，社会集団としての国家には，政治の機能が最も典型的に現われる。

　国家は，国民・主権・領域(領土)という三要素を持つ。主権とは，領域内における最高権力のことで対外的には自主独立の政策決定権をいう。また，国民主権のように，国家の最高意思を決定する権力という意味で使われることもある。フランスのボーダンは，『国家論』(1576年)で近代国家を主権国家という概念を使って説明した。現在，ほとんどの人がいずれかの国家に所属している。企業や団体など多様な集団は権力を有しているが，それらの権力は国家の認める限度内のものである。そのため，国家が持つ権力は，国家権力として，他の権力とは区別されている。

　国家の最も重要な役割は，国民一人ひとりの価値や利益をできる限り

▶日本領土の南端に位置する沖ノ鳥島の一部　水没しないよう,消波ブロック設置と護岸工事が施されている。(ユニフォトプレス提供)

尊重しながら,国民の間の価値や利益の対立を調整し,国民が平和で幸福な生活ができるよう秩序をつくりだし,これを維持するためのサービスを提供することにある。

　民主主義を採用する国家においては,私たちは主権者である。国会の制定する法律や,そのもとで内閣がおこなう決定は政治であり,私たちの生活に大きな影響を及ぼすと同時に,そうした決定は私たち国民がおこなった決定とみなされる。私たちは,主権者として,そうした決定が恣意的な形でなされたり,国民の生活を不当に脅かしたりしないよう,政治を監視するだけでなく,私たち自身のニーズや意思を積極的に伝えて,より良い政治を実現する責任を負っている。

国家と法

　政治の目的が秩序の維持であるとすれば,権力を有する者が,力で秩序を維持することもできるかもしれない。しかし,力づくの権力による支配は恣意的なものとなり,人びとを納得させることはできない。権力が恣意的に行使されるのではなく,何らかのルールに従って権力を行使することが必要になる。

　国家において,こうしたルールとして働くのが法である。法も社会のルールを守るための社会規範の一つであるが,法には公権力によって強制されるという特殊性がある。法には,国会が制定する法律や地方公共団体が制定する条例のように,文書化された成文法と判例や慣習に基づく不文法とがある。

1　政治と法　3

民主主義を採用する国家では，主権者である国民によって選挙で選ばれた議員が議会を組織し，議会が法律を制定することで，国民の意思が法律に反映される。行政権が制定する規則は，この法律の認めた範囲内で定められなければならない。また，近代国家において，国家の基本法として憲法が定められることが多く，行政権が制定する規則だけではなく，たとえ国会の制定した法律といえども，憲法に反することはできない。憲法は通常，成文の「憲法典」という形（成文憲法）で定められることが多いが，イギリスのように成文の憲法典がなく不文の形をとることもある。現在，多くの国の憲法は，議会・内閣・裁判所などの国家権力を行使する基本的な組織の仕組みや権限を定めるとともに，そうした国家権力といえども侵害してはならないものとして，基本的人権の保障を定めている。国家権力を法によって縛（しば）ろうとする思想を立憲主義というが，これはヨーロッパの中世においても存在した考え方である。しかし，近代の立憲主義は，法の中味として基本的人権の尊重を要求する点で，中世の立憲主義とは異なる。

2　民主政治の発展

自然権思想と社会契約説

　16〜18世紀のヨーロッパは，それ以前の封建社会から一歩進んで，国王が強い権力を持って国民を専制（せんせい）支配する絶対王政（絶対主義）の時代であった。絶対王政は，絶対君主制ともいわれ，16〜18世紀のヨーロッパでみられた政治形態である。特権的な大商人と結びついて強大な政治権力を持った絶対君主が，常備軍や官僚を使って専制政治をおこなった。特権的大商人の利益を守る重商主義を経済基盤とした。

　この政治体制は，神が国王に統治権力を授（さず）けたとする王権神授（しんじゅ）説によって正当化された。これは，国王の政治権力は神から授けられたもので，神聖かつ絶対的であり，人民が国王に反抗することは許されない，とする絶対王政を正当化する思想である。

　絶対王政のもとで，力をつけてきた富裕な商工業者である市民階級は，

4　第1章　民主政治の基本原理

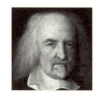 ▲ホッブズ(イギリス) ▲ロック(イギリス) ▲ルソー(フランス)

経済活動の面などにおいて国王との間でしだいに対立を深め、ついに自由・平等、政治への参加などを要求して市民革命をおこした。この際に、市民革命を正当化し、近代民主政治(近代政治)の基礎で原理となる思想として、ホッブズやロック、ルソーが唱えた思想が、自然権思想に基づく社会契約説であった。自然権思想とは、神が人間個々に対して与えた天賦の権利、基本的な人権の根拠を説明している考え方をいう。

　社会契約の考え方を、最初に主張したのはホッブズであった。彼は『リヴァイアサン』の中で、人間は自然状態のままでは、「万人の万人に対する闘争」状態におちいってしまうので、人びとは自己保存のために契約を結んで国家をつくる(社会契約)と主張した。その際、各人は国家の統治者である国王(絶対主権者)に、人が生まれながらに持っている自然権を委譲すべきであると説いて、絶対王政を擁護した。

　これに対してロックは、『統治二論(市民政府二論)』の中で、生命・自由・財産を守る権利など、人間として持っている当然の権利があり、この自然権を確実なものにするため、人びとは契約によって国家(政府)をつくると考えた。従って、政府は人民の権利を守ることに存在意義があり、もし政府が人民の権利を踏みにじるならば、人民は政府に対して抵抗する権利や政府をとりかえる権利(革命権)を行使できるとした。

　またルソーは、『社会契約論』の中で、個人の自由な契約によって成立する社会は、その構成員の総意を意味する一般意志に基づく共同社会であると主張した。そして、この一般意志は他人に譲ることも、他人がかわって行使することもできないとの考えから、人民主権を論じた。さらに、議会を通じた間接民主制を否定して、直接民主制を理想の政治体制とした。

民主政治を進展させたおもな市民革命

▶ピューリタン(清教徒)革命(イギリス革命)…1640〜60年にかけて，イギリスでピューリタンを中心とする議会派がステュアート朝のチャールズ1世の絶対王政を打倒した市民革命。

▶名誉革命…1688〜89年にイギリスでおこった市民革命。クロムウェルの死後，復活した王政において，チャールズ2世・ジェームズ2世が再び議会を無視して専制政治をおこなったためにおこった。流血なしに革命が達成されたため，この名がある。

▶アメリカ独立革命(アメリカ独立戦争)…1775〜83年にかけて，イギリス本国の植民地政策に反対しておこった独立革命。その理念を示した独立宣言は，ロックの政治思想を継承しており，その後の民主政治の模範となった。

▶フランス革命…1789〜99年にかけてフランスでおこった市民革命。絶対王政を打倒して，共和制を樹立した。自由・平等・博愛をスローガンに掲げ，フランス社会を根底から変革すると同時に，各国に影響をおよぼした。

基本的人権の保障と国民主権

　ヨーロッパやアメリカ合衆国における市民革命の結果，自然権思想や社会契約説を取り入れて，基本的人権と国民主権に基づく新しい政治体制が生み出された。

　ヨーロッパ中世の身分制度に基づく権利論とは異なり，自然権思想は人は生まれながらにして自由かつ平等であるとするが，こうした権利は人権ないし基本的人権と呼ばれるようになった。アメリカ独立宣言は，生命・自由および幸福の追求を，生まれつき授けられた権利，すなわち天賦の権利としている。フランス人権宣言(人および市民の権利宣言)は，自由・所有権・安全および圧制への抵抗を自然権として具体的に示すとともに，第16条で基本的人権を定めないような憲法はそもそも憲法ではないとしている。

　また，ロックやルソーの社会契約説は，種々の自然権を守るために，社会の構成員である国民(市民)が契約を結んで国家をつくったのであるから，国家権力の源泉は国民になければならない，と考える。これが，

アメリカ独立宣言（抜粋）

1776年，13の植民地がイギリスから独立することを宣言した文書。

われわれは次のことが自明の真理であると信ずる。すべての人は平等に造られ，造化の神によって，一定の譲ることのできない権利を与えられていること。その中には生命，自由，そして幸福の追求がふくまれていること。これらの権利を確保するために，人類の間に政府がつくられ，その正当な権力は被支配者の同意にもとづかねばならないこと。もしどんな形の政府であってもこれらの目的を破壊するものになった場合には，その政府を改革しあるいは廃止して人民の安全と幸福をもたらすにもっとも適当と思われる原理にもとづき，そのような形で権力を形づくる新しい政府を設けることが人民の権利であること。……（略）

（中村道雄訳）

フランス人権宣言（抜粋）

1789年，フランス革命のなかで出された「人および市民の権利宣言」。

第1条　人は，自由かつ権利においても平等なものとして出生し，かつ生存する。社会的差別は，共同の利益の上にのみ設けることができる。

第2条　あらゆる政治的団結の目的は，人の消滅することのない自然権を保全することである。これらの権利は，自由・所有権・安全および圧制への抵抗である。

第3条　あらゆる主権の原理は，本質的に国民に存する。いずれの団体，いずれの個人も，国民から明示的に発するものでない権威を行使し得ない。

第16条　権利の保障が確保されず，権力の分立が規定されないすべての社会は，憲法を持つものでない。

（1789年8月26日）
（『人権宣言集』より）

国民主権の考え方である。

フランス人権宣言はその第3条で，国民主権について「あらゆる主権の原理は，本質的に国民に存する。いずれの団体，いずれの個人も，国民から明示的に発するものでない権威を行使し得ない」と明記している。

2　民主政治の発展　7

また，リンカンがゲティスバーグ演説の中で語った「人民の，人民による，人民のための政治」という言葉は，国民主権の精神を端的に示したものとして知られている。

法の支配

　法の支配とは，恣意的な支配を排斥して，権力を法によって拘束することで，国民の権利を擁護しようとする原理である。絶対王政の時代には，王権神授説を利用して，国王が自分の都合に合わせて法を制定し，国民を支配する，いわゆる「人の支配」が多くの国でおこなわれていた。

　しかし，イギリスにおいて，17世紀の市民革命期に国王と市民との裁判を担当した裁判官エドワード＝クック（イギリスの法律家・政治家で，「権利請願」(1628年)の起草者でもある)が，「国王は何人のもとにもあるべきではない。しかし，国王といえども神と法のもとにあるべきである」というブラクトンの言葉を引用して，国王も中世以来の慣習法であるコモン＝ローに従うべきであるという「法の支配」の考え方を主張した。それ以降，「法の支配」は近代法の重要な原理となった。

　「法の支配」と似た原理として，「法治主義」がある。「法治主義」は，19世紀のドイツで発達した考え方で，行政権の行使には法律の根拠が必要であるとするものである。「法の支配」の原理と「法治主義」は，恣意的な支配を排除するものである点では同じであるが，「法の支配」の原理は，法の内容が合理的なものでなければならないことを要求する点で「法治主義」とは異なる。「法の支配」は，基本的人権の思想と結びついて，法が基本的人権を尊重したものであることを求める。

基本的人権の展開

　市民革命によって獲得された人権は，信教の自由や言論の自由などを含む精神の自由，不法に逮捕されない権利などの人身(身体)の自由，私有財産の保障などの経済活動の自由など，国家権力からの自由を求める自由権(自由権的基本権)が中心であった。やがて，19世紀末に資本主義が本格的に展開すると，経済活動の自由の保障は低賃金・長時間労働・貧富の差の拡大など，深刻な社会問題を引きおこした。こうした状

ヴァイマル(ワイマール)憲法(抜粋)

第151条　1　経済生活の秩序は，すべての者に人間たるに値する生活を保障する目的を持つ正義の原則に適合しなければならない。この限界内で，個人の経済的自由は確保されなければならない。

第153条　3　所有権は義務をともなう。その行使は，同時に公共の福祉に役立つべきである。

第159条　1　労働条件および経済条件を維持し，かつ改善するための団結の自由は，何人にも，そしてすべての職業について保障される。

第161条　1　健康および労働能力を維持し，母性を保護し，かつ，老齢，虚弱および生活の転変にそなえるために，国は，被保険者の適切な協力の下に，包括的保険制度を設ける。

況の中で，労働者を中心とした人びとは，労働運動を展開し，労働者の権利の保障や失業や貧困の救済策を国家に求めるようになった。

　20世紀になると，1917年のロシア革命によって世界初の社会主義国家が誕生した影響もあり，自由主義体制をとる国家においては，政府がすべての国民に，人間として最低限の生活を保障させる権利，すなわち生存権を中心とした社会権(社会権的基本権)が，基本的人権の一つとして認識されるようになってきた。

　社会権を初めて定めた憲法は，ドイツのヴァイマル(ワイマール)憲法であり，そこでは「人間たるに値する生活」の保障が明記された。社会権的基本権は，国家権力を制限することを目的とする自由権的基本権とは異なり，国家権力に対して社会保障制度などの積極的な措置を求めるものである。

　こうした形での自由権から社会権への基本的人権の拡大は，夜警国家から福祉国家への国家の役割の変化に対応している。ドイツのラッサールは，個人の自由と所有権の保護のみを目的とした国家観(「安価な政府」)を，強盗や泥棒を防ぐことを役割とする夜警としてしか国家をみないものであると批判した。

2　民主政治の発展　9

基本的人権の国際的保障

保障される人権に社会権が加わったことに並び，20世紀の人権保障のもう一つの特徴は，人権の国際化である。第二次世界大戦におけるナチスやファシズム体制の残虐な人権侵害を経験し，基本的人権を国内だけでなく，国境を越えて国際社会でも保障すべきであるとの認識が広がった。また，現代では，地域・民族紛争の激化を受けて，基本的人権を国際社会が監視・保障する必要性が高まっている。

権力の分立

国家には，国家権力という強制力が存在する。この権力は，たいへん強大で，たとえば租税という形で国民からお金を強制的に徴収したり，場合によっては犯罪者の命を死刑という形で奪うことさえできる。強大な国家権力が，特定の人間や特定の機関によって濫用されれば，国民の基本的人権が侵される危険性も出てくる。

そこで，国家権力をいくつかに分けて，それをそれぞれの機関に担当させ，互いに監視することによって権力濫用の抑制をはかり，国家権力が暴走せず国民の基本的人権を侵害しない仕組みが考えられるようになった。これが権力分立制である。

権力分立を最初に説いたのはロックであり，『統治二論』の中で，立法権と執行権（行政権）の分立を説いたが，司法権は執行権に含められていた。これに対して，モンテスキューは，『法の精神』の中で，立法権・司法権・執行権（行政権）の三権分立によって，国家権力の抑制と均衡をはかり，国民の基本的人権を保障しようとする考えを展開した。この三権分立論は，民主政治の基本原理として，近代憲法の中に継承されている。

また，議会における二院制や中央集権に対する地方分権，アメリカ合衆国にみられる中央政府と州政府によって構成される連邦制度など，三権分立以外にも権力分立は存在する。

議会制民主主義

民主主義は，国民が主権者として自分たちで政治をおこなう原理であるが，これを実現する方法は複数ある。一つはルソーが主張した，国民

▶**直接民主制**(スイス)
スイスにある26州の中の2州で,有権者全員参加の議会が年に1回開催されている。中央の台が議長席で,評決は挙手でおこなわれる。(ユニフォトプレス提供)

ルソーの代議制批判

　人民の代議士は,だから一般意思の代表ではないし,代表たりえない。彼らは,人民の使用人でしかない。彼らは何一つとして決定的な取りきめをなしえない。人民がみずから承認したものでない法律はすべて無効であり,断じて法律ではない。イギリスの人民は自由だと思っているが,それは大きなまちがいだ。彼らが自由なのは議員を選挙する間だけのことで,議員が選ばれるやいなや,イギリス人民は奴隷となり,無に帰してしまう。

(『社会契約論』)

＊ルソーはイギリスの議会制民主主義を批判してこのようにいっている。

が直接政治をおこなう直接民主制であり,もう一つが国民が民主的な選挙により,国民の代表として議員を選出し,こうした議員で構成される議会を通じて政治をおこなう間接民主制である。古代ギリシアのポリスでおこなわれた民会は,直接民主制の例である。現代でも,地方公共団体における住民投票などで,直接民主制の考え方が制度として活かされている。

　現代国家では間接民主制を具体化した議会制民主主義(代表民主主義,代議制)に基づく議会政治(代議政治)が一般的であり,間接民主制を基本にして一部の問題について直接民主制を採用することがある。国民主

2　民主政治の発展　11

古代アテネの直接民主制

古代ギリシアの代表的ポリスであるアテネでは，暴君化した僭主政にかわって紀元前6～5世紀にかけて直接民主制が成立した。参政権は成年男性に限定され，女性・在留外国人・奴隷には参政権はなかった。アテネの男性は18歳になると，父親の所属するデーモス（区）に登録され，その後2年間の軍事訓練を受けると民会に出席する権利が得られた。

最高議決機関は民会で，行政・立法・経済・外交などすべての政治を決定した。日常の行政を担当したのは五百人評議会で，評議員は30歳以上の男性市民の中からくじで選ばれ，1年ごとに交代した。評議員には一生に2回まで就任することができた。

アテネの直接民主制は，近代の議会制民主主義と比較されながら，今日までその思想が受け継がれている。

国民代表の理論

議会政治においては，代表の原理や審議の原理に基づいて，議会が運営されることが大切である。代表の原理とは，議会を構成する議員は一選挙区の代表ではなく，国民全体の代表であるという考え方で，議会が国家の意思を決定する最高機関であるための前提である。

また，審議の原理とは，少数意見の尊重をはかりながら，公開の討論を経たのち，最終的に多数決で議決するという考え方である。多数決は重要であるが，議会の運営にあたっては，議論を尽くすことが大切で，審議が終わらないうちに，多数派が数の力で強行採決するようなことは望ましくない。それは，多数派の専制につながるからである。

12　第1章　民主政治の基本原理

権とはいっても，当初，人びとには政治に携わる自立した責任ある主体の必要性が強調された。一定の財産を有している者や男性にしか選挙権が認められない制限選挙が一般的で，多数の労働者・女性は政治に参加できなかった。

これに対して，19世紀にイギリスではチャーチスト運動をはじめとする普通選挙運動がおこり，数度にわたって選挙法が改正され，19世紀末の労働運動も参政権の拡大を求め，徐々に参政権は拡大していった。

第一次世界大戦後には，多くの国において男性普通選挙制が一般的となり，その後，女性にも選挙権が認められるようになった。

社会主義とファシズム

市民革命ののち，近代民主主義の政治体制は，現代に至るまで，必ずしも順調に発展したわけではない。特に，19世紀末から資本主義諸国が帝国主義の段階に入り，矛盾を深めていく中で，各国で労働者階級を中心とした勢力が政権に就き，生産手段を公有化して社会的平等をはかろうとする社会主義の政治体制をめざす運動が高まってきた。

1917年にレーニンらが指導したロシア革命により，世界で最初のマルクス主義に基づいた社会主義国であるソヴィエト社会主義共和国連邦（ソ連）が成立した。レーニンの死後，指導者となったスターリンは，一国社会主義論を主張して，独裁化を進めた。

第二次世界大戦後には，東ヨーロッパやアジアなどにも，つぎつぎと社会主義国家が誕生した。ほとんどの社会主義国で，共産党が権力を握るプロレタリア独裁体制がしかれ，社会的平等を重視した政策が遂行されていった。プロレタリア独裁は，社会主義社会を建設する過程で，資本家階級の権力を排除して労働者階級がいっさいの権力を握り，権力分立を否定した政治形態であり，現実には，共産党による一党独裁の形となった。

しかし，指導部のつくる計画経済や，自由権を大幅に制限した政治体制は，思うような成果をあげられず，東ヨーロッパ諸国は1989年以降，社会主義体制を放棄していった。そして1991年には，社会主義諸国の中心的存在であったソ連が崩壊した。

ファシズム

　20世紀の初め，社会主義運動や労働運動の隆盛に対抗し，これまでの議会政治の制度を利用しながら，民主主義や基本的人権の考え方を否定する政治体制が生まれてきた。それがファシズムである。これは，国内的には国民の自由や人権を抑圧しながら，民族主義的・国家主義的政策を掲げ，対外的には侵略主義政策をとる体制であった。

　1929年，アメリカ合衆国から世界へ拡大した世界大恐慌により，資本主義経済が危機におちいると，イタリアのムッソリーニが率いたファシスト政権，ドイツのヒトラーが率いたナチス政権，日本の軍部が率いた軍国主義政権が台頭した。ナチス政権のユダヤ人大量虐殺をはじめ，日本の軍国主義政権下でも中国人虐殺，朝鮮人強制連行など，生命と人権を踏みにじる行為がおこなわれた。

　社会主義やファシズムが台頭する中で，アメリカ合衆国やイギリスなどの自由主義諸国は，資本主義体制を維持しながらも，政府が社会保障や社会福祉政策などの積極的な措置をとることによって，危機に対処する福祉国家という体制を採用した。

▲**ナチスの集会で民衆にこたえるヒトラー**　第一次世界大戦後に結成された，ヒトラーを指導者とする国民（国家）社会主義ドイツ労働者党（ナチ党）は，1933年に政権を獲得し，その後，独裁体制を樹立した。全体主義を進め，ユダヤ人迫害や侵略戦争の推進など，人権無視の政治をおこなった。（ユニフォトプレス提供）

3　世界のおもな政治体制

議院内閣制

　民主制といっても，さまざまな形態がある。代表的な形態は，イギリスをモデルに発達した議院内閣制である。それは，民主的な選挙において多数となった勢力が行政権を担う内閣を組織し，この内閣が議会に対して責任を負う仕組みである。議会の信任を失えば内閣は総辞職する。他方で，議会に対抗して内閣は議会の少なくとも一院の解散権を持つことが多い。

　イギリスでは，議会は上院（貴族院）と下院（庶民院）からなっているが，国民が直接選んだ議員からなる下院が優越している。このうち，上院は貴族によって構成されるため，下院とは異なって非公選制である。世襲貴族や一代貴族などによって構成されるが，1999年の貴族院法により世襲貴族の議席が大幅に削減されており，現在は一代貴族が中心となっている。行政府である内閣は，下院における多数党の党首が首相となって組織される。内閣は議会の信任がある限り続くが，その信任がなくなれば総辞職する。従来は，首相が国王の解散大権行使について助言する制

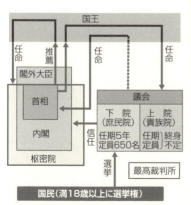

▲イギリスの政治機構

▲イギリス下院の議場　下院は国民の代表機関で，内閣選出の母体でもある。議場は，中央の議長をはさんで与党（写真左）と野党（写真右）に分かれ討議をおこなう。議席の最前列には，演説台と分ける「剣線」が引かれている。（ユニフォトプレス提供）

度に基づいて，下院を解散して国民の信を問うことができたが，2011年の法律によって下院議員の任期は固定され，下院が解散されるのは自主解散によるか，または下院が内閣の不信任を決議した後，所定の期間内にその時の内閣または新たな内閣を改めて信任する決議をしなかった場合に限られることになった。

　政権を担当できなかった野党は，「影の内閣」(シャドー＝キャビネット)を組織して，次期政権を担う準備をする。イギリスでは，比較的政権交代を実現しやすいといわれる小選挙区制が採用されており，二大政党が対抗し，緊張関係を保ちながら政治にあたっている。第二次世界大戦後，イギリスでは保守党と労働党が事実上の二大政党として政権交代をしていたが，近年ではスコットランド国民党が第三党として一定の議席を獲得している。

　長い間，上院には最高司法機関としての役割が与えられていたが，2009年に最高裁判所が設けられ，上院は最高司法機関としての機能を失った。イギリスの裁判所には違憲立法(法令)審査権はないが，法律がヨーロッパ人権条約に適合しない場合にはその旨を宣言することができる。

大統領制

　民主制のもう一つの代表的な形態が，アメリカ合衆国をモデルとする大統領制である。アメリカ合衆国は，事実上民主党と共和党の二大政党の国であり，大統領候補は各政党の候補者選挙を経て一本化され，大統領は大統領選挙人による選挙によって選ばれるが，大統領選挙人は国民の直接選挙によって選ばれる。大統領制においては，国民は国会議員と大統領の両方を選挙によって選び，行政権を担う大統領は，直接に国民によって選出されるため強い独立性を有し，議会の信任に依存しない。アメリカの大統領は議会には議席がなく，議会の解散権や法案の提出権も持たないが，議会が可決した法案への拒否権と，議会に対して政策を示す教書を送る権限がある。

　アメリカ合衆国の場合，連邦議会は各州2名の代表からなる上院と，各州から人口比例で選出された下院で構成される。アメリカの上院は，

16　第1章　民主政治の基本原理

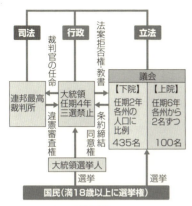

▲アメリカの政治機構

▲アメリカ合衆国大統領就任式でのトランプ（2017年1月）　国民の選挙で選ばれるアメリカ合衆国大統領は，国家元首であり行政府の首長で強大な権限を持っている。写真は，連邦最高裁判所長官に宣誓をおこなう第45代大統領トランプ。（ユニフォトプレス提供）

条約の批准と，大使や連邦最高裁判所の長官や裁判官など大統領が特に指名する人事について，それに同意するかどうか決定する権限を有する。

議会は立法権・予算議決権とともに大統領が拒否した法案の再可決権を持つ。司法権を行使する裁判所は，議会や大統領に対して強い独立性を持ち，違憲立法（法令）審査権など，強い権限を持っている。

大統領制は，中南米やアフリカ諸国で多く採用されている。大統領と首相が両方存在する国も多く，議院内閣制か大統領制かの区別は，政治の実権がどこにあるかによる。大統領がおかれていても，ドイツやイタリアのように議院内閣制の国もある。特に，ドイツの大統領は象徴としての性格が強く，その選出は議会によっている。

また，大統領の権限もさまざまで，フランスの大統領は外交などで強い権限を有するが，ドイツの大統領は名目的・儀礼的な権限しか有していない。ロシアは，1991年以降に大統領制を採用している。

権力集中制

社会主義国家においては，社会主義の目標を達成するために，主権者である人民の代表である議会に国家権力を集中する仕組みを採用するのが一般的である。これを民主集中制，あるいは権力集中制という。

中華人民共和国(中国)は，1970年代後半から市場経済を導入しているものの，政治的にはいまだに現代では数少ない社会主義体制の国家で，中国において国家の最高機関とされているのが，一院制の全国人民代表大会(全人代)である。

　全人代は毎年1回開催され，解散はなく，議員の任期は5年である。全人代には，常設機関として常務委員会がおかれ，常務委員会は法令の制定，条約の批准など，広範な権限を有しており，事実上国会のような機能を有している。全人代のもとには行政府である国務院と，最高司法機関としての最高人民法院がおかれている。国家主席は全人代によって選出され，国家元首としての役割を持つ。

　中国では事実上，共産党の一党支配が続いており，全人代をはじめ，それぞれの機関を共産党が強力に指導している。中国は，1980年代から経済中心の改革・開放政策を推進し，かなりの成果をあげてきている。同時に，1989年の天安門事件にみられるような民主化運動もおこっており，経済の自由化とともに政治の自由化が課題となっている。

　なお，第二次世界大戦後に独立したフィリピンやインドネシアなどの発展途上国では，経済開発を最優先とする開発独裁と呼ばれる体制がとられてきた。開発独裁においては，軍人や官僚中心の政権が支配し，国民の自由が厳しく制限されていた。ミャンマーでは，アウン=サン=スー=チーらの民主勢力への弾圧もおこなわれていた。しかし，経済成長が一定程度進むと，国民が独裁政権を嫌い，民主化運動を展開し，独

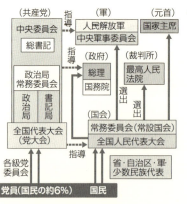

◀中国の政治機構

裁政権が打倒されるという潮流もみられた。中東のチュニジア・エジプト・リビアでは民衆の蜂起で長期政権があいついで倒され，2011年以降，民主的な政権を樹立する動きが続いている（「アラブの春」）。

第2章	日本国憲法と民主政治

1 日本国憲法の成立と基本的性格

大日本帝国憲法の特色

　明治維新ののち，近代国家の外観を整えて欧米列強に肩を並べる国外的な必要性と，国会開設や憲法制定を要求した自由民権運動に対する国内的な必要性に迫られた明治政府は，1889(明治22)年に大日本帝国憲法(明治憲法)を制定した。大日本帝国憲法は，政府の作成した憲法であるが，当時政府とは別に植木枝盛らの民間においても多くの憲法草案(私擬憲法)が作成された。大日本帝国憲法は，天皇を中心とする中央集権国家の樹立をめざしていた政府が，君主の権力の強い当時のプロイセン憲法を参考にして制定した欽定憲法である。プロイセン憲法は，1850年にプロイセン(ドイツ)で制定された欽定憲法で，プロシア憲法ともいう。伊藤博文らがドイツに派遣され，シュタインやグナイストらから憲法理論を学んだ。欽定憲法は，君主により制定された憲法のことで，国民主権のものとに制定された憲法は，民定憲法という。

　この憲法は，国会・裁判所など近代的な統治制度や権利の保障といった近代憲法の外観を持ちながらも，実質的には天皇を中心とする統治体制を採用したもので，外見的立憲主義の憲法であるといわれている。

　明治憲法では権利の保障は定められているが，その権利は人間が生まれながらにして持つ権利である，基本的人権ではなく，天皇から恩恵的に与えられる「臣民の権利」として保障されているにすぎず，また多くの場合，権利の保障は法律の認める範囲内で保障されるにすぎなかった(「法律の留保」)。

　立法権・行政権・司法権の三権分立も定められてはいるが，三権はす

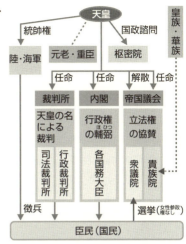

明治憲法下の政治構造▶

べて「統治権の総攬者」としての天皇に最終的には属していた。帝国議会は，選挙で選ばれた議員からなる衆議院と，選挙によらず華族や天皇の任命による議員からなる貴族院の二院で構成された。この帝国議会は，天皇の協賛(協力)機関とされ，内閣は天皇の輔弼(補佐)機関で，また裁判はすべて「天皇ノ名ニ於テ」おこなうとされた。

大日本帝国憲法における主権者は，天皇であった。神聖にして不可侵とされる天皇は，統治権を総攬する地位にあり，さらに天皇には，陸・海軍を指揮・統率する統帥権，緊急勅令，独立命令といった広範な天皇大権が認められていた。これらのうち，統帥権に対しては議会や内閣は関与できず(統帥権の独立)，のちに政党政治が弱体化すると，軍部の発言力を増大させる根拠になった。

大正時代に入ると，明治憲法のもとでも，国民の政治参加は少しずつ拡大した。第一次世界大戦後は，世界的に民主主義を求める運動が高揚し，日本でも民本主義や天皇機関説などが主張され，その結果，政党内閣による政治が「憲政の常道」とされるようになった。民本主義は，吉野作造が提唱した，大正デモクラシーの政治理念をいう。国民の福利を求めて，普通選挙と政党内閣制とを主張し，それは天皇主権のもとでも運用できるとした。また天皇機関説は，明治憲法には，主権が明文化されていなかったことから，美濃部達吉が，「天皇は国家を統治する最高

1 日本国憲法の成立と基本的性格 21

ポツダム宣言（抜粋）

8〔領土の制限〕

　カイロ宣言の条項は，履行せらるべく，又日本国の主権は，本州，北海道，九州及四国並に吾等の決定する諸小島に局限せらるべし。

9〔軍隊の武装解除〕

　日本国軍隊は，完全に武装を解除せられたる後各自の家庭に復帰し，平和的且生産的の生活を営むの機会を得しめらるべし。

10〔戦争犯罪人の処罰・民主主義の復活強化〕

　……吾等の俘虜を虐待せる者を含む一切の戦争犯罪人に対しては厳重なる処罰を加へらるべし。日本国政府は，日本国国民の間に於ける民主主義的傾向の復活強化に対する一切の障礙を除去すべし。言論，宗教及思想の自由並に基本的人権の尊重は，確立せらるべし。

機関であり，主権は国家にある」と考えて主張した学説である。この天皇機関説は，天皇主権に反するとして貴族院で問題化し，1935(昭和10)年に彼の著書は発禁にされた。

　大正デモクラシーといわれるこの時期に，成年男性(満25歳以上)による普通選挙法が成立し(1925〈大正14〉年)，それまでの制限選挙が撤廃されたことで選挙権は拡大し，民主主義の一定の進展をみた。しかしその一方で，同年，国民の思想や政治的弾圧を目的とした治安維持法も制定された。この法律は，1925年に公布され，思想・結社を取り締まる典型的な治安立法である。政府が，共産主義思想の波及と労働者階級の政治的影響力の増大に備えるため，普通選挙法の施行とともに成立させた。

　その後，世界大恐慌による経済危機が社会不安を高めると，「統帥権の独立」を根拠に軍部が政治の主導権を握って，軍国主義体制をつくり，1931年の満州事変勃発から15年間におよぶ侵略戦争へと日本を導いていった。

日本国憲法の制定

　1945(昭和20)年8月，日本政府はポツダム宣言を受諾して，連合国に降伏した。ポツダム宣言には，戦後日本政治の指針となる軍国主義の除

去，民主主義の復活と強化，基本的人権の尊重，平和的・民主的政府の樹立などが示されていた。

日本は占領され，その占領政策を担当した連合国軍最高司令官総司令部(GHQ／SCAP)の最高司令官となったマッカーサーは，1945(昭和20)年10月，アメリカ合衆国の対日方針にそって，明治憲法を改正する必要性を幣原喜重郎首相に示唆した。

これを受けて，日本政府は内閣に憲法問題調査委員会(委員長松本烝治)を設置し，改正案(松本案)をまとめたが，国体護持(天皇中心の政治体制を大切にして，それを護り保つこと)を前提としていたため，その内容は天皇制に基づいた明治憲法の根本原則を変更するものではなかった。

そこで，GHQはこれを拒否した上で，マッカーサー三原則に基づいた憲法改正草案(マッカーサー草案)を提示し，それを原型とする日本政府案がまとめられた。マッカーサー三原則は，(1)天皇は国家の元首(the head of the State)であること，(2)戦争の放棄，非武装，交戦権の否認，(3)封建的諸制度の廃止を内容としたマッカーサーによる原則で，これをもとにGHQ民政局に憲法草案の作成を指示した。一方，民間でも学者・知識人が中心となって発足した憲法研究会などが憲法改正案を発表しており，それがマッカーサー草案にも影響を与えたといわれている。憲法研究会は，1945年11月に発足した憲法改正のための民間の研究会で，高野岩三郎・鈴木安蔵・森戸辰男らが参加しており，「憲法草案要綱」という憲法改正草案を発表した。

1946(昭和21)年4月には，男女普通選挙制による初めての総選挙が実施され，同年6月，その選出議員で構成された第90回帝国議会に，政府の憲法改正案が提出された。枢密院(明治憲法下における天皇の最高諮問機関)を経て両議院で審議され，いくつか修正が加えられたのち，圧倒的多数の賛成で10月に可決され，11月3日に日本国憲法として公布，1947(昭和22)年5月3日に施行され，現在に至っている。

日本国憲法の三大基本原則

日本国憲法は，大日本帝国憲法の改正という形をとったが，内容的に

1 日本国憲法の成立と基本的性格　23

象徴天皇制について	（単位 ％）その他2	
支持 85		反対13

戦争放棄	その他2	
必要 70		必要なし28

国民の権利・自由・義務	その他2	
支持 65		修正必要33

国会の二院制	その他4	
賛成 79		反対17

◀**日本国憲法の政府草案に対する国民世論** GHQ の憲法草案をもとにして作成された政府草案の中心的な内容について，大多数の国民が支持ないし賛意を持っていたことが読みとれる。(1946年，新聞社の調査による)

は大日本帝国憲法とはまったく異なる原則が盛り込まれた新しい憲法である。それは国民主権，基本的人権の尊重，平和主義の三つを基本原則としている。

　日本国憲法は大日本帝国憲法の天皇主権の原則を否定し，国民が主権者であるという国民主権・民主主義を採用している。また，日本国憲法における権利は臣民の権利ではなく，人間が産まれながらにして持つ権利である基本的人権を原則としている。さらに，特に徹底した平和主義を規定した憲法前文や第9条を持つことから，日本国憲法は平和憲法とも呼ばれている。

国民主権と象徴天皇制

　日本国憲法前文は，「主権が国民に存する」ことを宣言した上で，「そもそも国政は，国民の厳粛な信託によるものであつて，その権威は国民に由来し，その権力は国民の代表者がこれを行使し，その福利は国民がこれを享受する」としている。また，天皇の地位を規定する第1条でも，「天皇は，日本国の象徴であり日本国民統合の象徴であつて，この地位は，主権の存する日本国民の総意に基く」と定めて，明確に国民主権を示している。

　象徴としての天皇は，国政に関する権能を持たず，国事行為のみをおこなう（第4条①）。国事行為には，内閣の助言と承認が必要であり，天皇に実質的な決定権限はない（第3条，第7条）。

▶国会の開会を宣言する天皇
(ユニフォトプレス提供)

憲法の最高法規性

　日本国憲法は国の最高法規であり、それに反する法律・命令その他一切の国家行為は無効であり(第98条)、裁判所には違憲立法(法令)審査権が与えられており、裁判所では、法律や規則・命令・処分が憲法に反しないかどうか判断する権限を有している(第81条)。天皇や国務大臣、国会議員、裁判官、その他の公務員は、憲法を尊重し擁護する義務を負う(第99条)。

憲法改正

　憲法は社会の変化や時代の要請にこたえて改正することができる。ただし、日本国憲法は硬性憲法であり、改正には通常の法律改正よりも慎重な手続きが求められる。具体的には「各議院の総議員の3分の2以上の賛成で、国会が、これを発議し、国民に提案してその承認を経なければならない」(第96条)ことになっており、承認には国民投票で過半数の賛成が必要とされている。なお、2007(平成19)年に、憲法改正の際の国民投票の手続きなどを定めた国民投票法が制定された。

　日本国憲法が制定されたあと、一度も憲法改正はおこなわれていない。2000(平成12)年に憲法改正の発議権を持つ国会(衆・参両院)に、初めて憲法調査会が発足したが、憲法の改正には至っていない。憲法調査会は、2007年に両議院に後継組織として憲法審査会が設置されたことにともない廃止された。

　これまでは、自衛隊や日米安全保障条約についての合憲論・違憲論が展開する中で、第9条を中心に憲法改正の議論がおこなわれてきた。し

かし，1990年代以降は，論点が変化している。自衛隊のPKOへの参加や，2003（平成15）年のイラクへの特別措置法による自衛隊派遣などの新たな事態を前に，憲法を改正してこれらの活動を積極的におこなうべきであるとの主張や，新しい人権として「環境権やプライバシーの権利を条文に明記するべきだ」との意見が出されている。他方では，憲法の改正には慎重な意見も多い。

　なお，憲法改正の範囲については，国民主権，基本的人権の尊重，平和主義といった基本原理それ自体は改正することはできない，と考えられている。

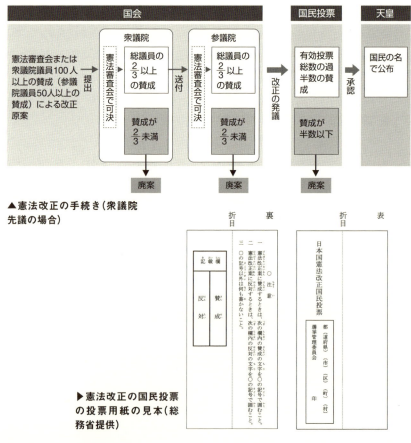

▲憲法改正の手続き（衆議院先議の場合）

▶憲法改正の国民投票の投票用紙の見本（総務省提供）

26　第2章　日本国憲法と民主政治

2　基本的人権の保障

基本的人権と個人の尊重

　日本国憲法は，「この憲法が日本国民に保障する基本的人権は，人類の多年にわたる自由獲得の努力の成果であつて，これらの権利は，過去幾多の試練に堪へ，現在及び将来の国民に対し，侵すことのできない永久の権利として信託されたものである」(第97条)と規定している。ここには，憲法上の基本的人権は，人類の長い歴史の中で確立されてきたものであることと，それだけに人類にとって大切なもので，永久不可侵であることが示されている。

　上述のように，日本国憲法における最も基本的な原則が，基本的人権の尊重という考え方である。日本国憲法は，「すべて国民は，個人として尊重される」(第13条)と定めており，たとえ諸個人がそれぞれ異なった考え方や生き方を有していようと，そうした個人をすべて尊厳を有する存在として尊重するために，諸個人に基本的人権が認められなければならない，との考え方に立脚している。

基本原則	●基本的人権の永久不可侵性(11条・97条) ●自由・権利の保持の責任,濫用の禁止,公共の福祉のために利用する責任(12条) ●個人の尊重,生命・自由・幸福追求の権利の尊重(13条)		
平等権	●法の下の平等(14条) ●両性の本質的平等(24条) ●選挙権の平等(44条)	社会権	●生存権(25条) ●教育を受ける権利(26条) ●勤労権(27条) ●勤労者の団結権・団体交渉権・団体行動権(28条)
自由権	人身の自由 ●奴隷的拘束および苦役からの自由(18条) ●法定手続の保障(31条) ●住居の不可侵(35条) ●拷問・残虐刑の禁止(36条) ●刑事被告人の権利(37条) ●黙秘権(38条)など	参政権	●公務員の選定・罷免の権利,普通選挙の保障(15条) ●最高裁判所の裁判官の国民審査権(79条) ●地方公共団体の長・議員の直接選挙(93条) ●自治体に適用される特別法の住民投票権(95条) ●憲法改正の国民投票権(96条)
	精神の自由 ●思想・良心の自由(19条) ●信教の自由(20条) ●集会・結社・言論・出版など表現の自由,通信の秘密(21条) ●学問の自由(23条)	請求権	●請願権(16条) ●国家賠償請求権(17条) ●裁判を受ける権利(32条) ●刑事補償請求権(40条)
	経済の自由 ●居住・移転および職業選択の自由(22条) ●財産権の保障(29条)	国民の義務	●教育を受けさせる義務(26条) ●勤労の義務(27条) ●納税の義務(30条)

▲日本国憲法の基本的人権

公共の福祉と国民の義務

　基本的人権を尊重し，それを保障するといっても，無制約ではない。自分の人権と，他人の人権や重要な公共の利益がぶつかった場合には，その衝突を調整する原理が必要になる。その制約のための原理が，公共の福祉である。

　憲法も基本的人権について，「国民は，これを濫用してはならないのであつて，常に公共の福祉のためにこれを利用する責任を負ふ」（第12条）と定めている。同時に，「生命，自由及び幸福追求に対する国民の権利については，公共の福祉に反しない限り，立法その他の国政の上で，最大の尊重を必要とする」（第13条）と定めて，公共の福祉を理由に国民の基本的人権を制約する場合，その制約は最小限度におさえるべきことを示している。

　したがって，ナチス＝ドイツや軍国主義時代の日本でみられたように，個人の人権よりも全体の利益を安易に優先させる社会を正当化する論理として，「公共の福祉」が用いられてはならない。

　憲法は，国民にいくつかの義務や責任を課している。基本的人権の一般的な義務として，日本国憲法は，「国民の不断の努力によつて，これを保持しなければならない」（第12条）と規定している。また，国民の三大義務といわれているのが，子どもに教育を受けさせる義務（第26条②），勤労の義務（第27条），納税の義務（第30条）である。このうち，勤労の義

制限される人権	制限される内容	根拠法令
集会・結社・表現の自由	・デモの規制 ・他人の名誉を傷つける行為の禁止 ・選挙文書の配布の制限	公安条例 刑法，民法 公職選挙法
居住・移転の自由	・感染症患者の隔離 ・親の子に対する居住指定 ・破産者の居住制限	感染症予防法 民法 破産法
職業選択の自由	・医師などの国家資格を持たない者の営業禁止	医師法など
私有財産の保障	・公共の施設建設のための土地収用	土地収用法
経済活動の自由	・独占など経済的強者に対する経済活動の制限	独占禁止法
社会権	・公務員の労働基本権の制限	国家公務員法など

▲「公共の福祉」により人権が制限される例

務は働く能力のある者はみずからの勤労によって生活を維持すべきである，ということを宣言したものであり，強制労働を認めるものではない。

自由権（自由権的基本権）

　自由権（自由権的基本権）とは，個人の行為に対する国家権力などの公権力からの干渉を排除する権利である。日本国憲法が保障する自由権は，（1）人身（身体）の自由，（2）精神的自由権，（3）経済的自由権の三つに大別される。

（1）人身（身体）の自由

　人身（身体）の自由は，国家権力によって不当に身体の自由を奪われない権利のことである。明治憲法のもとで，国家権力によって不当な逮捕や投獄，拷問などの人権侵害がしばしばおこなわれたこともあり，日本国憲法では他の国の憲法と比べて人身の自由について細かく規定している。

　「奴隷的拘束・苦役の禁止」（第18条）で，人格を無視した非人道的な身体の拘束を禁止し，「法定手続の保障」（第31条）において，「法律の定める手続」なしに，生命や自由を奪うなどの刑罰は科せられないとした。一定の違法行為を犯罪とし，これを処罰するためには，あらかじめ法律

刑事司法の原則

▶弁護人依頼権

　刑事事件で身柄を拘束された被疑者・被告人が法律的な援助を受けるために，弁護人を依頼することのできる権利。憲法第34条，第37条3項で定められている。

▶遡及処罰の禁止

　ある行為をしたときには法律がなかったが，あとになって法律が定められた場合，さかのぼってその行為を罰してはならないという原則。憲法第39条で定められている。

▶一事不再理

　同一の事件について，同じ罪状で再び裁判をおこなってはならないという原則。被告人に不利益となる変更があってはならないという趣旨であるので，被告人に有利となる再審を禁じるものではない。憲法第39条で定められている。

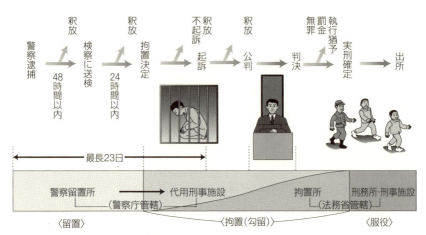

▲刑事司法の一般的な流れと拘禁

によって犯罪と刑罰とが明確に規定されている必要があるという原則（罪刑法定主義）があるが，多くの学説は，第31条の規定が罪刑法定主義の根拠になるとしている。その上で，逮捕や住居侵入・捜索・押収における令状主義（第33条・第35条）（犯罪捜査のための逮捕・拘留・住居侵入・捜索・押収といった強制処分には，現行犯以外は裁判官の発行する令状を必要とする，という原則），拷問や残虐な刑罰の禁止（第36条），黙秘権の保障（第38条）などによって，犯罪容疑者や刑事被告人の人権が不当に侵害されないよう，幅広い面で規定している。憲法が保障する人身の自由は，被害者，被告人の権利を保障するものだが，犯罪の被害者やその遺族を保護するために，2000（平成12）年に犯罪被害者保護法が制定された。これにより被害者やその遺族は裁判を優先的に傍聴したり，公判の記録の閲覧が可能となった。また刑事訴訟法の改正により，被害者は加害者の裁判において意見の陳述が認められるようになった。

　明治時代に制定された監獄法の下での，受刑者の処遇が不十分であるとの批判が戦後も根強くあった。2002（平成14）年の名古屋での事件（名古屋刑務所において，刑務官が受刑者に対して暴行し，3人の受刑者を死傷させた事件）を契機に2006（平成18）年に「刑事収容施設及び被収容者等の処遇に関する法律」が成立し，監獄法は廃止された。

　今なお冤罪事件はなくならず，再審制度によって刑を免れ，無罪に

なった例もめずらしくない。そう考えると，犯罪容疑者や刑事被告人の人権に関して，いっそうの配慮が必要である。また，究極の刑罰として，死刑制度の問題もある。国際的に死刑は残虐な刑罰とされる中，1989年の国連総会で死刑廃止条約が採択された。

日本国憲法では，残虐な刑罰を禁止（第36条）していること，無実の人を処刑してしまう危険性があること，国家による合法的殺人は論理的に矛盾すること，死刑制度によって凶悪犯罪はなくならないこと，などから死刑制度に反対する人もいる。1989年の国連総会での死刑廃止条約の採択にともない，死刑制度を廃止する国が80カ国を超えた。日本はこれに反対した。国際的な人権救援団体であるアムネスティ＝インターナショナルは，世界各国の死刑制度の廃止を訴えている。その一方で，死刑制度を維持することに賛成する意見も根強い。

（2）精神的自由権

第二次世界大戦前には，治安維持法による弾圧が典型例であるように，広範に人の精神活動の自由が抑圧された。その反省を受けて，日本国憲法は細かく精神的自由権を保障している。「思想・良心の自由」（第19条）は，精神の自由に関して中心となる規定とされ，それが「信教の自由」（第20条）や「学問の自由」（第23条），さらに思想や意見が内心にとどまらず，外部に表明される場合の「集会・結社・表現の自由」（第21条）につながっている。

信教の自由が保障されていることで，個人はどの宗教を信じてもよい。信教の自由に関しては，個人の自由な信仰を保護すると同時に，国の宗教活動の禁止（第20条③）と，特定の宗教団体に対する公金支出の禁止（第89条）という形で，政治と宗教を分離（政教分離）している。

これは，戦前に，神社神道が事実上国の宗教（国家神道）とされ，国家神道が軍国主義の精神的な支柱になったことと，神道以外の宗教が抑圧されたことの反省に基づいている。政教分離に関して争われた裁判には，津地鎮祭訴訟や愛媛玉串料訴訟がある。後者に関して，1997（平成9）年に最高裁判所は，愛媛県が靖国神社や護国神社に玉串料を公費から支出するのは憲法違反である，との判断を示した。これ以外にも，現職閣僚の靖国神社への公式参拝などの可否が論議されている。

2　基本的人権の保障　31

津地鎮祭訴訟

三重県津市が市立体育館の起工式に，神社神道の儀式にのっとった地鎮祭をおこなった際に，儀式の費用を市の公金から支出したことに対し，原告が市の公金支出行為は信教の自由（第20条）と政教分離の原則（第89条）に違反する

として，市長が支出した費用を市に賠償することを求めた住民訴訟である。最高裁は，地鎮祭は一般におこなわれている行事であって，宗教行為ではないとして合憲の判断を下した。

靖国神社への公式参拝

1985（昭和60）年 8 月15日，当時の中曽根内閣のもとで，首相・閣僚による靖国神社への公式参拝がおこなわれた。これに対して，国の内外から批判の声が高まり，1986（昭和61）年以降，外交

上の配慮から首相の公式参拝はおこなわれなかった。小泉首相は在任期間中，2001（平成13）年 8 月13日以降，年に 1 回靖国神社への参拝をおこなった。

　表現の自由が保障されることで，個人が自己の思想を自由に表現し，また政府の政策を批判することが可能になり，民主主義がきちんと作動する可能性がうまれる。表現の自由は，選挙権とともに民主主義を支える両輪である。また憲法は，表現の自由を制限する検閲（行政権が，著作物や新聞・放送・テレビなどの内容や表現を，発表前に審査し，不適当と認めるものの発表を禁止すること）を特別に禁止し，通信の秘密を保障（第21条②）している。1999（平成11）年に，犯罪捜査のための通信傍受法が成立したが，この法律は，通信の秘密を保障した憲法の規定やプライバシー保護の観点から多くの問題点が指摘されている。

（3）経済的自由権

　人が生活するためには，経済活動の自由も必要である。憲法は，「居住・移転・職業選択の自由」（第22条）と「財産権の保障」（第29条）を定め

32　第 2 章　日本国憲法と民主政治

チャタレー事件

▶事件の概要

　D.H.ロレンスの小説『チャタレー夫人の恋人』の翻訳者である英文学者伊藤整と出版社社長が刑法175条（わいせつ物頒布）違反で起訴された。

▶最高裁判所の判断

　芸術的作品であってもわいせつ性を有する場合がある。性的秩序を守り，最小限度の性道徳を維持することが公共の福祉の内容をなすことについて疑問の余地がないのであるから，本件訳書をわいせつ文書と認めその出版を公共の福祉に違反するものとなした原判決（東京高裁）は正当である。

ている。居住・移転の自由は，身体の拘束を解くという意味で人身の自由と密接に関連し，また広く知的な接触の機会を得るためにもこの自由が必要なので，精神的自由とも関連している。職業選択の自由も，経済的自由であると同時に，どのような職業を選択するかは個人の人格と密接に関連する。

　近代においては，財産権は不可侵とされるほど強く保障されていたが，それにより貧富の格差が拡大し，社会問題に発展した。20世紀に入ると，経済的・社会的弱者を救済するための福祉国家的な政策を可能にするために，財産権は一定の制限を受けるべきだとの考えが広まった。日本国憲法は，第13条において基本的人権の保障一般に公共の福祉による制約を認めているが，第22条と第29条において，特に「公共の福祉」を強調しているのはそのあらわれである。

　このことから，経済活動の自由については，他の人権との調整という観点だけからではなく，福祉国家を実現するという社会政策的な観点からの制限も認められる。経済的自由の具体的な規制としては，独占禁止法・農地法・都市計画法などがある。ただし，公共のために国民の土地を収用するような場合には，正当な補償をおこなうことが前提とされている（第29条③）。

2　基本的人権の保障　33

法の下の平等

　個人が尊重される前提として，個人が相互に平等な存在であることを認める必要があり，これを否定する身分や性，人種などによる差別は禁止されなければならない。

　日本国憲法では，明治憲法下での華族制度などを否定し，「すべて国民は，法の下に平等であつて，人種，信条，性別，社会的身分又は門地により，政治的，経済的又は社会的関係において，差別されない」（第14条①）との規定により，社会生活上のあらゆる差別を禁止している。

　憲法は，男女の本質的平等（第24条），選挙権の平等（第44条），教育の機会均等（第26条）について規定し，平等な社会の実現をめざしている。しかし現実には，さまざまな社会的不平等が存在しており，その解決が望まれている。

　その一つに，女性差別がある。国連は，1979（昭和54）年に女子差別撤廃条約を採択した。日本はこの条約を1985（昭和60）年に批准し，そのため国内法を整備する一環として，男女雇用機会均等法（1985年）や育児・介護休業法（1995年）を制定した。

　1999（平成11）年には，男女共同参画社会基本法を成立させ，社会における男女間の性別による差別的取扱いの解消がはかられている。その一方で，セクシュアル＝ハラスメント（セクハラ，性的いやがらせ）が社会問題となり，1997年に改正された男女雇用機会均等法で，セクハラ防止について事業主に配慮義務を負わせた。一方で法的な改善だけでなく，偏ったジェンダー意識（歴史的・社会的・文化的につくられた性別観念）に基づく性別役割をどのように解消していくかが問われている。ま

華族制度

　1869（明治2）年，明治政府は天皇制を強固にするため華族制度を定めた。当初，華族に等級はなかったが，1884（明治17）年以降は，ヨーロッパにならって，公爵，侯爵，伯爵，子爵，男爵の五爵が設けられ，政治上・経済上の特権が与えられた。

全国水平社創立大会「宣言」

1922（大正11）年，京都市岡崎公会堂で開かれた全国水平社創立大会で発表された宣言文。人間性の原理に基づいて，差別されている部落民自身による解放と経済・職業の自由を求めている。日本における最初の「人権宣言」ともいわれる。

（前略）

長い間虐（いじ）められてきた兄弟よ。

過去半世紀間に種々なる方法と，多くの人々によってなされた吾等（われら）の為（ため）の運動が，何等（なんら）の有難い効果を齎（もた）らさなかった事実は，夫等（それら）のすべてが吾々にとって，又他の人々によって毎（つね）に人間を冒瀆されてゐた罰（ばつ）であったのだ。そしてこれ等（ら）の人間を勤（いたわ）るかの如（ごと）き運動は，かえって多くの兄弟を堕落（だらく）させたことを想へば，此際（このさい）吾等の中より人間を尊敬する事によって，自ら解放せんとする者の集団運動を起せるは，寧（むし）ろ必然（ひつぜん）である。（中略）

吾々は，かならず卑屈（ひくつ）なる言葉と怯懦（きょうだ）なる行為によって，祖先を辱（はずか）しめ人間を冒瀆してはならぬ。そうして人の世の冷たさが何（ど）んなに冷たいか，人間を勤る事が何であるかをよく知って居る吾々は，心から人生の熱と光を願求礼賛（がんぐらいさん）するものである。

水平社は，かくして生れた。

人の世に熱あれ，人間に光あれ。

大正11年3月3日

全国水平社創立大会『水平』第1号

た，マイノリティ（少数派）に対する差別，部落差別，アイヌ民族差別，在日韓国・朝鮮人をはじめとする在日外国人差別などがこれにあたる。部落差別についてみると，江戸時代には，えた・非人（ひにん）などと呼ばれて差別された人びとの身分が固定されていた。明治期に入り，1871（明治4）年の太政官布告（だじょうかんふこく）（いわゆる解放令）で平民と同様とされたが，差別は解消されなかった。全国水平社（ぜんこくすいへいしゃ）の結成（1922〈大正11〉年）で，差別される側の人びとみずからの解放運動が始まった。また，2014年末現在，在日韓国・朝鮮人は50万1230人で，在日外国人全体の23.6％を占めている。

部落差別の問題は同和（どうわ）問題とも呼ばれ，封建社会の身分制度に端を発する社会的差別である。1960年代から同和対策審議会答申に基づいた取組みも進められているが，就職や結婚などで差別的な事件が現在も発生している。

2 基本的人権の保障　35

◀アイヌ文化振興法(アイヌ新法)を考える集会(1993年12月11日) 札幌で開かれた「アイヌ新法」実現全国交流集会の様子。アイヌ民族は明治政府が制定した「北海道旧土人保護法」によって、独自の文化が認められないなど、法的・社会的に差別されてきた。1997年にアイヌ文化振興法が成立したが、アイヌ民族の正当な地位は確立されておらず、課題を残している。

　また、アイヌ民族は明治政府が制定した「北海道旧土人保護法」(1899年)によって同化政策を受けてきたが、1997(平成9)年に「アイヌ文化振興法」が成立し、アイヌ民族を固有の民族として法的に位置づけた。アイヌ文化振興法は、アイヌ民族の自立、人権擁護などのために制定された。正式名称は「アイヌ文化の振興並びにアイヌの伝統等に関する知識の普及及び啓発に関する法律」。同時に「北海道旧土人保護法」は廃止された。「アイヌ文化振興法」は、アイヌ民族という固有の民族を初めて法的に位置づけた点で意義は大きいが、アイヌ民族自身が求めている「先住権」などの民族の権利にかかわる項目は盛り込まれていないなど、課題を残している。また、国際連合は、2007年に特定の地域にもともとから住んでいる「先住民」について、その文化や伝統を守り、先住民に対する差別を禁止する総会決議をおこなった。日本でも2008(平成20)年にこの決議に基づいて、アイヌ民族を先住民と認定するよう求める決議を衆参両院で採択した。

　公務員になるためには日本国籍を必要とする、という国籍条項を廃止する地方公共団体は増えているものの、在日外国人への社会的差別はなくなっていない。

　さらに障害者差別・高齢者差別など、さまざまな差別問題が日本社会に存在しており、障害者雇用促進法の制定や社会のバリアフリー化が進みつつあるが、私たち一人ひとりが、人権意識を向上させることで、差

別を許さない社会を実現させることが大切である。

社会権(社会権的基本権)

　基本的人権の内容は，18世紀までは国民が国家による不当な支配から解放され，自由をめざす自由権(自由権的基本権)が中心であった。このころの国家は，個人の権利に干渉すべきではないとされ，おもに治安維持や国防などを任務とする夜警国家(消極国家)が理想とされた。

　20世紀に入ると，資本主義経済が発達し，貧富の差が拡大したことから，国民が国家に対して人間らしい生活を要求する，社会権(社会権的基本権)の必要性が主張された。国家が社会権を保障することで，個人の自由は実質化する。現代では，治安維持や国防だけでなく，社会的弱者の救済や医療・福祉・教育の充実を任務とする，福祉国家(積極国家)がめざされている。

　社会権的基本権は，ドイツのヴァイマル(ワイマール)憲法において初めて規定され，日本国憲法でも生存権，労働基本権，教育を受ける権利が保障されている。

(1)生存権

　日本国憲法では，「すべて国民は，健康で文化的な最低限度の生活を営む権利を有する」(第25条①)として，生存権が規定され，国の責任としての社会福祉，社会保障，公衆衛生の向上および増進が定められている(第25条②)。これらの規定に基づいて，生活保護法や国民健康保険法，介護保険法など，各種法律が制定・施行されている。

　第25条①の規定については，国家に対して生存権の保障を，政治的・道義的な努力目標として義務づけたものにすぎず，国民に権利を保障したものではないとする説(プログラム規定説)と，この規定は法的な権利を認めたものなので，これを根拠に生存権を主張できるとする説(法的権利説)があり，対立している。

　生存権をめぐっては，朝日訴訟や堀木訴訟などの裁判がおこされたが，最高裁判所は，「健康的で文化的な最低限度の生活」の内容の決定に関して，立法府・行政府の自由な裁量を広く認める立場をとっている。

(2)労働基本権

朝日訴訟

　結核患者の朝日 茂さんが，国立岡山療養所に入院し，医療扶助と日用品費600円（当時の月額）の生活扶助を受けていた。日用品費の生活保護基準が憲法第25条や生活保護法に違反するとして，朝日さんが1957（昭和32）年に国を相手どって裁判をおこした。一審で東京地裁は訴えを認めたが，二審の東京高裁では一審判決が取り消された。その後，最高裁判所に持ち込まれたが，朝日さんは病死し，その主張は認められないまま裁判は終了した。

　資本主義社会では，労働者は使用者にくらべると経済的に弱い立場にある。日本国憲法では，労働者が人間らしい生活ができるよう，労働者の権利を保障している。

　憲法が定める労働基本権は，勤労権（第27条①）と労働三権（第28条）からなっている。労働三権とは，労働者がその立場を強化するために，労働組合を結成する権利（団結権），労働組合が使用者と労働条件について交渉する権利（団体交渉権），さらにストライキ（同盟罷業）などの団体行動をおこなう権利（団体行動権〈争議権〉）の三つをいう。また，労働基準法・労働組合法・労働関係調整法は労働三法と呼ばれ，労働者の権利を具体的に保護する法律として制定されている。

　労働基準法（1947年）は，「労働条件は，労働者が人たるに値する生活を営むための必要を充たすべきものでなければならない」とし，労働時間・休日・賃金などの労働条件の最低基準を定めている。

　そして「この法律で定める労働条件の基準は最低のものであるから，労働関係の当事者は，この基準を理由として労働条件を低下させてはならないことはもとより，その向上を図るように努めなければならない」としている。

　労働組合法（1945年）は，労働組合を結成することのできる権利として団結権を保障し，さらに労働組合が賃金などの労働条件をめぐって使用者側と交渉して労働協約を締結するなどの団体交渉権を規定し，交渉の場面ではストライキなどの争議をおこなうことのできる権利を団体行動

38　第2章　日本国憲法と民主政治

	区分	団結権	団体交渉権	争議権	備考	関連法
民間企業労働者	一般	○	○	○	工場等の安全保持の施設停廃等禁止	労組法2, 6 労調法36
	公益事業	○	○	○	争議行為は10日以上の予告期間を要す	労組法2, 6 労調法8, 37
	電気・石炭	○	○	○	電気の供給停止, 鉱山の保安停廃行為は禁止	労組法2, 6 スト規制法
公務員 国家	特定独立行政法人	○	○	★		特定独立行政法人等に関する法律
	一般職	○	△	★		国家公務員法98, 108の2, 108の5
	警察等	★	★	★	警察・海上保安庁・刑務所・自衛官	
公務員 地方	公営企業	○	○	★	地方鉄道・自動車輸送・電気・ガス・水道など	地方公営企業労働関係法3, 5, 7, 11
	一般職	○	△	★		地方公務員法37, 52, 55
	警察等	★	★	★	警察・消防	

▲労働三権の制限 ○は制限なし, △は一部制限, ★は全面制限。

権(争議権)として認めている。さらに, 労働組合への使用者側の介入を不当労働行為として禁じ, 正当な争議行為については民事上・刑事上の免責を規定している。

労働関係調整法(1946年)は, 労働者のストライキやサボタージュ(怠業)に対し, 使用者側が対抗措置としてロックアウト(作業所閉鎖)をおこなうなど, 労使間の対立が激しくなり, 当事者による自主的な解決が困難になったときには, 労働委員会が斡旋・調停・仲裁によって争議を解決させること, などを定めている。

現在, 日本の公務員は国家公務員法や地方公務員法によって, 争議権をはじめとする労働基本権の一部が制限されている。公務員は「全体の奉仕者」であり, 「公共の福祉」のため, 一般の労働者とは立場が違うとする考え方がある一方で, 公務員にも他の労働者と同じ労働基本権が認められるべきだとする主張もある。

(3)教育を受ける権利

人間らしい生活をするには, 教育を通じて知識や技能を身につけることが必要不可欠であり, また民主主義を担う市民を育成するにも教育が

重要となる。日本国憲法は，「その能力に応じて，ひとしく教育を受ける権利」を保障した上で，義務教育の無償を定めている(第26条)。

教育基本法(1947年，2006年改正)や学校教育法(1947年，2011年改正)などの法律によって，教育の機会均等が保障され，さらに保護者には保護する子どもに教育を受けさせる義務を負わせている。教育を受ける権利は，文化的な面で生存権を実現するものである。

参政権

国民が政治に参加する権利が，参政権である。日本では，1890(明治23)年から選挙制度が導入されたが，当初は一定金額以上の直接国税を納める納税者のみに，選挙権・被選挙権を与える制限選挙がおこなわれた。1925(大正14)年に男性のみの普通選挙制が，1945(昭和20)年には男女の普通選挙制が導入された。普通選挙制の導入によって，政治的な平等を確保できたといえる。

日本国憲法は代表民主制をとっているが，直接国民が国政に参加する直接民主制的な制度も一部取り込んでいる。それが，憲法改正時の国民投票(第96条)と特定の地方公共団体のみに適用される特別法の住民投票(第95条)，最高裁判所の裁判官の国民審査(第79条)である。このうち特別法の住民投票は，政府が特定の地方公共団体のみに適用させる法律を

▲最高裁裁判官の国民審査の投票用紙の見本(2014年) やめさせたい裁判官の名前の上の欄に×をつける。何も記入しないと信任票になる。○をつけると無効票。(東京都選挙管理委員会提供)

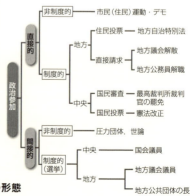

▶国民の政治参加の形態

制定しようとする場合，国会による議決ののち，関係地方公共団体の住民投票に付し，その過半数の同意を得なければならないとする制度で，この制度は，1949(昭和24)年の広島平和記念都市建設法や長崎国際文化都市建設法，1950(昭和25)年の首都建設法などで用いられた。その後，1952(昭和27)年に伊東市で住民投票がおこなわれたのを最後に，この制度は活用されていない。この投票や審査は，代表民主制を補完する制度として採用されている。

　日本の参政権は，本来，日本国民に与えられた権利であるが，近年，定住外国人に対して，地方公共団体の長や議会議員の選挙に際し，参政権を付与するべきかどうかが議論されるようになっている。また，多くの諸外国にならい，日本でも2015(平成27)年に公職選挙法が改正され，選挙権を行使できる年齢が満20歳以上から満18歳以上に引き下げられた。2016(平成28)年6月から施行された。

国務請求権

　基本的人権が現実に守られるには，人権が侵害されたときに救済を求めるなど，国や地方公共団体に人権確保を実現させる権利が必要である。憲法は，みずからの権利や自由が侵害されたときに，裁判所で裁判を受ける権利(第32条)を保障している。

　また，公務員によって人権を侵害された場合に，損害賠償の請求を求める国家賠償請求権(第17条)，国家権力から抑留や拘禁(抑留は比較的短期間の身体の拘束をさし，拘禁は比較的長期間の身体の拘束をさす)を受けた者が無罪になったときの刑事補償請求権(第40条)を保障している。さらに，国や地方公共団体に，自分たちの政策に対する希望や要望を表明する請願権(第16条)も定められている。

新しい人権

　20世紀に入り，時代の要請から社会権(社会権的基本権)が認められたように，時々の社会の変化によって人権保障の課題も変化する。日本でも，日本国憲法の制定以降，急激な高度経済成長にともなって公害問題が発生したり，情報化社会の到来によって新たな問題が発生したため，

2　基本的人権の保障　41

環境権	環境を自然環境だけに限る説と，歴史的・文化的環境も含む説などがあり，権利の内容が十分にかたまっていない。
プライバシー権	芸能人や著名人，政治家ら，公的な人びとの保護されるべきプライバシーの範囲が明確ではない。
知る権利	情報公開も国家機密との関係で無制限ではない。個人にかかわる情報については，プライバシー保護との関係の調整も必要となる。
平和的生存権	明確で具体的な内容を持った人権なのか，理念的権利なのか議論が分かれる（長沼事件第一審ではこの権利が具体的内容を持つものとして認められた）。
アクセス権	一般市民がマス＝メディアに意見広告や反論文の掲載などを要求する権利を法律で認めた場合，マス＝メディア側の表現の自由との調整が必要になる。

▲新しい人権とその問題点

憲法上に明文規定がない新しい人権の確立が主張されている。

（1）環境権

　日本では，高度経済成長を中心とする時期(1955〜73年)に，水や大気，土壌の汚染が進んで公害が発生した。また，自動車・鉄道・航空機などの輸送量の増加は騒音や振動を発生させ，生活環境を悪化させた。公害防止の世論と住民運動が高まる中，経済成長優先の政策をとってきた政府は，1967(昭和42)年に公害対策基本法を制定し，1971(昭和46)年には環境庁が発足した。1960年代後半におこされた四大公害裁判では，いずれも原告である住民側が勝訴し，損害賠償請求が認められた。こうしたことから，人間が公害のないよい環境を享受し，人間らしい生活を営む権利としての環境権が，幸福追求権(第13条)，生存権(第25条)を根拠に主張された。

　政府は，1993(平成5)年に公害対策基本法と自然環境保全法を見直し，新たに日本の環境政策の基本的方向を示す環境基本法を成立させた。また，1997(平成9)年には環境問題に対する住民参加の拡大や生態系への事前の評価を盛り込んだ環境アセスメント(環境影響評価)法を制定し，環境問題への取組みを積極的に進めている。

　地球温暖化やオゾン層の破壊などに示される地球環境問題のように，環境は一国だけにとどまらず，他国の環境にも影響を与えることが多く，

大阪空港公害訴訟

大阪国際(伊丹)空港の離着路のほぼ真下に居住する住民が、航空機による騒音・振動・排気ガス、墜落の危険という公害にさらされ、多種多様な被害を受けているとして、夜9時から翌朝7時までの夜間飛行の禁止と損害賠償、慰謝料を請求した民事事件。環境権は実定法上の権利か否かなどをめぐって争われた。

1981(昭和56)年に最高裁は、過去の損害賠償については認めたものの、将来の損害賠償と空港の夜間利用の差止請求を認めない判決を下した。

その後も現在(2017〈平成29〉年)に至るまで、環境権は判例法上、建築基準法に基づく日照権を除いて、確立されていない。

一国だけで規制しても問題は解決せず、グローバルなレベルで環境問題に取り組む必要性が高まっている。

(2) プライバシーの権利

コンピュータが発達した今日の情報化社会においては、私的生活を公権力や他の私人などからみだりに干渉・介入されない権利や、私的情報が個人の意思に反した目的などに勝手に利用されない権利として、プライバシーの権利が保障されなければならない。プライバシーの権利は、私的生活の平穏を確保すると同時に、自己に関する情報をみずからがコントロールすることを可能にする。この新しい人権は、幸福追求権(第13条)を根拠として主張された。プライバシーの権利をめぐって争われた裁判に、『宴のあと』事件や『石に泳ぐ魚』事件がある。これらの裁判では、プライバシーの権利と表現の自由が対立し、裁判所はプライバシーを保護するためには、表現の自由が制限されることもある、という

プライバシーの権利をめぐる裁判

『宴のあと』事件は，1960（昭和35）年に発表された三島由紀夫の小説『宴のあと』の中で，プライバシーを侵害されたとして，元外務大臣の有田八郎が作者と出版社を訴えた事件である。一審でプライバシーの侵害が認められ，原告が勝訴し，控訴審で和解が成立した。

『石に泳ぐ魚』事件は，1994（平成6）年に発表された柳美里の小説『石に泳ぐ魚』の中で，プライバシーを侵害されたとして，登場人物のモデルとされた女性が作者を訴えた事件で，最高裁判所まで争われたが，いずれも原告が勝訴し，この小説が原告の人格権を侵害する内容であるとして，出版が差し止められた。

判決を下した。

その後，個人情報については，地方公共団体のプライバシー保護条例に続いて，1988（昭和63）年には行政機関が保有するコンピュータ処理にかかわる個人情報保護法が制定された。また，1999（平成11）年の改正住民基本台帳法成立によって，住民票をコンピュータ管理する住民基本台帳ネットワークが実施され（2002年），2016（平成28）年より利用範囲の異なるマイナンバー制度が導入された。2003（平成15）年には民間の情報も含む個人情報保護関連法が新たに制定されて，個人は政府や民間機関が自分に関するどのような情報を有しているか，データの開示を求めることができることになった。データが誤っている場合には訂正を求めることができ，また，目的外の利用がなされている場合には利用の停止を求めることもできる。また，最近では防犯・防災対策や安全確保のため，商店や路上に監視カメラを設置する動きも多くなり，こうしたものがプライバシーや人びとの自由を必要以上に侵害しないよう注意する必要がある。

（3）知る権利

今日，個人が人格を形成し，民主主義を実現するためには多様な情報に接することを保障することが重要である。国や地方公共団体は，さま

44　第2章　日本国憲法と民主政治

ざまな情報を持ち，管理している。国や地方公共団体がどのような情報を有しているか，どのような活動をおこなっているかがわからないと，国民は政府の活動を主権者として監視できない。それらの情報を国民に公開させる権利として，知る権利が主張された。1980年代から地方公共団体が国に先駆けて情報公開条例を制定した。薬害エイズ問題などをきっかけに，国民による情報公開の要求が強まった。薬害エイズ問題とは，1980年代に，おもに血友病患者の治療薬として旧厚生省が認可し，アメリカ合衆国から輸入した非加熱血液製剤にHIVウィルスが混入しており，この薬を使用した血友病患者の4割近くがHIVに感染した薬害問題である。国も1999（平成11）年に情報公開法を制定し，2001（平成13）年より施行した。

　情報公開法制定当初に課題として残された特殊法人の有する情報については，2002（平成14）年施行の独立行政法人等情報公開法によって公開の対象となった。2013（平成25）年に特定秘密保護法が制定され，「特定秘密」と指定された場合，その情報を漏らした公務員や民間人は処罰されることになったが，知る権利が脅かされるのではないかという批判もある。特定秘密は，防衛，外交，スパイ活動の防止，テロ活動の防止の4分野で指定される。

　また，広い意味で知る権利に含まれるものに，アクセス権がある。これは，新聞や放送などのマス＝メディアに対し一般市民がアクセスして，自己の意見を反映させる権利のことで，具体的には反論・意見広告の掲載や番組への参加を求める形をとる。これによって多様な情報が発信さ

情報公開法

　情報公開法の制定により，国の行政機関が保有する情報については，開示を求める議決があれば，個人情報や国の安全に関わる機密情報など一定の例外を除いて，請求者に公開することになる。ただし開示の請求には手数料がかかる。公開された情報や非開示決定に不服がある場合には，情報公開審査会に申し立てることができ，また最終的には地方裁判所に訴訟を提起できる。

2　基本的人権の保障　45

れる可能性はあるが，マス＝メディアの表現の自由を侵害する危険性も
ある。

（4）自己決定権

憲法第13条の「個人の尊重」という考え方から導かれる権利として，自
己決定権がある。これは一定の私的事項について，他者の権力的な介入
を受けずにみずから決定できる権利である。医療の分野でのいわゆる尊
厳死やインフォームド＝コンセントなどが問題になる。尊厳死とは，現
代の医療水準でも回復の見込みがないとき，患者自身の意思で不必要な
延命処置を辞退し，尊厳をもって人間らしく最期を迎えることをいう。
また，インフォームド＝コンセントは，医師が患者やその家族に対して，
治療の目的や方法などを十分に説明し，患者やその家族がそれに同意す
ることである。

3　平和主義と日本の安全保障

徹底した平和主義

日本国憲法は，他国の憲法にはみられない，徹底した平和主義の原則
を持っている。第二次世界大戦では，日本国民に多くの犠牲者を出した
のみならず，近隣諸国にも多大な損害を与えた。

こうしたことへの反省に立って，二度と戦争を繰り返してはならない
とする決意を，「政府の行為によつて再び戦争の惨禍が起ることのない
やうにする」と憲法前文に示した。そして，日本国民は「恒久の平和を
念願し，人間相互の関係を支配する崇高な理想を深く自覚する」ことに
よって，国際社会における「平和を愛する諸国民の公正と信義に信頼し
て，われらの安全と生存を保持しようと決意した」と規定した。さらに，
「全世界の国民が，ひとしく恐怖と欠乏から免かれ，平和のうちに生存
する権利を有することを確認する」として，平和的生存権についても規
定している。

この平和主義の理念を実現するために，第9条①で「国権の発動たる
戦争と，武力による威嚇又は武力の行使は，国際紛争を解決する手段と

46　第2章　日本国憲法と民主政治

◀平和の礎(いしじ) 沖縄県糸満市(いとまんし)摩文仁(まぶに)の沖縄戦跡国定公園内に設けられた。1945年の沖縄戦でなくなった，すべての人びとの氏名がきざまれた祈念碑である。(ユニフォトプレス提供)

しては，永久にこれを放棄する」と戦争の放棄を定め，②で「前項の目的を達するため，陸海空軍その他の戦力は，これを保持しない。国の交戦権は，これを認めない」として，戦力の不保持と交戦権の否認を定めた。

侵略戦争を放棄した憲法は，諸外国にもみられるが，戦力まで放棄した憲法は主要国において他に例をみない。フランス憲法(1946年)，イタリア憲法(1947年)などでは，侵略戦争の放棄を定めている。また，1949年に制定された中米のコスタリカ憲法の第12条には，「常設の制度としての軍隊は，これを廃止する」としている。また，コスタリカは同年に非武装中立を宣言し，現在では3000人の市民警備隊と2000人の国境警備隊，2000人の地方警備隊のみが国の安全保障を担っている。

自衛隊の発足

第二次世界大戦直後，米ソ対立による「冷戦(れいせん)」が始まり，日本の安全保障が課題になった。1950年に朝鮮戦争がおこると，GHQは日本政府に防衛努力を求めて，同年に警察予備隊(よびたい)を発足させた。その後，警察予備隊は1952(昭和27)年には保安隊(ほあんたい)へと改組し，1954(昭和29)年には防衛庁が設置され，自衛隊法が成立した。日本の経済成長と冷戦の激化にともない，第1次防衛力整備計画が1958(昭和33)年に策定され，その後，数次の計画によって自衛隊は増強された。

文民統制

民主主義国家においては，軍隊を持つ場合，軍隊の指揮・統制権は非

憲法第9条と自衛隊，日米安全保障条約

▶戦力・自衛隊について政府は，それぞれの時期につぎのように説明してきた。

（1）1950年─警察予備隊の目的は治安維持にあって，（中略）従ってそれは軍隊ではない。〔吉田茂首相，衆議院答弁〕

（2）1952年─憲法第9条2項は，侵略の目的たると自衛の目的たるを問わず「戦力」の保持を禁止している。「戦力」とは近代戦争遂行に役立つ程度の装備，編成を備えるものをいう。（中略）戦力に至らざる程度の実力を保有し，これを直接侵略防衛の用に供することは違憲ではない。〔吉田茂内閣統一見解〕

（3）1972年─憲法第9条2項が保持を禁じている「戦力」は自衛のための必要最小限を超えるものである。〔田中角栄内閣統一見解〕

▶自衛隊の合憲性について

1994年に，村山富市首相（日本社会党）は衆議院答弁で「専守防衛に徹し，自衛のための必要最小限の実力である自衛隊は，憲法の認めるものであると認識する」としている。

▶日米安全保障条約について

政府は集団的自衛権の行使をこれまで否定してきたが，2015年の安全保障関連法の制定により，限定的な形での集団的自衛権の行使を肯定した。

軍人である文民に有することが原則となっており，これを文民統制（シビリアン＝コントロール）という。

軍隊に対して，民主的統制をおよぼすことで実力組織である軍隊の暴走を防ぐことが目的で，日本では，自衛隊の最高指揮権は内閣総理大臣が持ち，自衛隊の活動には国会の承認が必要とされるなど，自衛隊の活動には民主的統制がおよんでいる。

日米安全保障条約の締結

自衛隊の発足をめぐっては，自衛隊は憲法第9条が規定する戦力にあたるのではないかと国会で論戦がおきた。政府は「自衛隊は自衛のための必要最小限の実力であって，第9条で禁止している戦力ではない」，「自衛権は認められる」と国会で答弁した。それに対して自衛隊の設立に

48　第2章　日本国憲法と民主政治

反対する人びとは「自衛隊の実態は戦力にあたり，憲法に違反している」と主張し，鋭く対立した。

　1951（昭和26）年に，サンフランシスコ平和条約が締結され，連合国軍による占領が終わることになったが，同時に日米安全保障条約が調印され，引き続きアメリカ軍が日本に駐留することになった。条約に反対する人びとは，日米安全保障条約の内容について，「憲法が禁止する集団的自衛権の行使にあたり，日本はアメリカがおこした戦争にまきこまれる危険がある」として，政府との間に安保論争を展開した。この時期には，砂川事件（1957〈昭和32〉年）など，在日アメリカ軍基地反対闘争もおこった。

　1960（昭和35）年，岸信介内閣は共同防衛義務，事前協議などを新たな内容とする日米安全保障条約の改定をおこなった。このとき，激しい安保反対闘争がおこったが，現在も効力を有しており，アメリカ軍は日本

憲法第9条をめぐる裁判所の判断

▶自衛隊の合憲性について
（1）恵庭事件（1962年におきた自衛隊の通信線を切断した事件）―札幌地裁は憲法判断を回避，通信線は防衛の用に供するものにあたらないとした。
（2）長沼ナイキ基地訴訟（1969年におきたナイキミサイルの基地建設問題）―札幌地裁の福島判決では，自衛隊は陸・海軍にあたるので違憲。最高裁では，司法審査の範囲外にあるとして憲法判断を回避。
（3）百里基地訴訟（茨城県の航空自衛隊基地の用地をめぐる問題）―水戸地裁は，高度の政治的判断であるとして統治行為論で判断を回避。最高裁は，

国がおこなう行為であっても，契約を私人との間で結ぶような行為は私法的行為であって，憲法第9条の直接適用を受けないとした。憲法の改正をせずに，解釈や運用などの既成事実の積み重ねによって実態を認めることを解釈改憲と批判する意見もある。

▶日米安全保障条約について
　砂川事件（1957年，米軍立川基地に基地拡張反対派が突入した事件）で東京地裁の伊達判決は駐留は憲法に違反すると判断したが，最高裁では高度の政治性を持ち，司法の審査になじまないとした。

3　平和主義と日本の安全保障　49

国内のアメリカ軍基地に駐留している。1971(昭和46)年に、政府はアメリカ合衆国と沖縄返還協定を結び、翌72(昭和47)年、沖縄は日本に復帰し、日米地位協定で、多くのアメリカ軍基地を提供している。しかし、基地内外での航空機墜落事故や騒音・治安の悪化により、現在、普天間飛行場などの移設問題がおきている。

冷戦終結後の日本の安全保障

　米・ソに続いて、イギリスやフランス・中国があいついで核武装をおこなった。広島・長崎の被爆体験を持つ日本は、1971(昭和46)年の衆議院で、核兵器を「持たず、作らず、持ち込ませず」という非核三原則を決議している。ところが、アメリカ軍の艦艇が、核兵器を装備したまま日本の基地に寄港しているという疑惑から、「持ち込ませず」の原則がゆらいでおり、その半分だけの「二・五原則」であるとの批判もある。また、武器輸出三原則を定めて、兵器や軍事技術の輸出を禁止してきたが、

◀在日アメリカ軍の施設・区域の分布 (2017年、防衛省資料による)

▲在日アメリカ軍のおもな基地と施設(『防衛ハンドブック』などによる)日本各地にあるが、沖縄県と首都近郊に集中している。

国連平和維持活動（PKO）協力法

正式名称は、「国際連合平和維持活動等に対する協力に関する法律」という。海部俊樹内閣が、湾岸戦争への多額の経済支援にもかかわらず国際的に評価されなかった反省から立案し、1992年6月に成立した。国連平和維持活動、国際救援活動、選挙監視活動に協力するための国際平和協力業務の実施体制を整備し、これらの活動に対する物資協力のための措置などを講ずることで、日本が国連を中心とした国際平和のための努力に積極的に寄与することを目的にあげている。

PKO活動の中で、中心的かつ直接的な活動は平和維持軍（PKF）と呼ばれる組織による活動で、停戦監視、検問や巡回をおこなう業務であるが、これらは死者が出ることもあるため軍人が担当することになっている。

この法律では、国際平和協力業務として16種類の業務と、これらに類する政令で定められた業務をあげているが、その中でPKFの本隊業務に参加する諸内容については、国民の理解がまだ不十分などの理由で、別に法律に定めるまでは実施しないと定めて凍結された。政府はPKFへの参加条件として、次の五つを提示した。①紛争当事者間の停戦合意、②日本が参加することに対する紛争当事者の同意、③中立的立場の厳守、④以上の原則が満たされなくなった場合の撤収、⑤武器の使用は要員の生命の防護など必要最小限なものにすること、である。

この法律は、1998年6月および2001年12月に改正され、特に後者において、実施が凍結されてきたPKF本体業務への参加の解除、さらに、自衛隊員の武器使用基準の緩和が盛り込まれた。

2014（平成26）年に武器輸出三原則にかわるものとして定められた防衛装備移転三原則により、一定の場合を除いて武器の輸出が認められるようになった。

1990年代に入ると米・ソの冷戦は終結したが、中東などの各地で地域紛争が頻発した。イラクのクウェート侵攻から始まった湾岸戦争のあと、海上自衛隊の掃海艇がペルシア湾に派遣され、自衛隊のあり方にも新たな論議がおこった。1992（平成4）年には、国連平和維持活動（PKO）協力法が成立し、自衛隊は難民支援・停戦監視の目的で、カンボジア・モ

3 平和主義と日本の安全保障　51

ザンビーク・ゴラン高原・東ティモールなどに派遣された。

　2001(平成13)年9月，アメリカ合衆国でおきた同時多発テロ事件を受けて，自衛隊の派遣が困難なアフガン地域への自衛隊の派遣を可能にするためのテロ対策特別措置法が成立した。イラク戦争終結宣言後の2003(平成15)年には，それまでの法制では自衛隊の派遣が困難であったイラクに自衛隊を派遣するためにイラク復興支援特別措置法が制定され，これを根拠に自衛隊はイラク南部の都市サマーワに派遣され，おもに給水など民間復興支援活動にあたった。

　こうした形で，自衛隊の海外派遣は拡大している。自衛隊の活動のあり方については，国際貢献のためには必要で日本の責務であるとする主張と，自衛隊が戦闘にまきこまれる恐れがあり慎重であるべき，との意見がある。

周辺事態の変化と集団的自衛権

　日本周辺でも中国と台湾の対立，北朝鮮の弾道ミサイル発射実験や核兵器開発問題など，不安定要因がある。日米安全保障条約も，より密接な防衛協力を定めるものに変化している。

　1978(昭和53)年に「日米防衛協力のための指針（ガイドライン）」がつくられたが，1996(平成8)年の日米首脳会談で発表された日米安保共同宣言(安保再定義)は，冷戦の終結と日本の周辺事態の変化を根拠にして，安保体制の及ぶ範囲を極東地域から，アジア太平洋地域にまで拡大した。ガイドラインも，翌97(平成9)年には，新ガイドラインとして改正され，日米の一体化した防衛行動が強化された。

　これを受けて，1999(平成11)年には周辺事態法が成立し，日本の周辺に危機が生じたときの国内協力体制が整備された。これは，日本の周辺地域で，日本の平和と安全に重要な影響を与える武力紛争などが発生したときに，アメリカ軍への後方支援活動をおこなうことを定めた法律で，2015(平成27)年の安全保障関連法制の整備にともなって重要影響事態法に改正され，従来あった地理的制約がなくなった。2003(平成15)年には，有事法制関連三法(自衛隊法改正・武力攻撃事態対処法・改正安全保障会議設置法)が成立し，有事の際に自衛隊や政府機関の行動が支障なく

52　第2章　日本国憲法と民主政治

おこなわれるための法体系がつくられ，緊急時に安全保障会議が召集される体制が整えられた。翌2004(平成16)年には，国民保護法など有事関連七法が成立した。

　冷戦終結後，アメリカ合衆国が唯一の超大国となり，テロとの戦いを宣言する中で，日米安保体制はより密接な協力関係を持つ日米同盟へと展開を迫られている。

　個別的自衛権が，あくまで自国に対する攻撃を前提とするのに対し，集団的自衛権は，同盟関係にある国に対して攻撃があった場合に，自国への攻撃があったものとして武力をもってこれに対抗する権利である。国連憲章第51条は，国家は集団的自衛権を持つとしている。日本政府の見解は，長い間，日本は集団的自衛権を有しているが，憲法はその行使を禁止しているというものであった。しかし，2014(平成26)年7月，政府は日本を取り巻く安全保障環境の変化を理由に，①密接な関係国への武力攻撃が発生し，日本の存立が脅かされ，国民の生命，自由及び幸福追求の権利が根底から覆される明白な危険がある，②国民を守るために他に適当な手段がない，③必要最小限度の実力行使にとどまる，という要件を満たす場合に限り，集団的自衛権の行使を可能にする閣議決定をおこない，2015(平成27)年9月には安全保障関連法制が整えられた。「専守防衛」を基本としてきた日本の安全保障政策が転換するのではないかとする意見もある。

　日本は防衛関係費の国民総生産(GNP)1％枠を設けて，防衛予算の歯止めとしてきた。1976(昭和51)年に三木武夫内閣が「当面の間，各年度の防衛関係予算はGNPの100分の1に相当する額を超えないことをめどとする」と閣議決定した。1987(昭和62)年に，中曽根康弘内閣は，GNP1％枠にかわるものとして，一定期間の防衛費の総額をあらかじめ明示し，その範囲内に防衛予算をとどめる総額明示方式を閣議決定した。その結果，一時，わずかに突破したこともあったが，おおむね1％内に収まってきている。しかし，冷戦終結を受けて防衛力整備計画も見直されている。陸上自衛隊の定員数の削減や，戦車保有台数の削減などがおこなわれる一方で，イージス艦などのハイテク兵器が整備されている。冷戦終結後の新たな状況を見すえながら，自衛隊の整備や日本の防

3　平和主義と日本の安全保障　53

衛力のあり方など，憲法第9条と自衛隊，安保条約をめぐる議論がおこなわれる必要がある。なお，2007(平成19)年に，防衛庁は防衛省となり，権限も強化された。

第3章 日本の政治制度

1　日本の政治機構と国会

国会の権限

　日本国憲法の前文は、その冒頭で、「日本国民は、正当に選挙された国会における代表者を通じて行動」するとし、議会制民主主義を採用することを宣言している。この議会制民主主義に基づき、第41条で、国会は「国権の最高機関であつて、国の唯一の立法機関である」と規定している。

　「国権の最高機関」としているのは、すべての国家機関の中で、国会のみが主権者である国民から直接選挙された議員によって構成され、国民の意思を最も反映しているからであるが、三権分立を否定するものではない。また、憲法上の例外を除いて、法を制定する立法権が国会のみにあるところから、国会は、「唯一の立法機関」とされている。国会によら

▶衆院本会議場で議員が投票する様子(ユニフォトプレス提供)

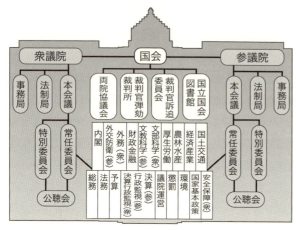

▲国会の組織

ない立法として，議院規則制定（第58条②）と，最高裁判所の規則制定（第77条①）が例外的に認められている。

国会には，法律の制定（第59条），予算の議決（第60条），条約の承認（第61条・第73条③），内閣総理大臣の指名（第67条），憲法改正の発議（第96条）といった重要な権限が付与されている。

国会の構成

日本の国会では両院制（二院制ともいう）が採用され，国会は衆議院と参議院から構成される。二つの議院があるのは，国民の意見を幅広く反映させ，より慎重な審議を期待するためである。衆議院で与党が過半数の議席を有していても，参議院で過半数の議席に達しない場合には，両院の意思が異なることになり「ねじれ国会」となる。両院には国政調査権が認められており（第62条），国政全般を調査し，必要に応じて証人の出頭を求めて証人喚問をおこなうことができる。ただし，証人の基本的人権を侵害したり，国政調査権の行使が三権分立をそこなわないよう配慮が求められる。1949（昭和24）年に参議院の法務委員会が，浦和地裁の下した判決の量刑を不当とする決議をおこない，これに対して最高裁が司法権の独立を侵害するものだと抗議した。

両院の意思の一致によって国会の議決となるが，両院の一致がない場

合には，両院協議会を開いて協議する（第59条）。しかし，国会としての統一した意思決定をなすために，法案の議決（第59条②），予算の先議と議決（第60条），条約の承認（第61条），内閣総理大臣の指名（第67条②），衆議院による内閣不信任決議（第69条）については，衆議院の優越が認められている。これは解散がある衆議院が，国民の意思をより反映しているためである。

　国会には，予算審議を中心に毎年1月に召集される 常 会（通常国会，第52条），総選挙後に内閣総理大臣を指名する特別会（特別国会，第54条），内閣や議員の要求で必要に応じて開かれる臨時会（臨時国会，第53条）の三種類がある。衆議院が解散されているときに緊急の必要がある場合は，内閣の求めに応じて参議院の緊急集会が開かれる（第54条）。

　国会はアメリカ型の委員会制度をとっており，法案などの実質審議は，両院に設置された常任委員会と特別委員会でおこなわれ，委員会での慎重 な議決を経た上で，両院それぞれ全員で構成される本会議で議決される。通常は出席議員の過半数で議決される（第56条②）が，憲法改正の議決（第96条①）や国会議員の除名（第58条②）など一定の場合については，各議院の総議員の3分の2の賛成が必要とされている。予算案と重要な法律案については，国民各層の有識者の意見を聴くための公 聴 会も開かれる。

　また，国会議員は誰からも干 渉 されないで，全国民のために独立して行動できるよう，国会議員には，国会会期中は法律の定める場合を除

衆議院の優越

　内閣不信任決議権と予算の先議権は衆議院にしか認められない特別のものである。予算の議決や条約の締結，内閣総理大臣の指名の際，両院の議決が異なる場合には，最終的に衆議院の議決が「国会の議決」とされるのに対し，法律案の場合には，衆議院で出席議員の3分の2以上の多数決で再可決した場合にのみ衆議院の議決が「国会の議決」となる。

1　日本の政治機構と国会　57

立法過程

法律案には，国会議員みずからが起案し提出する議員発議法案と，政府が提出する内閣提出法案とがあり，提出される議案の多くは内閣提出法案である。議案は，衆議院の先議とされているもののほかは，どちらかの議院の議長に提出する。議員が発議する場合，衆議院では20人以上，参議院では10人以上の賛成を必要とする。ただし，予算をともなう法律案の場合，衆議院では50人以上，参議院では20人以上の賛成が必要である。各議院の議長は，これを該当する委員会に付託する。なお，特に緊急を要する案件は，発議者または提出者の要求で，議院の議決により委員会の審査を省略することもできる。

実質的な討議は委員会でなされ，利害関係人や有識者などを呼んで公聴会を開く場合もある（公聴会は総予算および重要な歳入法案については，開かなければならない）。委員会の定足数は2分の1，表決は出席委員の過半数でこれを決め，可否同数の時は，委員長の決するところに従う。委員会では，報道関係者以外，原則として議員以外の傍聴はできない。委員長は，委員会の経過および結果を本会議に付する。その際，廃棄された少数意見で，出席委員の10分の1以上の賛成があったものは，少数意見者がこれを議院に報告することができる。

本会議の定足数はそれぞれ各議院の総議員の3分の1以上であり，修正の動議を議題とするにも各議院で議案提出と同数の議員の賛成を要する。本会議での討論は，反対者・賛成者・反対者の順で交互におこなう。本会議での表決は，過半数で決する。賛否同数のときは議長の決するところによる。原則は起立方式であるが，議長が可否を判定しづらいときや出席議員の5分の1以上が異議を申し立てたときは記名投票で表決をとる。本会議は公開が原則だが，議長または議員10人以上の発議により，出席議員の3分の2以上の議決があったときは，公開を停めることができる。議案について，最後の議決があったときはその院の議長から，内閣を経由して奏上し，奏上の日から30日以内にこれを公布しなければならない。

国会には，会期不継続の原則があり，会期中に議決に至らなかった案件は，閉会中に審査することを議決した案件と懲罰事犯の件を除き審議未了とされ，つぎの国会には継続されず，会期終了時に廃案とされる。つぎの国会で審議するには，その案件を再提出しなければならない。

58　第3章　日本の政治制度

き，逮捕されない不逮捕特権（第50条）や，議院内でおこなった発言や表決について，院外でその責任を問われない免責特権（第51条）が認められている。

国会の現状と課題

　現在，国会で審議される法案の多くは内閣提出法案であり，議員立法を増やすことも国会の主体性を高めることになる。また，政治家が，官僚に必要以上に依存することを防止し，国会を国民によって選ばれた議員の間の論争の場とするために官僚が政府委員として答弁する慣行が廃止され，大臣や副大臣が答弁するようになった。与党と野党の間での国会論争を活性化させるために首相と各党党首との党首討論（クエスチョン＝タイム）も導入されている。さらに国対政治といわれて，審議や裁決の順番や時間調整などで，与野党の話し合いが国民からはみえない国会対策委員会の場でおこなわれる。そこでは，法案の内容をめぐり議論が十分なされていないという批判もある。これらを改革し，国会審議を活性化・透明化することが，民主政治の発展につながる。

2　内閣の仕組みと行政権の拡大

議院内閣制

　日本はイギリスと同じように，議院内閣制を取り入れている。この制度は，大統領制とは異なり，行政権を担う内閣の存立が議会の信任に基づくなど，国会と内閣の間には密接な関係が生じる。

　内閣総理大臣は，国会で指名されると，国務大臣を任命（第68条）して組閣する。内閣総理大臣と国務大臣は文民であることが必要（第66条）で，国務大臣の過半数は国会議員でなければならない（第68条）。文民とは軍人ではない者をさすが，日本の場合は，防衛省・自衛隊の中に職業上の地位を持たない者をいう。しかし，過去に職業軍人の経歴がない者，軍国主義思想の持ち主でない者を文民とする説もある。

　内閣は行政権の行使について，国会に連帯して責任を負い（第66条③），

2　内閣の仕組みと行政権の拡大　59

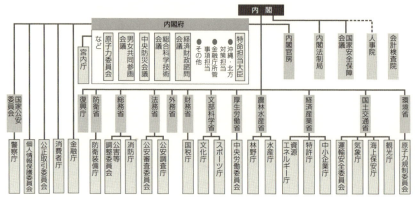

▲日本の行政機構

内閣総理大臣は国務大臣を罷免することができる(第68条②)。このため、議院内閣制は責任内閣制とも呼ばれる。

　原則として国会における第一党の議席数を持つ政党の党首、または連立による最大勢力の代表が内閣総理大臣に選出されて政権を担当する。これは、国会の多数派が与党として内閣を支える政党政治の仕組みによる。複数の政党で内閣を組織する場合、その内閣を連立内閣、その複数の政党を連立与党という。

　衆議院は内閣不信任案の決議をすることができ、不信任案が可決されると、内閣は10日以内に衆議院が解散されない限り、総辞職しなければならない(第69条)。また、内閣不信任案が可決された場合のほかに、あらためて民意を問う必要がある場合に、衆議院を解散させることがある(第7条解散)。現実には衆議院の解散は、内閣不信任案の可決を前提としない、第7条解散の場合がほとんどである。衆議院が解散されたときは、選挙により国民の意思が衆議院の新たな議席によって示され、特別国会で国会議員の中から内閣総理大臣が指名される(第67条)。

内閣の仕組みと権限

　憲法は、「行政権は、内閣に属する」(第65条)と規定し、広範囲にわたり行政をおこなう権限を内閣に与えている。内閣総理大臣は国務大臣を集めて閣議を主宰し、内閣の方針を決める。内閣総理大臣は、議案を国

▶**閣議** 首相官邸に国務大臣が集まり，内閣総理大臣を中心に内閣としての方針を決定する。全員一致制をとり，政令は閣議を経て決められる。（ユニフォトプレス提供）

会に提出し，一般の国務および外交関係について国会に報告し，行政機関の各部（各省庁）を指揮監督する（第72条）。内閣総理大臣の指揮監督のもと，内閣は一般の行政事務のほか，法律の誠実な執行，外交関係の処理や条約の締結，公務員に関する事務，予算の作成などの事務をおこなう（第73条）。

また，恩赦など天皇の国事行為に対する助言と承認（第7条），最高裁判所長官の指名（第6条②），その他の裁判官の任命（第80条①）なども内閣の権限である。恩赦とは，国家的な慶事などの際に，犯罪者を特別に許すことで，大赦・特赦，減刑，刑の執行の免除，および復権がある。天皇の国事行為としておこなう。

内閣は法律に基づいて行政をおこなうため，政令（第73条⑥）を定める権限を有している。政令は，内閣が制定する命令のことで，主として法律を執行するために必要な細目などについて定める。特に政治的な中立性や高度な専門性が要求される行政の分野には，行政委員会が設けられ，内閣から独立して活動している。行政委員会には，人事院・公正取引委員会・国家公安委員会などがある。

行政の拡大と民主的統制

18世紀のヨーロッパでは，政府の機能はなるべく小さく，国防や治安維持などに限定されるべきという考え方があった（夜警国家）。現代では，

広範な国民の福祉を実現するため「大きな政府」となり，行政の範囲が拡大して権限も強くなっている。政策決定の中心は，議会から行政権に移っており，行政権が拡大した国家を，行政国家ということもある。

　現在，行政権の拡大とともに，大きな権力を持つ行政機構を，どのように民主的に統制するかが課題となっている。また，行政権を民主的に統制すると同時に行政権に民主的正統性を付与するために内閣総理大臣を国民が直接選挙で選ぶ首相公選制を導入するべきという議論はあるが，これには憲法の改正が必要で，実現されていない。

　行政機関は広範な許認可権限を持って，行政目的を達成しようとするため，個人・法人・団体などに協力を求める行政指導をおこなうことがある。行政指導とは，一定の行政目的を達成するため，行政機関が勧告・助言・警告などの指導方法で，私人や団体などを誘導して同調するように働きかけることで，法的な根拠に基づかず，相手の自発的な同意が必要である。

　行政運営の公正性・透明性を確保する目的で，行政手続法(1993〈平成5〉年)が制定された。日本には，それまで行政の行為一般に適用される手続きに関する統一的な法律が存在しなかった。1999(平成11)年には行政機関が持つ情報を広く公開する情報公開法(「行政機関の保有する情報の公開に関する法律」)が制定され，拡大した行政権の活動を国民の側に説明する義務が明記された。また，行政の違法や不当な活動に対して，国民の苦情を中立的な立場で調査し，是正措置を勧告することで，簡易迅速に問題を処理するオンブズマン(行政監察官)制度を設けている地方公共団体もある。

　拡大する行政権を担う行政組織を，機能的・合理的なものに改編するために，2001(平成13)年に省庁が再編されて１府12省庁体制となった。2011(平成23)年に成立した復興庁設置法により，2012(平成24)年から復興庁が新設され，１府13省庁となったが，復興庁は2021年３月に廃止される予定である。また，国から地方公共団体に，権限と財源の一部が移譲されたが，その範囲を拡大することも論議されている。各省庁と深い関係を持って設立された特殊法人にも，改革が求められている。国土交通省関係では，特殊法人であった日本道路公団が民営になるなどの例

62　第3章　日本の政治制度

オンブズマン制度

1990(平成2)年，神奈川県川崎市で川崎市市民オンブズマン制度が制定された。

この制度は東京都中野区，長崎県諫早市，新潟県新潟市などでも条例化され，増加する傾向にある。都道府県レベルでは，1995(平成7)年に沖縄県でスタートしたが，国政レベルでの実現には至っていない。

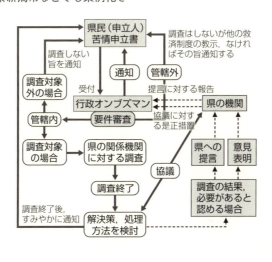

があり，外務省関係では特殊法人であった国際交流基金が2003(平成15)年に独立行政法人になった。

行政をスリム化することは重要であるが，ただ小さくすればいいというものではなく，必要な行政機能を効率的におこなう体制をつくることが重要である。2009・10年に，民主党政権下で行政刷新会議が設けられ，予算を中心に「事業仕分け」の方法で，見直しがおこなわれた。

行政の拡大と官僚制の問題

行政は，法律に基づいておこなわれる。しかし行政の内容も複雑となり，最近では，法律で細部を定めず，具体的な規制数値などは行政にま

◀内閣提出法案と議員発議法案の推移

かせる委任立法が増加している。こうしたことでも行政の権限は拡大する。行政を実際におこなうのは「全体の奉仕者」としての公務員で、複雑な行政システムを動かす専門的な知識を持った行政官僚の力が大きくなっている。官僚制（ビューロクラシー）の問題としては、法律万能主義・前例踏襲主義・セクショナリズム・秘密主義などの官僚制の本質的な弊害以外にも、一部の官僚と関係業界との不明朗な関係（たとえば、リクルート事件〈1988年〉や東京佐川急便事件〈1992年〉）や、「天下り」といった現象などの問題点が指摘されている。

3 裁判所と国民の司法参加

司法権の独立

　法律に基づいた公正な裁判によって、国民の権利や自由を保障し、社会の秩序維持をはかることが司法の役割である。法に基づく公正な裁判をおこなうためには、司法権の独立を認めて、政治的な圧力や干渉を排除する必要がある。

　憲法は、「すべて司法権は、最高裁判所及び法律の定めるところにより設置する下級裁判所に属する」（第76条①）と定めており、最高裁判所と下級裁判所だけに司法権を与えている。明治憲法下にあった行政裁判所（司法裁判所から独立して行政部に設置されたもので、行政裁判をお

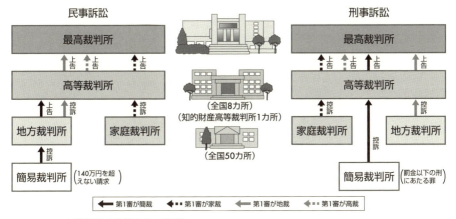

▲裁判所の仕組みと三審制

刑罰の種類

▶死刑
　絞首により執行する。死刑執行までの間は拘置所で過ごす。

▶懲役
　刑務所に拘禁しておき，労働を義務として行わせる。無期と有期（原則1カ月〜20年）がある。加重すれば最長30年。

▶禁錮
　刑務所に拘禁しておく。ただし，刑務所内での労働を義務としていない。

無期と有期（原則1カ月〜20年）がある。加重すれば最長30年。

▶罰金
　一定の金銭を国に支払う。原則1万円以上。

▶拘留
　拘置所（警察留置場）にて拘禁する。1日〜30日未満。

▶科料
　一定の金銭を国に支払う。原則1千円〜1万円未満。

こなうための裁判所）や軍法会議（司法裁判所から独立して，軍人および軍関連事件に対して刑事裁判をおこなうために設置された裁判所）や皇室裁判所（大日本帝国憲法下の旧皇室典範に規定され，皇族相互間の民

大津事件

明治憲法下の1891(明治24)年，日本を訪問していたロシア皇太子に警備の警官が剣で切りつけて重傷を負わせた大津事件では，ときの内閣は死刑を強く求めたが，大審院院長児島惟謙は担当の裁判官を励まし，法律の厳粛な判断を求めた。担当裁判官は無期徒刑の判決を下した。児島の行為は，他の国家機構から司法権の独立を守ったものといえるが，反面，担当裁判官の独立を脅かすものでもあった。

事訴訟と皇族の身分に関する訴訟を裁判するために，必要に応じて設けられるとされた裁判所)などの特別裁判所は司法権の独立を侵害する恐れがあり，設置を禁止している。さらに「すべて裁判官は，その良心に従ひ独立してその職権を行ひ，この憲法及び法律にのみ拘束される」(第76条③)として，裁判官の独立を定めている。

裁判官の独立を実質的に保障するために，憲法は裁判官に身分保障を与えている。裁判官は，心身の故障のために職務をおこなえない場合，および国会に設けられる弾劾裁判所で罷免が決定された場合を除いて罷免されることはない(第78条)。最高裁判所を民主的に統制するために，最高裁判所の裁判官については，国民が直接審査する国民審査の制度がある(第79条②)。しかし，国民審査での白紙投票は罷免を可としないとみなされ，形骸化しているとの批判もある。国民審査の制度で罷免された裁判官は，これまで一人もいない。

裁判所と裁判の仕組み

裁判所には，最高裁判所と下級裁判所(高等裁判所・地方裁判所・家庭裁判所・簡易裁判所)がある。最高裁判所は，内閣の指名に基づいて天皇が任命する長官(第6条②)と，内閣が任命する14名の裁判官(第79条①)で構成される終身裁判所である。下級裁判所の裁判官は，最高裁判所の作成した名簿に基づいて内閣が任命する(第80条①)。最高裁判所

66 第3章 日本の政治制度

司法制度改革

1999（平成11）年，司法制度改革審議会が設置され，21世紀の日本の司法制度について議論された。委員は13人で，衆・参両議院の同意を得て内閣が任命し，同年7月に第1回会合を開き，2001年6月に最終意見書を提出した。

内容は，改革の三つの柱として，「①国民の期待に応える司法制度，②司法制度を支える法曹のあり方，③国民的基盤の確立」を掲げた。具体的には①民事裁判の充実と迅速化，非法曹の専門家による裁判官サポート制度，知的財産権関係事件への対応強化のための東京・大阪両地裁の改編，人事訴訟の家庭裁判所への移管，弁護士費用の敗訴者負担制度の導入，②刑事裁判の連日的開催，被疑者被告人を通しての一貫した弁護体制建設，検察審査会の一定の議決に対する法的拘束力の付与，③裁判官・検察官の大幅増員をめざし，2004（平成16）年度には現行の司法試験合格者を1500人に，2010年度頃には新司法試験合格者を年間3000人程度とする，法科大学院（ロー＝スクール）については，法学部出身者でない者や社会人などを一定割合以上入学させ，修了者の7〜8割程度が新司法試験に合格できるような教育をおこなう，司法書士・税理士などの隣接法律専門職の活用をおこなう，④刑事訴訟事件について国民を「裁判員」として参加させ，一定の重大事件では裁判官と対等に有罪・無罪の決定と量刑をおこなう，⑤その他，弁護士・検察官・裁判官の新人事制度を確立する，というものである。

このように具体的な改革が進められ，法科大学院が多く設立されたが，3割程度の司法試験合格率にとどまっている。そこで政府は司法試験合格者の数値目標を見直すなどのさらなる改革を進めている。

には，裁判所の規則を定める規則制定権がある。

裁判は，公開の法廷でおこなうことを原則としている（第82条①）が，これは国民が裁判を傍聴できる公開性によって，公正な裁判を維持しようとするものである。また，慎重な裁判をおこなうために，第一審に不服があれば上訴して，上級審の裁判所の判断を求めること（控訴や上告）ができる。原則として三度の機会があるので，これを三審制度と

3　裁判所と国民の司法参加　67

いう。

　さらに，判決が確定したあとに，事実認定に誤りが発見されたときは，裁判をやり直せる再審制度もある。無実にもかかわらず有罪とされたり，長期間にわたって被告人とされたりすることを冤罪というが，この再審制度によって，死刑判決が取り消され，無罪となった例もある。

　裁判には，民事事件を扱う民事裁判と刑事事件を扱う刑事裁判とがある。民事裁判は，金銭の貸し借りや遺産相続をめぐる争いなど，個人や団体の私的な財産や身分上の権利・義務関係の争いを処理する裁判で，訴訟をおこした原告とその相手である被告とが法廷で争う。

　刑事裁判は，殺人事件など犯罪を犯した者に国家が罪を問う刑事事件を扱う裁判で，検察官が被疑者を訴え，裁判官が検察官・被告人・弁護人の申し立てを聞き，証拠を調べて判決を下す裁判である。また，行政裁判は民事裁判の一種で，国や地方公共団体の行政行為によって国民の権利が侵害されたとき，その取消しや変更などを請求する裁判である。

国民の司法参加

　欧米では，国民が裁判に直接参加する制度が採用され，市民の判断が裁判に活かされている。国民の司法参加には，大別して二つの形態がある。一つは陪審制であり，有罪か無罪かは国民から選ばれた陪審員のみが決定し，有罪となった場合の量刑は職業裁判官が決定する。もう一つは，有罪・無罪の決定から量刑に至るまで，国民から選ばれた者が裁判官と一緒に判断する参審制である。

　日本では，司法制度改革の一環として国民の司法参加が掲げられ，政府の諮問機関である司法制度改革審議会が裁判員制度の導入を提言し，2004（平成16）年に裁判員法が公布され，2009（平成21）年から裁判員裁判が実施されている。司法制度改革審議会は，現在の日本社会において，司法が果たすべき役割を明らかにし，国民がより利用しやすい司法制度の実現や，国民の司法制度への関与，法曹のあり方，その機能の充実強化などについて審議する目的で設置された政府の諮問機関である。

　裁判員裁判は，一定の重大な犯罪にかかわる刑事事件の第一審に限定して，無作為に選ばれた市民（裁判員）と裁判官が一緒に裁判にあたるも

68　第3章　日本の政治制度

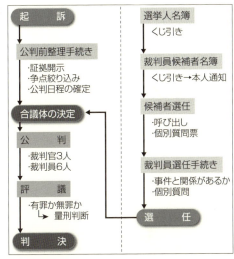

▶裁判員裁判の流れ

ので，参審制に近い制度である。

　裁判員制度の目的は，国民が直接裁判に参加することで，裁判が国民の常識とかけ離れたものになることを防ぐとともに，国民が主権者としての意識を持つことの必要性を認識することにある。裁判員が死刑判決を判断することの心理的負担の重さや，審理期間が長期化するときの対応など，この制度が実施された中で，課題があることが指摘されている。

弁護士と検察官

　法廷で当事者の訴訟代理人，あるいは弁護人として活動するのが弁護士である。その使命は，基本的人権を擁護し，社会正義を実現することにある。憲法第37条③には，刑事被告人の弁護人依頼権が規定されており，刑事被告人が弁護人を依頼できないときでも，国が弁護人をつけることになっている（国選弁護人制度）。

　刑事事件において，裁判所に公訴を提起し，法の正当な適用を求め，裁判の執行を監督するのが検察官である。日本においては，私人による訴追は認められず，訴追する権限は国家機関である検察官のみが有しており，起訴するかどうかは検察官の裁量によるのが原則である。

　検察官の仕事を統括する国家機関は検察庁で，裁判所の機構に対応し

3　裁判所と国民の司法参加　69

国選弁護人と当番弁護士

　国選弁護人制度と類似した制度に，当番弁護士制度がある。国選弁護人制度が起訴後の制度であるのに対して，当番弁護士制度は弁護士が当番制で常時待機し，被疑者・家族・知人などの求めに応じて，被疑者を拘束している警察署や拘置所にいつでも接見に出向き，無料で法律相談に応じる弁護士会の制度である。

て，最高検察庁・高等検察庁・地方検察庁・区検察庁の四つで組織されている。

　また検察官の不起訴処分などが適正か否かを審査する機関として，検察審査会が設置されている。被疑者が警察に逮捕された場合でも，検察の判断で起訴しなければ裁判はおこなわれず，刑事罰が科されることはない。また，検察審査会は，選挙権を有する国民の中から，くじで選ばれた11人の審査員で構成される。検察審査会は，起訴を相当とする(起訴相当)，不起訴を不当とする(不起訴不当)，不起訴を相当とする(不起訴相当)の三種類の議決をなす。従来は，この議決は検察を拘束するものではなかったが，国民の司法参加を促進する司法制度改革の一環として，2009(平成21)年に法律が改正され，検察審査会が起訴相当との議決をなしたにもかかわらず，検察が起訴しなかった場合には，検察審査会は再審査をおこない，そこで改めて起訴すべきであるとの議決(起訴議決)がなされると，裁判所が指定した弁護士によって強制的に起訴されるようになった。

　裁判官・弁護士・検察官を法曹三者と呼ぶが，そのほとんどが国家試験の司法試験合格者である。日本では特に裁判官の数が少なく，国民の迅速な裁判を受ける権利を保障するために近年は法科大学院をつくり，法律の専門家の養成制度を充実させている。

違憲立法(法令)審査権

　裁判所は，法律・命令・規則・処分が，憲法に違反していないかどう

かを判断する違憲立法(法令)審査権を持っている(第81条)。これは、国会が制定した法律や国家の行為が、基本的人権など憲法に違反することを防ぐための制度であり、違憲判決が確定した法律などは当該事件について無効とされる。裁判所が、「憲法の番人」と呼ばれるのは、こうした権限を有するためである。

　最高裁判所は、これまで尊属殺重罰規定違憲判決(1973年)、薬事法距離制限違憲判決(1975年)、議員定数不均衡違憲判決(1976・85年)、非嫡出子国籍取得制限違憲判決(2008年)、非嫡出子相続分違憲判決(2013年)、女性の再婚禁止期間違憲判決(2015年)などで、法律の条項それ自体を違憲とする判決を下しているが、その数は欧米諸国の違憲立法審査の例とくらべて少ないといわれている。最高裁判所において、これまで法律それ自体が違憲とされたのは9種の事例で10回ある。

　自衛隊や日米安全保障条約にかかわる裁判などでは、主として下級審において「高度な政治的判断が求められ、司法審査の範囲外である」とする統治行為論が採用された。しかし、この考え方が多用されると、司法審査の及ぶ範囲が限定され、裁判所による統制を受けない政治部門の行為の範囲が拡大してしまう。

4　地方自治の仕組みと住民参加

地方自治の仕組み

　日本国憲法は、地方自治の章を設け、「地方公共団体の組織及び運営に関する事項は、地方自治の本旨に基いて、法律でこれを定める」(第92条)とした。「地方自治の本旨」は、国から独立した地方公共団体が存在し、それに十分な自治権が保障されなければならないという「団体自治」の原理と、各自治体の中では住民主体の自治がおこなわれなければならない、という「住民自治」の二つの原理からなっている。

　地方自治は、しばしば「民主主義の学校である」といわれる。これはイギリスのブライスの言葉であり、フランスのトックビルも同様な意見をのべている。それは区域と事務処理の対象が限られる地方公共団体にお

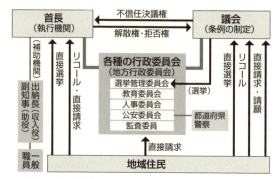

▲地方自治の仕組み

いて、住民の政治参加は容易で、身近な問題を扱うことから関心を持ちやすい。また、住民参加を通じて、住民は民主主義に必要な能力や手法を身につけるからである。

地方公共団体は条例制定権を持ち、「法律の範囲内で条例を制定する」ことができ、地方議会(都道府県議会・市区町村議会)の議決で条例を定める。

国政とは異なって、地方自治には直接民主制の要素が広範に取り入れられている。地方公共団体の長(知事・市区町村長)および地方議会の議員は、住民によって直接選挙される(第93条②)。特定の地方公共団体のみに適用される法律については、地域住民の投票でその過半数の同意を得なければならない、という住民投票の制度(レファレンダム)もある(第95条)。

地方自治法は、条例の制定・改廃請求(イニシアティブ)、議会の解散請求や首長・議員の解職請求(リコール)、地方公共団体への監査請求など、直接請求の権利を定めている。1997(平成9)年12月の沖縄県名護市における米軍ヘリポート基地建設の是非をめぐる住民投票の実施にみられるように、これらの制度を積極的に利用して、住民が地域の問題を主体的に考え、問題を提起し、行動する動きが各地でみられるようになった。

1995(平成7)年に地方分権推進法が5年間の時限立法として制定され、1999(平成11)年には地方分権一括法が制定されて、大幅な地方自治法の

住民投票条例による住民投票

単に住民投票といった場合，憲法第95条に定められている「地方自治特別法」の制定要件としたものも含まれるが，この規定に従った住民投票は1952（昭和27）年を最後に実施されていない。

それに対して，近年増加する傾向をみせているのが地方自治法にそったものである。これは，条例制定の手続きで「住民投票条例」を制定し，それに基づいておこなわれる住民投票で，条例による住民投票を案件別に示すとつぎのようになる。

〔原発建設関連〕巻町（現，新潟市西蒲区），刈羽村（新潟県），海山町（現，三重県紀北町）

〔米軍基地関連〕沖縄県，名護市（沖縄県），岩国市（山口県）

〔産廃処理施設〕御嵩町（岐阜県），小林市（宮崎県），吉永町（現，岡山県備前市），白石市（宮城県），海上町（現，千葉県旭市）

〔採石場〕小長井町（現，長崎県諫早市）

〔吉野川可動堰〕徳島市（徳島県）

〔合併関連〕上尾市（埼玉県），米原町（現，滋賀県米原市），大阪市（大阪府）

2002（平成14）年3月に実施された米原町の住民投票では，全国で初めて永住外国人に投票資格が与えられた。また，上記以外で2002年9月に秋田県岩城町（現，由利本荘市）で実施された近隣市町との合併をめぐる住民投票では，永住外国人とともに，全国で初めて投票資格を18歳以上とした。

改正が実現した。この改正により，国からの機関委任事務が廃止されるなど，地方公共団体の独自性が高められた。その結果，地方公共団体の事務は，自治体が主体的におこなう自治事務（都市計画の設定など）と，国などの関与する度合いがより強い法定受託事務（旅券の発行や国政選挙に関する事務など）とに分けられた。従来は地方公共団体の本来の仕事としての住民サービスなどの固有事務と，国から地方公共団体に執行が託されている国政選挙の管理などの委任事務に分かれていた。さらに委任事務は機関委任事務と団体委任事務に分けられていた。

地方自治の課題

今日では，地方公共団体としての事務のほか，介護保険法の制定に

よって，市町村が地域福祉を受け持つなど，地域住民の生活を支える自治体行政の重要度が増している。その役割を担うためには，地方公共団体が財政的にも自立性を高める必要がある。しかし，かつて「三割自治」といわれたように，自主財源が少なく，予算の多くを国からの地方交付税交付金や国庫支出金に依存している現実がある。地方公共団体の中には財政赤字に苦しんでいるところもあり，地方債を発行しているところも多い。北海道の夕張市は多額の財政赤字をかかえて，財政再生団体に指定されている。そのため，市民サービスが大幅に制限された。地方債の発行には，国との事前協議が必要である。

　財政再建と地方分権の推進を目的として，2005(平成17)年から税源を国から地方に移し，かわりに国からの補助金を減らし，地方の歳入不足を補うために配分されていた地方交付税をみなおすという，「三位一体改革」が実施された。さらに地方公共団体の財政基盤を強化するために，「平成の大合併」といわれた市町村合併もおこなわれた。

住民参加

　1990年代には，産業廃棄物処理場設置の是非や，原子力発電所施設の誘致反対などをめぐる住民運動が盛んになった。代表例として，岐阜県御嵩町の産業廃棄物処理場建設問題，新潟県巻町(現，新潟市西蒲区)の原子力発電所建設問題，沖縄県の米軍基地問題などがあり，それぞれ住民投票がおこなわれ，反対派が多数を占めた。

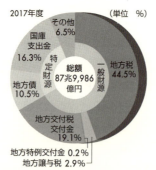

▲地方公共団体の歳入構成(矢野恒太記念会編『日本国勢図会』2017/18年版により作成)

74　第3章　日本の政治制度

政令指定都市

政令指定都市とは，地方自治法第252条の19（大都市に関する特例）で「政令で指定する人口50万以上の市」と規定されており，大都市における行政運営を効率的におこなうために創設された制度で，一般の市とは異なる取扱いがなされている。大都市行政の合理的・効率的な運営と市民福祉の増進をはかるために，都道府県の事務移譲を含めた一般の市とは異なる特例を定めて，1956（昭和31）年6月に制度化された。

政令指定都市が処理することとなるおもな事務は以下の4点である。

（1）事務配分上の特例

社会福祉・保健衛生・都市計画・土地区画整理事業・屋外広告物に関する事務など，市民生活に直結している件の事務がおこなえる。

（2）行政監督上の特例

土地区画整理事業の認可，地方債の発行などが知事の監督を必要としなくなり，事業の実施や財源について，直接国と交渉できる。

（3）行政組織上の特例

区を配置して，そこに区役所をおいたり，保健所や食品衛生検査所などを設置して，住民に身近な行政がおこなえる。

（4）財政上の特例

大都市にふさわしい行政が展開できるよう，国から交付される財源が大幅に強化される。

そうした中から，住民投票条例の制定をめざして署名活動がおこなわれ，条例を成立させたり，市長のリコール運動や地方議会の解散請求がおこなわれたりした。また，地方公共団体の仕事についても，情報公開条例により問題点を指摘したり，市民がオンブズマン（行政監察官）制度を定着させているところもある。

地方政治の施策に争点がある場合は，住民と行政との間で，また住民同士で話し合いがおこなわれ，住民の協力を得ることが大切である。たとえば環境問題では，環境アセスメント条例により，住民への説明会を設け，住民の意見を聞いたりして地域住民の意見を取り入れる工夫も必要である。地方公共団体の主要な施策については，フォーラム（討議集会）を開く地方公共団体もある。

4 地方自治の仕組みと住民参加 75

第4章	現代日本の政治

1　政党政治の展開

政党と政党政治

　現代の民主政治は，議会における審議を通じておこなわれている。議会は多数決の原理によって運営されており，多数決で政策を実現するためには，意見を同じくする人びとが集まって，政党を結成し活動することが多い。

　政党は一定の政策を要約した綱領を掲げ，その実現を国民に訴え，国民の支持を得て政権の獲得をめざす政治的集団である。また政党は国民の要求を汲み上げ，政策としてまとめるだけでなく，国民に対してリーダーシップを発揮して，政策を提示する役割も持っている。最近の選挙では，政党はマニフェスト（政権公約）を掲げて選挙をたたかうことが多い。このように現代の議会政治は，政党の活動を中心としておこなわれるため，政党政治と呼ばれている。

　議会政治が始まった欧米の19世紀初期には，政党は財産と地位を有する階層の政治家を中心に結成され，名望家政党といわれた。現代では普通選挙制度のもとで，国民によって支持された大衆政党が中心となっている。

　政党政治は，イギリスの議会政治の歴史の中から誕生した。イギリスでは労働党と保守党，アメリカ合衆国では民主党と共和党という二大政党が事実上，政権の座を争っている。政権を担う政党を与党といい，公約として掲げた政策を実現する。これに対して，政権についていない政党を野党といい，野党にまわった政党は，与党とは異なった政策を立案し，政権交代に備えて準備している。イギリスでは野党が「影の内閣」

76　第4章　現代日本の政治

（シャドー＝キャビネット）をつくり，つねに対案を国民に示している。

その他，フランスやイタリアのように，少数政党が分立し，小党分立制（多党制）の国もある。こうした国では，一政党で議席の過半数を占める単独政権ができず，複数の政党で連立政権をつくっている。

55年体制

日本では，第二次世界大戦前には政党活動の自由が抑圧されることがあったが，1945（昭和20）年に政党活動の自由が復活し，第二次世界大戦前にあった政党も活動を再開し，また多くの新政党が結成された。しかし，1955（昭和30）年に，左右に分裂していた日本社会党が統一を実現し，これに対抗する形で保守合同がおこなわれて，自由民主党（自民党）が結成された。この革新政党と保守政党の二つの政党の対立を軸に，日本の政治が展開されるようになった。この時点では保守とは，資本主義体制と天皇制の伝統を維持する立場を意味し，これに対して革新とは社会主義体制と共和制を支持する立場を意味していた。そして，この革新と保守をめぐる対立構造が，55年体制と呼ばれた。しかし，のちに社会主義

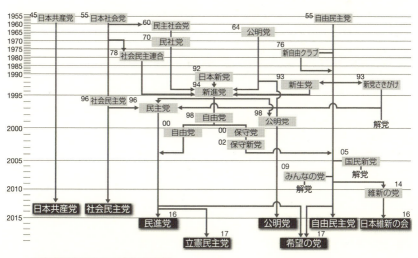

▲戦後日本のおもな政党の変遷

1 政党政治の展開　77

体制の崩壊にともなって，資本主義か社会主義かという選択をめぐる対立は意味がなくなり，現在では保守と革新を明確に定義することは難しくなっている。

　55年体制は二大政党制ではなく，保守の自由民主党が優位に立つ体制であった。1960年代になると，民主社会党(のち民社党)や公明党などの中道政党が結成され，多党化の時代を迎えた。この間も，長期にわたって自由民主党を中心に保守政権が維持され，一党優位の状況が続いた。

　こうした状況の中で，与党の自由民主党は官僚との協力関係を築き上げ，政権を維持するために利益誘導政治をおこない，さまざまな業界団体や利益集団の支持を得る政策を展開した。そのため，特定の分野に精通し，官庁と各種集団の利益調整をおこなう族議員が自由民主党を中心に生み出された。

　他方で，自由民主党内部では首相の座をめぐって，熾烈な派閥闘争が展開された。派閥を維持し，その勢力を拡大するために多額の政治資金が必要となり，この政治資金を各種業界団体や圧力団体(利益集団)が自

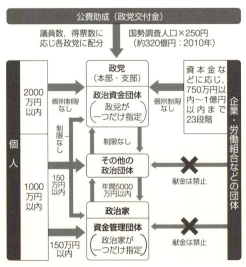

▲政治資金の流れ

78　第4章　現代日本の政治

己に有利な政策の実現を見返りに提供することになった。これが政・官・財の癒着であり，金銭が政治を動かす金権政治が生み出された。こうした背景があって，1976(昭和51)年のロッキード事件や，1988(昭和63)年のリクルート事件，1992(平成4)年の東京佐川急便事件などの，いわゆる構造汚職事件がおこった。

55年体制の終焉

　55年体制にかげりがみえ始めるのは，1980年代以降である。80年代になると自由民主党は議席数を減らし始めた。1990年代の構造汚職事件は，国民に政治不信をいだかせる一方で，根本的な政治改革を求める動きを加速させた。

　1993(平成5)年に，衆議院選挙で自民党が単独で過半数を獲得することができず，社会党・新生党などを中心とする非自民連立政権として細川護熙内閣が誕生して55年体制は終わりを迎え，連立政権の時代となった。金権政治への批判から，1994(平成6)年の政治改革の論議によって政党助成法が制定され，政党の活動費用の一部を政党交付金として国費から支給されるようになった。さらに，政治資金規正法の一部改正で，政治献金の制限や公表基準が改正された。

　その後も政権交代がめまぐるしくおこり，1994(平成6)年の自民・社会・さきがけを与党とする村山富市内閣から，2001(平成13)年の自民・公明・保守の3党による小泉純一郎内閣に至るまで，政党の離合集散と連立の組み合わせで，複雑な政治情勢が生まれた。

　この間，自由民主党の議員の離反による新党の結成，社会党の分裂など，政界再編もおこなわれ，2003(平成15)年の総選挙では自由民主党と民主党を軸に二大政党間で政権が争われる状況になった。そして2009(平成21)年の総選挙において民主党が勝利し，民主党内閣が誕生した。しかし2012(平成24)年の総選挙において，自由民主党が勝利し，自由民主党が政権の座に復帰した。2016(平成28)年には野党の一部が再編され，民進党が結党された。

1　政党政治の展開　79

2　選挙

選挙制度

　国民が主権者として政治に参加し，政治過程に自分たちの意思を反映させる最大の場が，代表を選出する選挙である。選挙に関しては，自由な投票権の行使と公正な代表を選出するために，普通選挙・平等選挙・自由選挙・秘密選挙・直接選挙の原則が守られなければならない。

　選挙制度は大きく分けると，1選挙区で1人を選出する小選挙区制と，1選挙区から複数の議員を選出する大選挙区制がある。小選挙区制は，獲得議席比率が得票率より大きくなる傾向があり，安定した政権や二大政党制を生み出しやすい。その反面，当選に結びつかない死票も多くなり，少数者の意見が無視されやすい傾向がある。これに対して大選挙区制は，死票は減るものの，選挙費用が高くなるなどの傾向がある。

　いかなる選挙制度が望ましいかは，一概にはいえない。安定した政権

◀日本の選挙制度

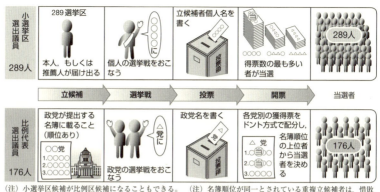

▲衆議院議員選挙の仕組み

を可能にすることと,多様な国民の意思を公正に代表することは両方とも重要である。日本では戦後,衆議院議員選挙で,1選挙区の定数を3～5名とする日本独特の中選挙区制(大選挙区制の一種)が採用されていた。

また,それ以外に,比例代表制がある。比例代表制は,有権者が政党名を投票用紙に記名し,その得票数に応じてあらかじめ決められている各党候補者の登録名簿順に当選が決まる(拘束名簿式比例代表制)仕組みである。国民の多様な選択を議会に反映させることができ,死票も減るが,小党分立の不安定な政権が生まれやすいという意見もある。

日本の選挙制度は,公職選挙法によって定められている。1994(平成6)年に公職選挙法が改正され,衆議院議員の選挙に小選挙区比例代表並立制が導入された。これは衆議院議員の選挙は,289議席を小選挙区制で選び,残りの176議席を全国11ブロックに分けて比例代表制で選ぶ形で,小選挙区制と比例代表制を組み合わせた選挙制度である。候補者は,選挙区と比例区の両方に立候補する重複立候補が認められており,選挙区で敗れても,比例区で復活当選することができる。

参議院の選挙は,各都道府県を単位とする選挙区に1～6名の議員を選出する選挙区選挙と,全国を1単位として政党に投じられた得票数に応じて議席を配分する比例代表制の並立となっている。比例代表制に関して,衆議院の場合は拘束名簿式で,有権者はどの政党に投票するかは

選べるが，誰に投票するかは選べないのに対して，参議院の場合には2000（平成12）年の選挙法改正後，比例代表区には候補者名も書くことができ，得票順に政党内の当選者が決まる非拘束名簿式比例代表制に改められた。比例代表区における政党ごとの議席配分は，ドント式配分方法という得票率に合わせた議席配分がおこなわれている。各党の総得票を1，2，3…という自然数で割り，その商が多い政党から順に議席を与える方法を，発案者の名をとってドント式という。大政党に有利な制度であるとの批判もある。

日本の選挙制度の大きな問題として，一票の格差という問題がある。政治過程に国民の意思を適切に反映させるためには，各有権者が投じる「一票の価値」ができる限り等しくなければならない。そのためには，各選挙区に配分される議員定数が当該選挙区の有権者数に比例していなければならない。日本では，選挙区ごとの議員一人当たりの有権者数に格差が生じており，「一票の価値」が選挙区で異なっている。各選挙区の議員定数は国勢調査の結果に基づき，有権者数の変化に応じてすみやかに改正され，参政権の平等が確保されることが期待される。

選挙運動

公職選挙法では，選挙の自由と公正を目的に，選挙運動に一定のルールを定めている。金品で投票を依頼する買収は禁止されており，また戸

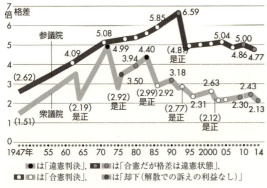

▲「一票の格差」の推移

別訪問や法定文書以外のビラ配布などは，選挙違反として制限されている。外国では戸別訪問は選挙運動として認められているのが通例であり，規制が厳しすぎるのではないかという批判もある。選挙違反に対しては，会計責任者など立候補者と一定の関係にある者が，買収や供応など悪質な選挙違反で有罪となった場合，当選しても無効とする連座制が強化された。他方で，2013（平成25）年に公職選挙法が改正され，ウェブサイトやブログなどインターネットを利用した選挙運動が解禁された。

　一方で，選挙管理委員会は，ポスター掲示板の設置や選挙公報の配布などをおこなっている。近年，投票率の低下が深刻化しているため，その対策として投票時間の延長や，投票日に投票できない有権者のために期日前投票制度を導入したり，不在者投票制度の簡素化を実施している。1997（平成9）年の公職選挙法の改正により，午後6時までだった投票時間が2時間延長されて午後8時までとなった。また，2015（平成27）年に公職選挙法が改正されて選挙権年齢が引き下げられ，満18歳以上であれば選挙権が行使できるようになった。

3　世論と国民の政治参加

マス＝メディアと世論

　民主政治とは，国民の世論に基づく政治である。世論とは，社会大衆に合意された共通意見のことである。

　現代では，テレビ・ラジオの放送や新聞，雑誌・書籍の出版など，多様なマス＝メディアが発達しており，世論の形成に大きな影響力を持っている。マス＝メディアとは，大規模な情報伝達手段という意味で，一般には大量の意思伝達をさして，マス＝コミュニケーション（マスコミ）という言葉が使われている。国民は，マスコミの報道によって情報を得るとともに，報道された事件や問題に対する国民の意見や反応がマスコミによって報道される。

　今日，マスコミは立法・行政・司法の三権につぐ「第四の権力」とまでいわれ，社会におよぼす影響力は大きい。マスコミに対して政府や大企

業が圧力をかけ，特定の政治的立場へと世論を誘導する世論操作がおこなわれたり，また事実をゆがめたり，隠したりした報道の歴史を私たちは経験している。第二次世界大戦中，日本の新聞は陸・海軍の発表を受けて，日本は「大勝利」していると報じた。ナチス＝ドイツは，国民を戦争に動員するため，マス＝メディアを利用した。このようなことがないよう，国民の知る権利が保障され，マスコミの取材の自由と報道の自由が確保されることが必要である。

　また，インターネットやSNSなどの新しい情報発信手段の発達によって，個人が安価で手軽に情報を広く発信できるようになり，2010年末からアラブ世界でおきた民主化運動（「アラブの春」）では，運動を盛り上げるのにSNSが大きな役割を果たしたといわれている。他方では，こうした新しい情報発信手段を有する者とそうでない者の間には情報に関する格差が生じる可能性があり，また，インターネットで流れている情報には無責任に他者を傷つけたり，信頼性が疑わしいものも少なくない。

　一方，現代の国民の間には，画一的な行動様式，他者への同調の傾向がみられるようになった。マスコミの流す情報やインターネットで流れる情報について，国民はそのまま鵜呑みにするのではなく，それが真実であるかどうかを判断するためのメディア＝リテラシーの能力を高め，各人が自分でよく考え，より正確な判断をする姿勢がいっそう必要とされる。

政治的無関心の拡大

　現代の民主主義は，国民の誰もが政治に参加することを前提にしており，大衆民主主義（マス＝デモクラシー）ともいわれている。しかし，多くの国民が政治に参加することが期待されている一方で，近年の国政選挙や地方レベルの各種選挙などでの投票率は低落傾向にあり，投票にいかない人びとが増えている。その原因は，政界の腐敗に対する失望感，政治に対する傍観者的な態度，仕事やレジャーを優先する生活などにあるとされている。世論調査での「政治に関心がない」という回答には，まったく政治に関心がない人びとだけでなく，現状に対する批判としてあえて政治を遠ざける人びと（積極的無関心層）も含まれている。近年，

84　第4章　現代日本の政治

その数が増加する傾向にあるが，選挙を棄権すれば，結果的には政治的無関心（アパシー）となってあらわれる。政治的無関心が拡大すると，政治が主権者である国民からますます遊離したものとなる危険性がある。

圧力団体と族議員

国民の政治的無関心とは対照的に，政治の場で活動しているのが圧力団体である。圧力団体は，利益集団ともいわれ，アメリカ合衆国では，議会内で圧力団体のために活動する人びとをロビイストという。これは，政党とは異なって，必ずしも自らが政権をとることをめざすものではないが，国会の審議や行政機関に直接働きかけることによって，自分たちの個別的利益の実現をはかろうとする政治的集団である。

財界団体などの経営者団体，医師会や農民団体などの業界団体，労働組合の全国組織などがその例である。圧力団体が，自分たちの意見を政治の場に活かそうと働きかけることは，世論を反映させる一つの方法である。しかし，個別的な利益誘導は，国民全体の利益とは異なる場合もある。

圧力団体は，特定の政党に政治献金や選挙協力をすることで発言権を強めようとする。このことが，圧力団体と密接な関係を持つ族議員と呼ばれる国会議員と，関係官庁との癒着による政治の不明朗さを生み，政治腐敗の温床になると指摘されている。

民主主義への期待

一方では，大衆運動や市民運動も広がりつつある。大衆運動は，平和運動・女性運動・消費者運動・環境保護運動・脱原発運動などのように，不特定多数の人びとが集まって，テーマごとに政治や世論に働きかけようとする。その活動は，集会やデモ行進などによって請願や陳情をおこない，そこに集まる人数の多さによって政治に働きかけたり，世論に影響力を与えて要求を実現しようとする。また，署名運動やビラの配布など，さまざまな運動形態をとることに特徴がある。地域住民が中心となって，地域の環境問題などについて働きかける住民運動や市民運動も，地方政治では大切な役割を担っている。こうした活動をする市民団体の

3　世論と国民の政治参加　85

◀原発反対集会でのデモ行進 (2016〈平成28〉年,山口県) デモ行進は,多数の人びとが政治的・経済的・社会的要求を広く一般の人びとに訴える「動く集会」といえる。(ユニフォトプレス提供)

中には,NPO(非営利組織)法人を設立して,人権や環境問題などで活躍する新しい組織も生まれている。

現代の社会では,人びとの価値観が多様であり,利害の対立も錯綜している。都市のゴミ処理問題を例にとれば,大規模なゴミ処理場の建設はゴミを出し続ける限り必要なものである。しかし,ゴミ処理場は周辺住民にしてみれば迷惑な施設とみられている。そこで,両者の利害を調整するために,国や地方公共団体の果たす役割が重要となる。ゴミの減量化や分別収集につとめたり,処理場から出る有害物質の排出を抑制する基準を決めたり,監視したりすることが必要になる。さらに,利害調整の過程が公開され,主権者である住民の意思がより反映されていくことが民主政治にとって大切である。

私たちは,「政治は自分とは無関係」「政治は政治家に任せておけばよい」「政治には期待しない」などと考えるのではなく,各人が民主主義の主役であることを自覚し,政治に関心を持って主体的にかかわることが大切である。

NPO（非営利組織）法人

　ボランティア活動などの市民運動をおこなう団体が，特定非営利活動団体として法人格を認められたもの。特定非営利活動促進法（NPO法，1998年）の成立によって，「市民がおこなう自由な社会貢献活動の健全な発展を促進し，公益の増進に寄与すること」を目的として，市民活動団体が簡単に法人格を取得できる制度ができた。認定されているNPOには，福祉，青少年育成などの教育，まちづくりなどが多い。なお，一部のNPO団体には，寄付を受けた場合などについての税制上の配慮がおこなわれている。民間の非営利組織は日本で10万団体程度存在するといわれているが，そのうち3万弱の組織がNPOとして認証されている。

第5章 現代の国際社会

1 国際社会の成立と国際法

国際社会の成立と近代

　国際社会の観念が生まれたのは，三十年戦争の終結後にドイツのウェストファリア地方で結ばれたウェストファリア条約以降であるとされる。三十年戦争は，1618年から48年にかけて，初めはキリスト教の新教徒の反乱から始まった宗教戦争に，その後，ヨーロッパ各国が介入したため，国際間の戦争として30年続いた。ウェストファリア条約は，カトリック教会と神聖ローマ帝国の聖俗の権威によって支えられたヨーロッパ中世世界にかえ，一定の領土を排他的に支配する主権国家を基本的な単位として構成される国際社会像を提示した。そして，このような国際社会像は，フランス革命とナポレオン戦争後の混乱を収拾し，主要な主権国家間の勢力均衡の原則に従って秩序を回復することを目的に開かれたウィーン会議によって，いっそう明確にされた。勢力均衡とは，特定の

◀**ウェストファリア会議** 1648年，三十年戦争の講和のために，ドイツのウェストファリア地方で開かれた。この会議で結ばれたウェストファリア条約によって，近代ヨーロッパの国際関係の枠組みが築かれた。(ユニフォトプレス提供)

国家が国力を増大させ，他国の独立を脅かす場合，他国が互いに提携して阻止することである。

その後，19世紀ヨーロッパの各国において，選挙権の拡大や議会政治の確立が進む一方，その内部の領域に住む人びとの一体感によって支えられた国民国家こそが，国際社会を構成するべきであるとする考え方が広がった。

ヨーロッパ以外の地域では，19世紀前半からラテンアメリカの国々が独立し，アジアでも日本や中国が国際社会に加わったが，多くの場合，主権国家として認められないまま，ヨーロッパの列強による植民地分割競争の対象となった。さらに，列強間の帝国主義的対立は対外的膨張を求めるナショナリズムにあおられて熾烈なものとなり，ついには第一次世界大戦の勃発を招いた。ナショナリズムは，国民国家の形成を求め，国民（ネイション）としての一体性を希求し，その利害の優越を主張する思想や運動のことである。

この戦争は，世界再分割を求めるドイツを中心に，オーストリア・イタリアが加わって結成した三国同盟と，これに対抗するイギリスとロシア・フランスが結んだ三国協商との間の対立から引きおこされた。1914年のサライェヴォ事件をきっかけとしてヨーロッパに始まった戦争は，日本やアメリカ合衆国をまきこみ，20世紀最初の世界戦争へと拡大したのである。

国際法の成立

オランダのグロティウスは，三十年戦争の混乱を背景に『戦争と平和の法』を著し，国家間の関係もまた人間の理性と自然法によって裏づけられた法によって律せられるとし，法による国際社会の秩序維持を訴えた。その後，西ヨーロッパ諸国を中心として，二国間の合意や国際会議の場において結ばれた条約が，国際法として承認されるようになった。

国際法には，国際慣習法と，国家が相互に結んだ条約など文章の形式をとる成文国際法とがある。たとえば，領海の外にある公海を商船が航行することは自由であるとする考え方が，「公海自由の原則」として認められてきた。これは元来，国際慣習法として成立したもので，現在では

1 国際社会の成立と国際法　89

▲**グロティウス** オランダの法学者で「国際法の父」といわれる。『海洋自由論』の著書もある。(ユニフォトプレス提供)

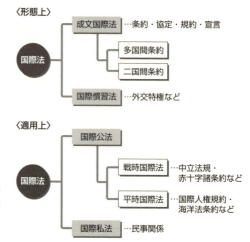

▲おもな国際法の分類

多国間の成文条約としての国連海洋法条約によって確認されている。国際慣習法の他の例としては，外交官特権などがある。他方，条約が発効するには，合意に加わった当事国の国内の批准が必要とされるが，国連憲章のように多くの締結国が加わった条約などの場合には，批准書などを管理するために事務局が常設される。

国際司法機関の発達

　国際法は，国家間の紛争を戦争に訴えずに解決し，平和的な秩序を維持するための手段として発達してきたが，国際法の発達と並行して，国際法に基づいて紛争を解決するための制度づくりも進められてきた。欧米列強が帝国主義的侵略を進め，東アジアやアフリカなどで軍事的衝突が繰り返されたため，1899年と1907年には，オランダのハーグで軍備削減などを目的とする万国平和会議が開催され，第1回目のこの会議において，常設仲裁裁判所が設立された。

　しかし，この裁判所は当事国の同意なくしては仲裁手続きをはじめることができなかったので，より強制的な司法手続きによって紛争を解決する国際裁判所の設立が求められた。そこで第一次世界大戦後の国際連盟において常設国際司法裁判所が設立され，つづいて第二次世界大戦後に国際連合の国際司法裁判所がこれを継承した。現在，国連憲章が定め

るところでは，国際裁判の実施には国際司法裁判所が当事国から合意を得なければ裁判を始めることができないものの，そこでの判決は拘束力（こうそく）を持ち，当事国が判決を履行（りこう）しない場合には，国連安全保障理事会が適切な措置（そち）をとることができる。さらに，2003年には，国連から独立した常設の国際刑事裁判所（ICC）がハーグにつくられ，国際人道法に反する個人が犯した犯罪などを裁（さば）いている。

しかし，国際社会には法の支配を保障する中央政府が存在しないため，国内法のような強制力を持つには至っていない。

人権保障の国際的な動き

一方，十分な強制力を持たないとはいえ，人権保障にみられるように，国際法が定める法規範が各国による国内法の改正を通じて国際社会に広がりつつある。基本的人権の保障は，世界の万民によって認められるべき人類共通の課題であるからである。

1948年，国連総会は世界人権宣言を採択して，人類が達成すべき人権保障の共通基準を示し，さらに1966年には世界人権宣言の理念をもとに，国際法としての拘束力を備える国際人権規約を採択した。この規約は，経済的・社会的および文化的権利に関する国際規約（社会権規約，Ａ規約）と，市民的および政治的権利に関する国際規約（自由権規約，Ｂ規約）の二つの部分からなる。

この条約を批准しようとする国は，国際人権規約に示された内容に合わせて国内法を制定し，法の趣旨（しゅし）を実現する制度をつくらなければならず，日本も1979（昭和54）年に，その一部を留保した上で批准した。日本は，公務員のストライキ権の付与，中等・高等教育の漸進的無償化，公休日（祝祭日など）の労働者への給与支払いの三点を留保したが，２番目の留保については2012年に撤回した。

人権保障に関する条約は，国連以外の国際的な場においても締結されてきた。西ヨーロッパの国々は，1950年にヨーロッパ人権条約を締結し，これに基づいてヨーロッパ人権裁判所が設立された。さらに，アメリカ大陸諸国間での米州人権条約や，アフリカ統一機構（現在のアフリカ連合）加盟国によるアフリカ人権憲章などがある。

1　国際社会の成立と国際法　91

人権保障に関する条約と国内法

　人権保障に関する条約は，国内法の整備を促した。国連では，国連憲章や世界人権宣言の採択後にも，なお残っていた差別をなくすため，1979年の国連総会で女子差別撤廃条約が採択された。日本はこの条約の批准に際し，男女雇用機会均等法を成立させた(1985年)ほか，高等学校における家庭科共修を実現した(1994年)。

　また，1959年に国連総会で採択された児童の権利宣言を具体化するため，18歳未満の子どもの人権を守ることを趣旨とする児童の権利条約が1989年に採択された。日本はこの条約を1994年に批准した。さらに1965年に人種や民族の違いなどを理由とする政治的・文化的・経済的差別を禁じる人種差別撤廃条約(1969年発効，日本は1995年批准)が採択され，特定の人びとに対する人権侵害を禁止した。日本は締約国として，いずれの条約についても国連へ人権状況の改善に関する政府報告書を定期的に提出している。

　このように，国際社会における人権保障を実現するためには，締約国

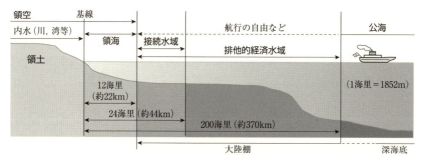

①領　海……基線から12海里以内とされ，沿岸国の主権がおよぶ領域。領土と領海の上空が領空である。
②公　海……国連海洋法条約の公海に関する規定のすべてが実線部分に適用され，点線部分については航行の自由など，一部の規定が適用される。
③排他的経済水域……基線から200海里以内で領海の外側を排他的経済水域とし，探査・開発・保存・管理に対する沿岸国の主権的権利を認める。
④深海底……大陸棚の外にある海底およびその下で，人類の共同遺産とされ，いずれの国も主権を主張あるいは行使してはならない。
⑤大陸棚……領海の外側で基線から原則として200海里までであるが，国連海洋法条約で規定された範囲内で延長することができる。その場合は，国連海洋法条約が設ける「大陸棚の限界に関する委員会」の勧告にしたがって延長する。

▲各種海域の概念

の積極的な取組みが不可欠である。しかし他方で，国際社会が一致して
強い国際世論を形成し，人権を弾圧する国に人権を尊重するよう働きか
けることも必要である。国際世論の高まりは，軍縮や環境・資源保護な
どについても，新たな国際法の制定を導く原動力となっている。

主権と領土問題

　国家は，国民・主権・領域(領土)の三つの要素から成り立っている。
ヨーロッパに生まれた主権国家は，近代においては国民国家となって国
際社会を構成する一方，国内において民主化が進展した結果，国民主権
の原則を確立させた。国際社会にあっても国家間の紛争は絶えなかった
が，そのつど国際法のルールが新たに確認され，国際秩序が維持されて
きた。日本国憲法が「日本国が締結した条約及び確立された国際法規は，
これを誠実に遵守することを必要とする」(第98条②)と記すように，国
際社会の中では国家主権も無制約のものではなくなっている。

　他方，国家間で国境の画定や領有関係をめぐる紛争が各地でおこって
いる。日本も，ロシアと韓国がそれぞれ国際法上の根拠なく占拠する，
日本固有の領土の北方領土や竹島について平和的な解決をめざしている。
また，同様に日本固有の領土である尖閣諸島については，中国や台湾当
局が主張するような領有権問題は存在しない。領海については，国連海
洋法条約(1994年発効，日本は1996年に批准)が，沿岸から12海里までを
領海とするほか，200海里の排他的経済水域も設け，漁業資源や鉱物資
源に関する支配権を認めている。1982年に採択された国連海洋法条約は，
海域を分類し，それぞれについて権利義務関係や紛争の解決手段などを
規定する包括的な「海の憲法」である。

2　拡大する国際機関の役割

国際連盟の成立と崩壊

　一定の国際組織をつくることによって，国際社会に恒久的な平和をも
たらそうとする構想は，18世紀に生まれていた。フランスのサン＝ピ

エールは『永久平和案』で，ドイツのカントは『永遠平和のために』におい
て，諸国家からなる連邦ないし国家連合の構想を示した。

　しかし，現実の国際社会では実力の行使を排除することはできず，持
続的に平和を実現することは難しかった。アメリカ合衆国大統領ウィル
ソンは，第一次世界大戦による惨状を教訓として「平和原則14カ条」を
教書で示し，新たな勢力の均衡ではなく，敵国も含めた多数の国家か
ら構成される集団的安全保障の機構設立を提唱した。

　これを受け，1920年に42カ国の参加を得て発足したのが国際連盟で，
スイスのジュネーヴに本部がおかれた。国際連盟は第一次世界大戦後の
国際協調の中心となるはずであったが，ドイツ・ソ連の参加が遅れ，主
唱国のアメリカ合衆国までが不参加となった。また，総会や理事会の
議決方式が全会一致の原則であったり，侵略に対する制裁措置が非軍事
的なものにとどまったりしたため，十分に活動することができなかった。
そして，日本・ドイツ・イタリアの脱退のあとに，第二次世界大戦の勃
発を未然に防止できなかった。

国際連合の成立

　新たな平和維持機構の構想が連合国の間から持ち上がったのは，第二
次世界大戦中のことであった。1941年，アメリカ合衆国大統領ローズ
ヴェルトは，アメリカ合衆国の参戦に先立ってイギリス首相チャーチル
と会談し，連合国がめざすべき戦後の世界構想の要点を発表した（大西
洋憲章）。

　この中に，安全を一般的に保障する恒久的制度の設立が含まれており，
この要請に従って国際平和機構の設立提案が決定された（ダンバートン
＝オークス会議，1944年）。そして，翌1945年のサンフランシスコ会議
で国連憲章が採択され，51カ国を原加盟国として国際連合（国連）が成立
した。

　国連憲章では，国際社会の平和と安全を維持すること，経済的・社会
的・文化的または人道的な性格を持つ国際問題を解決することが，目的
として掲げられている。その発足後にアジア地域の独立国が国連に加わ
り，日本（1956年），東・西ドイツ（1973年）などの旧枢軸国も参加を認め

94　第5章　現代の国際社会

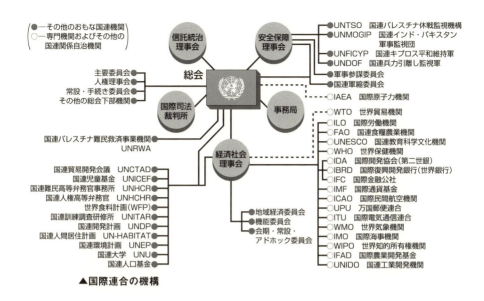

▲国際連合の機構

られた。枢軸国とは、第二次世界大戦で連合国と対立した日・独・伊の三国同盟国や、それらを支持した国々をいう。日本やドイツは国連憲章では、依然として旧敵国とされている。そのほか、アフリカの新興独立国も1960年代以降に新規加盟国となった。今日の国連は、世界中のほとんどの国々が加盟する、普遍的な国際組織となっている。

国際連合の仕組みと平和維持機能

　国際連合はニューヨークに本部をおき、総会・安全保障理事会・経済社会理事会・信託統治理事会・事務局、そしてオランダのハーグにある国際司法裁判所の機関から構成されている。特に安全保障理事会(安保理)は、経済制裁・外交関係の断絶などの非軍事的強制措置のみならず、軍隊による示威・封鎖などの軍事的強制措置を決定する強い権限を有する。同理事会は、5大国(米・英・仏・中・ロ)の常任理事国と地域ごとに2年間の任期で選出される非常任理事国10カ国によって運営され、議決に際しては5大国が拒否権を持つ(大国一致の原則)。冷戦の時代には、大国が拒否権を行使することによって、安保理が議決不能に陥ることもあった。

2　拡大する国際機関の役割　95

▲**安全保障理事会の審議** 常任理事国5カ国と非常任理事国10カ国で構成される。安全保障問題が話し合われ，軍事的・経済的制裁の権限を持つ。(ユニフォトプレス提供)

　そのため，朝鮮戦争の勃発に際して，総会が「平和のための結集」決議(1950年)をおこない，安保理が機能不全となった場合には総会がその活動の一部を代替することになった。総会は，一国一票による多数決で議決するため，数において勝る発展途上国の発言力がしだいに高まってきている。

　国連憲章は，軍事的制裁措置をとる手段としての国連軍について定めているが，制裁措置として正規の国連軍が組織されたことはかつてない。しかし，制裁措置の目的ではなく，停戦監視・選挙監視・平和維持軍(PKF)を用いた兵力引離しや，非武装地帯の確保などは，国連の直接の統轄のもとにおこなわれてきた。冷戦後に地域紛争が増えたため，これらの平和維持活動(PKO)に対する要請が高まったからである。平和維持活動は，国連憲章では明確に規定されていないが，1988年に国際的に認められ，その年のノーベル平和賞を受賞した。なお，国連は当該地域がさらに平和へと移行するよう支援する平和構築や選挙支援にも携わっている。

　経済社会理事会は，人権の保障や国際経済・社会問題を扱い，国際労働機関(ILO)や国連食糧農業機関(FAO)などの専門機関を擁する。また，さまざまな非政府組織(NGO)が憲章上の協議権や実質的な発言権を持って，これらの専門機関の活動の一端を担っている。なお，信託統治理事会は，信託統治領が独立したために，現在は機能停止の状態にあ

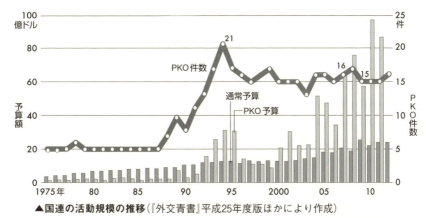

▲国連の活動規模の推移(『外交青書』平成25年度版ほかにより作成)

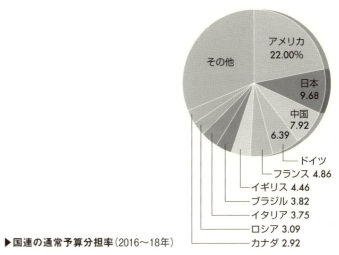

▶国連の通常予算分担率(2016～18年)

る。
　事務局は，事務総長を頂点とする国際公務員によって構成され，国連全体の業務計画の立案と遂行にあたっている。現在の事務総長は，ポルトガルのグテーレスがつとめている。

国連の役割と国連改革問題

　国連は世界の安全保障だけではなく，人類の福祉にも大きく貢献している。南アフリカのアパルトヘイトを廃止させ，人種差別撤廃を求める国際条約を採択するなど，人権問題の解決に向けて具体的な成果をあげ

てきた。さらに，地球環境・人口・食料問題などの人類共通の課題については，先進国と発展途上国に話し合いの場を提供し，すべての国々に対して問題への取組みを促してきた。

　しかし，国連が発足して以来，70年近くもの歳月が経過した。国際社会は冷戦の終結後に変化し，国連の機能を国際社会の現状に適応させるため，国連改革の議論も強まってきた。

　最近では，PKO活動の増大に見合うだけの能力の強化が求められているし，以前から大国の間では，総会における一国一票の原則や，国連の活動を支える国連分担金の配分方法について，不満が抱かれてきた。アメリカ合衆国は，分担率の上限の引下げを求めており，アメリカ合衆国についで2番目に多い分担金を拠出する日本の国内にも，負担にみあうだけの発言力が認められていないとの意見がある。一方，常任理事国の枠を拡大し，拒否権のルールを変更するなどして，安保理を改革しようとする動きもある。日本・ドイツをはじめ，インド・ブラジルなどの国々を，常任理事国に加える改革案が検討されてきた。2004（平成16）年当時の小泉純一郎首相は，日本の常任理事国入りを求める積極的な姿勢を明らかにした。

　さまざまな課題へ国連の取組みがよりいっそう効果的なものになるために，事務局や専門機関のスリム化と並んで，組織改革の検討が続けられている。

地域的な政府間機関

　第二次世界大戦後，西ヨーロッパの国々は，平和を担保するために石炭鉄鋼共同体（ECSC）を設立し，地域統合に着手した。1992年にはマーストリヒト条約に調印してヨーロッパ連合（EU）を設立し，共通通貨「ユーロ」を導入する経済通貨同盟の段階的達成と，共通外交・安全保障政策や司法内務協力など，経済分野以外についても政策を共通化させる枠組みをつくった。

　具体的な政策は，委員会・EU理事会・ヨーロッパ議会などの諸機関の相互作用の中から形成される。ヨーロッパ議会の議員は，加盟国ごとに直接選挙によって選出される。また，ヨーロッパ司法裁判所もあり，

98　第5章　現代の国際社会

加盟国の国内法に優越するヨーロッパ法の体系をつくりだしてきた。EU15カ国は，2004年にいっきょに10カ国を新たな加盟国として迎え（東方拡大），リスボン条約を発効させた（2009年）のち，2015年現在では28カ国を擁するに至った。

東南アジア諸国連合（ASEAN）の国々も，ASEAN憲章を発効させて（2008年），共同体の創設をめざし，ASEAN経済共同体（AEC）を発足させた（2015年）。一方，ASEAN地域フォーラム（ARF）などの域外諸国との協力枠組みを設け，地域の平和と安定を確保しようとしている。

3　戦後国際社会の動向

第二次世界大戦と東西冷戦

20世紀の2度目の世界戦争となった第二次世界大戦は，日本・ドイツ・イタリアを中心とする枢軸国と，アメリカ合衆国・イギリス・中国・ソ連を中心とする連合国との間で戦われた。

終戦を間近にひかえた米・英・ソの3首脳は，ヤルタ会談を開き，戦後の国境線やドイツの分割統治をめぐって利害を調整した。その際，すでに現われていた国家間の対立関係は，戦後間もなく資本主義陣営対社会主義陣営の対立へと発展した。米・ソ両陣営間の対立を，東西冷戦という。

第二次世界大戦後にソ連軍が進駐した東ヨーロッパでは，つぎつぎと社会主義政権が誕生し，アメリカ合衆国は危機感を深めた。トルーマン大統領は，いわゆる封じ込め政策（トルーマン＝ドクトリン，1947年）を掲げて，ギリシアやトルコの国内の自由主義勢力を軍事的に支援し，マーシャル＝プランを通じて西側諸国の経済復興を助けた。さらには，西側の11カ国とともに集団的安全保障のための北大西洋条約機構（NATO）を結成した（1949年）。

その後，ドイツが東西に分立し，西ドイツがNATOに加盟すると，コミンフォルム（国際共産党情報局，1947〜56年）やCOMECON（経済相互援助会議，1949〜91年）を結成していたソ連と東側諸国は，東ドイツ

3　戦後国際社会の動向　99

を加えてワルシャワ条約機構(WTO, 1955〜91年)を設立し,西側陣営と対立した。

　東西両陣営はそれぞれ軍備を拡張し,米・ソは核実験をおこない,大陸間弾道弾(ICBM)などの核兵器の保有量と高性能化を競い合った。こうした核兵器の開発競争は,より多くの核兵器を保有すれば核先制攻撃を受けた場合でも相手側に報復することができ,仮想敵国に核攻撃を思いとどまらせることができるという核抑止論(恐怖の均衡)の考え方に基づいていた。第二次世界大戦の末期にアメリカ合衆国が広島・長崎に投下した原子爆弾を,ソ連(1949年)やイギリス(1952年)が保有した。アメリカは,1954年にビキニ環礁で水爆実験をおこない,第五福竜丸事件(遠洋マグロ漁船が航海中に放射性降下物〈死の灰〉を浴びた事件)をおこした。

　東西冷戦では,米ソ間の直接的な軍事的衝突はさけられたものの,米・ソを後ろ盾として対立する国々の間で代理戦争が繰り返された。米・ソは,朝鮮戦争やベトナム戦争,スエズ動乱の第2次中東戦争に始まり第4次にまでおよんだ中東戦争,アフリカ各地の民族紛争などに介入した。

多極化と平和共存への動き

　1960年を迎えると,米・ソ・イギリス以外にもフランス・中国が核保有国となる一方,日本や西ドイツも高度成長を持続させ,国際社会における発言力を強めた。こうして,圧倒的であったアメリカ合衆国の地位が相対的に低下し,多極化が始まった。

　社会主義諸国でもソ連と中国がイデオロギー対立を深め,国境紛争をおこして関係を悪化させた(中ソ対立)。さらに,欧米の植民地であったアジア・アフリカの国々が,つぎつぎと独立を達成した。これらの国々は,米・ソいずれの側にも属さない第三世界(第三勢力ともいう)を形成して,非同盟の立場をとり,アジア・アフリカ会議(バンドン会議,1955年)や非同盟諸国首脳会議(1961年,ベオグラード)を開催して結束した。アジア・アフリカ会議を主導した中国の周恩来とインドのネルーは,1954年に平和五原則を発表し,バンドン会議でも平和十原則を

▲ベルリンの壁　1961年8月，西ベルリンへの東ドイツ市民の越境を防ごうとした東ドイツ政府が，西ベルリンを取り囲む壁を建設し，東西ドイツ間の国境封鎖を完成した。1989年11月に開放されるまで，東西ドイツの分断と冷戦の象徴となった。(ユニフォトプレス提供)

▲キューバ危機　冷戦期最大の危機といわれたキューバ危機を経て，米・ソは緊張緩和にむけた歩み寄りを始めた。写真は，アメリカ軍機がキューバへ輸送されるソ連の武器を監視しているところ。(ユニフォトプレス提供)

発表した。国際連合においても，植民地独立付与宣言や中国代表権問題などで発言力を示した。

米ソ間では，スターリン批判をおこなったソ連第一書記フルシチョフが，アメリカ合衆国を訪問して(1959年)，ジュネーヴ四巨頭会談(1955年)で確認された平和共存が推し進められようとした。1962年にはキューバ危機がおこり，核戦争の危機に直面したが，ソ連の譲歩により危機が回避され，この危機を教訓として，米ソ首脳間に直通電話回線(ホットライン)が開設された。キューバ危機は，ソ連が，キューバのカストロ政権支援のためミサイル基地をつくろうとし，アメリカ合衆国大統領ケネディが強く抵抗して，米・ソの緊張が高まった事件である。

一方，ヨーロッパでは東・西ベルリンの境界に壁が建設され，ドイツ分断の現状が固定化されたが(1961年)，西ドイツの外交政策の転換によって，西ドイツとソ連をはじめとする東側諸国との間にもデタント(緊張緩和)が進み，東・西ドイツの国連加盟が実現した(1973年)。1975年には，ヨーロッパ安全保障協力会議(CSCE)が開かれ，敵対する二つの同盟の間にも対話の場が設けられた。ヨーロッパ安全保障協力会議は，

冷戦期に東西の軍事同盟に分かれていたヨーロッパ諸国がフィンランドのヘルシンキで開いた会議で，ヨーロッパの緊張緩和と相互の安全保障を討議した。

しかし，1980年代に入ると，アメリカ合衆国大統領レーガンが，ミサイル防衛システムを用いた戦略防衛構想(SDI)を実現するために，新たに軍拡(ぐんかく)を進めた。他方，ソ連も1979年にアフガニスタン侵攻を開始し（〜89年），新冷戦(しんれいせん)と呼ばれる時代を迎えることになった。

冷戦の終結と国際政治の動向

1985年に登場したソ連のゴルバチョフ政権は，アフガニスタン侵攻によって軍事負担を増大させ，経済的にも疲弊(ひへい)していた体制を打開するために，ペレストロイカ（改革）とグラスノスチ（公開性）を掲げた。旧ソ連における改革は，東ヨーロッパ諸国にも体制の転換を促(うなが)し，1989年には民主化がいっきょに進んだ。共産党政権が倒れ，複数政党制や市場経済の導入などがおこなわれ，東欧革命(とうおう)と呼ばれた。二つの国家に分断されていたドイツも，1989年のベルリンの壁崩壊後，翌90年に東ドイツが西ドイツに編入される形で国家統一が実現した。事態が急展開する中の1989年12月，ブッシュ大統領とゴルバチョフ書記長の米ソ首脳は，地中海でのマルタ会談において冷戦の終結を宣言した。

ソ連では，1991年の保守派のクーデタ失敗によって共産党が解党され，さらにバルト三国（エストニア・ラトビア・リトアニア）の独立をきっかけに，ソ連邦の組織も解体した。ロシアを中心に独立国家共同体(CIS)というゆるやかな組織が形成されたが，加盟国の中には民族紛争をかか

◀マルタ会談　1989年12月，ブッシュ米大統領（左）とゴルバチョフ・ソ連共産党書記長（右）によって開かれた首脳会談で，冷戦の終結と新時代の到来を宣言した。（ユニフォトプレス提供）

え，ロシアと対立する国も多く，2009年にグルジア（ジョージア）が脱退，ウクライナも2014年に脱退を決定した。

マーストリヒト条約を締結してEUを発足させたヨーロッパ諸国は，条約の改定を重ね，体制移行後の東ヨーロッパ諸国にも加盟への門戸を開く一方，拡大したEUの意思決定能力を維持し，民主的な共同体に強化しようとした。東ヨーロッパ諸国は，西側の軍事同盟であったNATOに加盟したが，その結果，NATOは全ヨーロッパを対象とする安全保障機構へと変貌をとげ，地域紛争への対応を模索し始めた。また，ヨーロッパ安全保障協力会議（CSCE）は，ヨーロッパ安全保障協力機構（OSCE）へと拡充された。

中華人民共和国では，1949年の建国以来，共産党による一党支配体制が続いているが，1989年には民主化を求める学生・市民による天安門事件がおこった。実権を握って改革・開放政策を進めた鄧小平の路線は，事件後も江沢民・胡錦濤によって継承され，イギリスから返還された香港では，資本主義経済を認める一国二制度の特別行政区をつくっている。また，朝鮮民主主義人民共和国（北朝鮮）は，大韓民国（韓国）との南北朝鮮首脳会談を開催するなどの変化はみられるものの，核開発問題などで国際的孤立を深めている。そして，北朝鮮の核開発を阻止することを主目的に，北朝鮮と中国・ロシア・アメリカ・韓国・日本の6カ国協議の枠組みがつくられたが，現在は休止している。なお，2011年12月に金正日総書記が死去し，3男の金正恩が後継者となった。

核軍縮への取組み

キューバ危機を乗り越えた米・ソは，地下核実験を除く，1963年の部分的核実験禁止条約（PTBT）や，68年の核拡散防止条約（NPT）の締結を主導し，1969年からは戦略兵器制限交渉（SALT）に着手した。しかし，交渉の目的は軍備管理にあり，保有核兵器の削減を前提とはしていなかった。1980年代に，東西陣営間に再度デタント（緊張緩和）への動きが強まる中で，ようやく核戦力の削減に向けた交渉が始まった。米・ソは，1987年に中距離核戦力（INF）全廃条約，冷戦終結後の91年に戦略兵器削減条約（START）を調印し，後者はソ連崩壊後に戦略核兵器を継承した

3　戦後国際社会の動向　103

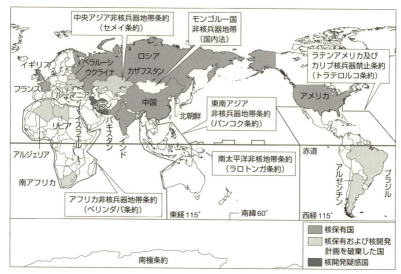

▲核拡散の現状

ロシアをはじめとする4カ国を当事国として、94年に発効した。

核兵器保有国の増加を防ぐため、1995年には核拡散防止条約(NPT)の無期限延長が合意され、その翌年の96年には包括的核実験禁止条約(CTBT)が国連総会で採択された。

核の脅威をさけるため、非核地帯を設ける動きもある。ラテンアメリカ諸国のトラテロルコ条約(1967年)、南太平洋諸国のラロトンガ条約(1985年)、東南アジア非核兵器地帯条約(1995年)などが締結されている。他方、インドとパキスタンが核実験をおこない、核兵器の保有を宣言した。冷戦の終結によって全面核戦争の危機は去ったが、逆に地域的な限定核戦争の危険は増している。アメリカ合衆国の大統領オバマは、2009年4月、チェコのプラハにおいて「核なき世界」演説をおこない、STARTの後継条約交渉の開始やアメリカによるCTBT批准の推進などを宣言した。

一方、核軍縮を進める上では、国際世論の高まりが大きな力となってきた。1970年代末にヨーロッパの各地に配備された中距離核戦力(INF)は、限定核戦争の恐怖を人びとにかき立て、反核平和運動がおこった。

核保有国

現在の核保有国は，米・ロ・英・仏・中・インド・パキスタンであるが，イスラエルも核保有が確実視されている。核開発可能な潜在核保有国も多い。リビアは2003年，核兵器開発を破棄した。また，北朝鮮は2005年に核兵器の保有を，その翌年には核実験の実施を発表した。国連安保理は北朝鮮に対して制裁決議を採択したが，2009年にも核実験の実施発表と安保理による制裁決議の採択が繰り返された。安保理は，イランの核開発に対しても2006年以降，制裁決議の採択を繰り返してきたが，2015年7月，安保理事国にドイツを加えた6カ国とイランとの合意を承認し，これまでの制裁を解除する道すじを開いた。

国連は，軍縮特別総会を数度にわたって開いたが，最初の軍縮特別総会（1978年）で開催が決定されたジュネーヴ軍縮委員会でも多国間で継続的に軍縮が話し合われている。冷戦の終結後は，不要となる軍事費の民生目的への転換や武器輸出の減少が期待された。これを「平和の配当」というが，これまで十分には実現されていない。これからは，その恩恵を人類が受けることができるよう，積極的な軍縮の実現が望まれる。

軍縮は，非人道的兵器といわれる生物・化学兵器についても進められている。米・英・ソは，1972年に生物兵器禁止条約を締結し，さらに国連では化学兵器禁止条約（CWC）が93年に採択された（日本は95〈平成7〉年に批准）。通常兵器の分野でも，1990年にヨーロッパ通常戦力（CFE）条約が調印された。とりわけ地雷については，非政府組織（NGO）の地雷禁止国際キャンペーンが国際世論を喚起し，1999年に対人地雷禁止条約が発効した。

地域紛争と国際平和の課題

国連は各地の紛争を収拾するために，さまざまな対応を重ねてきたが，平和と安全が回復されないこともあった。冷戦の終結後も，民族的な対立などを原因とする地域的な紛争が各地で発生している。イスラエルと

3 戦後国際社会の動向　105

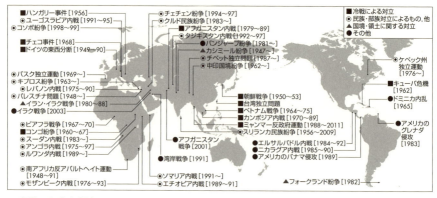

▲世界のおもな紛争

　アラブ諸国との間の紛争は，1973年の第4次中東戦争ののちも，パレスチナ問題として依然として深刻な状態にある。イスラエルとパレスチナ解放機構(PLO)との間で，エルサレムの管理問題やパレスチナ暫定自治について話し合いがおこなわれているが，武力に訴えた紛争が絶えない。

　1990年におけるイラク軍のクウェート侵攻に対し，翌年にアメリカ軍を中心とする多国籍軍が軍事介入に踏み切り，湾岸戦争がおこった。イラクでは，その後，フセインの独裁政権が続いたが，2003年には核兵器開発・査察拒否の問題からアメリカ合衆国・イギリスを中心とする国々の攻撃を受け，フセイン体制は崩壊した。イラク国内では混乱が続いたため，多国籍軍が2008年まで駐留し，その後もアメリカ軍が駐留を続けたが，2011年12月にアメリカ軍部隊が撤退を完了し，戦争に実質的な終止符が打たれた。今後は，イラク政府による治安の回復が待たれている。

　多民族国家であった旧ユーゴスラビア連邦共和国は，国内の民族的・宗教的対立から五つに分裂し，そのうちのボスニア・ヘルツェゴビナではセルビア人とクロアチア人・ムスリム人(イスラーム教徒)の三つ巴の民族間対立が内戦にまで至った。セルビアを中心とする新ユーゴでは，コソボ問題がおこり，NATO軍が介入して(1999年)空爆がおこなわれ，ミロシェビッチ大統領は民衆からも支持を失って失脚した。中米諸国でも，内戦が続き，政権の不安定な国々があり，アフリカ大陸では民族

▲同時多発テロ事件（2001年9月，アメリカ・ニューヨーク）　複数のハイジャック機は，写真右端の世界貿易センタービルのほか，ワシントン郊外の国防総省に突入したほか，ピッツバーグ郊外などにも墜落した。アメリカ本土が外から受けた攻撃で，約3000人の被害者はアメリカ合衆国史上最大となった。（ユニフォトプレス提供）

よりもさらに小さな単位の部族間紛争によって大規模な虐殺事件がおこった。ルワンダでは独立後のツチ族とフツ族の部族間対立によるルワンダ内戦が，ソマリアでは1991年からの部族間対立を原因とする内戦が，また，スーダンでも2003年以降に民族浄化をともなう民族対立がおこった。いずれも多くの飢餓者や難民を生んだ。

また，2001年9月，アメリカ合衆国ではニューヨークの世界貿易センタービルなどで同時多発テロ事件がおこり，これに対する報復としてアメリカ合衆国は，同年にアフガニスタンへの空爆をおこない，さらに2003年にはイラクのフセイン政権への攻撃をおこなった。国際テロ組織アル＝カーイダによって，ハイジャックされた民間航空機が世界貿易センタービルなどに突入し，多くの犠牲者を出した。また，2001年以降，アメリカ軍を中心とするNATO軍がタリバン政権を攻撃，アフガニスタン暫定政府が樹立されたが，アメリカ軍はアフガニスタン国内の治安維持を理由に駐留，ゲリラとの戦闘を続けている。

しかし，冷戦の終結後に最強の大国となったアメリカ合衆国でさえ，単独では国際政治のさまざまな課題を解決することはできない。人類は，武力対立や紛争だけではなく，経済や社会，環境問題など多くの共通の課題に直面している。この意味において各国は，相互依存関係にあり，これらの課題の解決に取り組む上では，国連をはじめとする各種の国際

3　戦後国際社会の動向　107

組織やヨーロッパ連合(EU)などの地域的な国際組織を場とする国際協力を進めつつ，非政府組織(NGO)や，さらに多国籍企業などからも協力を得ることが必要である。

4　国際平和と日本の役割

戦後の日本外交

　1945(昭和20)年8月15日，日本はポツダム宣言の受諾を発表し，アメリカ軍を中心とする連合国軍に占領された。連合国軍最高司令官総司令部(GHQ ／ SCAP)による間接統治のもとに財閥解体や農地改革がおこなわれ，総選挙後の国会審議をへて，日本国憲法が制定された。日本は，1951(昭和26)年に西側諸国とサンフランシスコ平和条約を締結して独立を回復し，戦後外交が始まった。同時にアメリカ合衆国と日米安全保障条約を結び，西側陣営の一員として外交を展開することになった。

　その後，インド・ビルマ(現ミャンマー)など日本が侵攻した国々と戦後処理をおこない，個別に平和条約を締結した。懸案であったソ連との国交も，1956(昭和31)年に鳩山一郎首相が訪ソし，日ソ共同宣言(ソ連が締結した条約は，現在はロシアが継承)を発表して回復した。これにより国連への加盟が可能となり，1956(昭和31)年に国連加盟を果たし，国際社会に復帰した。

　日本の旧植民地支配地域や戦争関係にあった近隣諸国に対しては，賠償問題を解決しながら，国交を回復していった。

　1965(昭和40)年には大韓民国(韓国)との間で日韓基本条約を締結したが，朝鮮民主主義人民共和国(北朝鮮)との国交正常化は今日に至るまで未達成である。2002年に小泉純一郎首相と金正日総書記との間で日朝国交正常化交渉がおこなわれ，日朝ピョンヤン宣言に署名したが，その後の進展はなく，日本人拉致問題の解決も急がれている。中国とは，中華民国(台湾)と日華平和条約を結んでいたが，1972(昭和47)年の米中首脳会談後に，田中角栄首相が中華人民共和国を訪問し，日中共同声明を発表して国交を正常化した。1978(昭和53)年には戦後処理問題など

108　第5章　現代の国際社会

を話し合い，福田赳夫内閣は日中平和友好条約を結んだ。台湾との間では，緊密な経済関係が維持された。

日米新安保体制

日本は，サンフランシスコ平和条約とともにアメリカ合衆国との間で日米安全保障条約を結んで，アメリカ軍の駐留を認めた。さらに1954（昭和29）年に日米相互防衛援助（MSA）協定を結び，同年，自衛隊を発足させ，1960（昭和35）年には日米安全保障条約を改定して，共同防衛の趣旨を明確にした。

1971（昭和46）年にはアメリカ合衆国と沖縄返還協定を結んで，沖縄が日本に復帰したが，日米地位協定に従い，多くのアメリカ軍基地の提供を続けた。ベトナム戦争では，嘉手納基地や横須賀基地が重要な役割を受け持った。

冷戦終焉後の今日でも，東アジアは中国と台湾の関係や核開発を続ける北朝鮮との問題など，不安定要因をかかえている。日本は日米防衛協力のための指針（新ガイドライン）を1997（平成9）年に改定し，さらに周辺事態法を成立させた。沖縄の普天間飛行場の移設問題の背景には，世界的な安全保障戦略の転換の一環としてアメリカ合衆国が検討している在日米軍基地の再編成の問題がある。

日本は，湾岸戦争やイラクへのアメリカ軍を中心とする多国籍軍の軍事行動（2003〜08年）でも，「日米同盟」の旗印を掲げてアメリカ合衆国を支持してきた。今後，国際社会の平和と安全を確保する世界の国々と協調しながら，日本の平和と安全をいかにして実現していくかが課題である。

日本外交の課題

憲法は前文において，外国との友好，協力関係にもとづいて，外交問題を解決する立場にたつことをうたっている（国際協調主義）が，より具体的な外交三原則として，国連中心外交，自由主義国との協調，アジアの一員としての立場の堅持を掲げてきた。国連安保理の非常任理事国に何度も選出され，国連分担金は世界第2位で，政府開発援助（ODA）も

4　国際平和と日本の役割　109

日本の領域と領土問題

▶北方領土問題

　北方領土とは，第二次世界大戦後，ソ連(現ロシア)が占領し続けている国後島・択捉島・歯舞群島・色丹島を指す。

(ア)日本の主張…北方領土は北海道の一部であり，いまだかつて他国の領土になったことのない日本固有の領土であり，サンフランシスコ平和条約で日本が放棄した千島列島には含まれない。また，日本の関知しないヤルタ協定には拘束されない。

(イ)ソ連(現ロシア)の主張…日本が連合国に降伏した時に受諾したポツダム宣言や日本の戦後処理をめぐる米英ソ3国のヤルタ協定，および南樺太と千島列島を放棄したサンフランシスコ平和条約により，領土問題は解決済みである。

　その後，1956年10月の日ソ共同宣言では，歯舞群島・色丹島については，日ソ平和条約が結ばれれば日本に返還されることが約束されたものの，今日まで平和条約は結ばれていない。

▶竹島問題

　竹島は隠岐諸島北西約157kmにある無人島。1905年，島根県に編入され，隠岐郡隠岐の島町に属する。1952年，韓国が李承晩ラインを設定する際，領有権を主張して，54年には警備隊を常駐させ国旗を掲げた。1996年2月，国連海洋法条約の批准に関連して日本は200海里排他的経済水域を設定すると，韓国は反日感情を高め，2012年8月には，李明博大統領が竹島に上陸して，それが韓国領であることを示す示威行動をおこなった。

▶尖閣諸島問題

　尖閣諸島は，沖縄県石垣島北方約170kmにある小島群で，無人島である。石垣市に属する小島群もすべて無人島である。もっとも大きな島が釣魚島で，1895年に沖縄県に編入された。1952年，サンフランシスコ平和条約で，日本は「台湾及び澎湖諸島」を放棄したが，尖閣諸島は下関条約で日本が清国から割譲を受けた台湾や澎湖諸島に含まれないので，日本領土であるとの立場をとっている。

　周辺の海底に豊富な石油資源の存在が明らかになった1960年代末に，中国が領有権を主張するようになった。

　尖閣諸島をめぐっては，日中間に大小さまざまのトラブルが生じたが，2012年9月に日本がそれを国有化した前後から，大規模で激しい反日デモや中国側海洋監視船による接続水域や日本側領海の侵犯によって一触即発の緊迫した対立が続いている。

多額にのぼる。

しかし、日本のかかえる外交課題も多く、ロシアとの間では、いまだ平和条約の締結に至っていない。それは、日本固有の領土である国後島・択捉島・歯舞群島・色丹島の4島からなる北方領土をめぐる問題が未解決であるためである。近年のロシアとの首脳会談では、平和条約の締結を約束してはいるものの、4島の返還については具体的にふれていない。また、日本固有の領土である竹島をめぐる韓国との間の問題についても、さらにその周辺の漁業資源の開発も含めて外交交渉による解決が求められている。

第二次世界大戦で、日本は中国や朝鮮、東南アジア諸国などに大きな被害を与えた。すでにこれらの国々と条約や協定などを締結し、賠償や無償援助をおこなってきたが、まだ不十分であるとの訴えもある。歴史教科書における侵略戦争についての記述や、靖国神社への閣僚の公式参拝に対する批判も中国・韓国から寄せられている。過去の負の遺産を

▶日本の領域

乗り越えて，これらの近隣の国々と真の友好関係を築くことが大切である。

人類の福祉と日本の課題

　第二次世界大戦後，冷戦の時代に入ると，資本主義体制と社会主義体制の間のイデオロギーの対立や，植民地支配からの独立を求める民族解放の闘争が激しくなった。冷戦後も，宗教対立や民族対立・部族対立をめぐる内戦が各地で発生している。今後も，領土紛争や資源の獲得をめぐる紛争が発生する危険がある。日本は，国際紛争の原因を除去するために，外交・人的交流・文化交流・経済協力などを積極的に展開する必要がある。

　日本はアメリカにつぐ国内総生産(GDP)世界第2位(2010年から第3位)の経済大国の地位を長らく維持してきたが，その経済力にふさわしい発言力や国際貢献が求められている。現在，日本と近隣諸国との経済的結びつきは強まり，相互依存の関係も深まっている。

　日本人は，原子爆弾に被爆した唯一の国民として，原水爆禁止運動の先頭に立ってきた。また，非核三原則や武器輸出禁止の政策もとってきた。これらは，日本が世界に向けて示した大きな働きかけの実例といえる。さらに日本国憲法の平和主義は，日本が第二次世界大戦の苛烈な経験の中から学んだ教訓でもある。これらの選択は，国際社会の中で高く評価されるべきものであろう。

第2部

現代の経済

京浜工業地帯(ユニフォトプレス提供)

| 第1章 | 経済社会の変化 |

1 経済活動の意義

経済の仕組み

　人間は，さまざまな仕事をおこなって収入を得て，食事をとり，衣服をまとい，住居で生活し，コンサートにいくなどの消費をおこなうほか，将来に備えた貯蓄をしている。消費する食料・衣服などの財やコンサートや医療などのサービスの多くは，他の人が働いてつくりあげたものである。このような人間生活の基礎である財やサービスの生産・分配・消費の過程と，それによって形成される人と人との社会的関係を経済という。

市場経済の仕組み

　今日では，二酸化炭素の排出が地球環境に悪影響をおよぼすといわれており，利用に制約がないとされてきた空気ですら，好きなだけ自由に利用できるわけではなくなってきている。このように，すべての資源は希少なものであり，たとえば，一定の石油を燃料として工場を操業することに消費してしまえば，ペットボトルの原料とすることはできず，両者は競合するトレードオフ（一方を追求すると他方が犠牲になるような，両立しえない経済的関係）の関係にあるのであるから，資源を効率的に利用していく必要がある。

　この資源配分を国家などの主体が中央集権的に決定していく計画経済（社会主義経済）というシステムを採用している社会もあるが，ほとんどの社会では，多数の家計と企業が独自に意思を決定して行動した結果として経済全体の資源が配分される市場経済（資本主義経済）というシス

114　第1章　経済社会の変化

▶財とサービスの分類

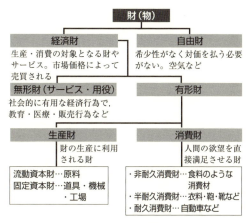

　テムが採用されている。
　市場経済では、家計や企業などの各経済主体が、商品をできる限り安く買い、できる限り高く売ろうとする。その結果、効率的に資源を利用できる主体が商品の生産をおこない、その商品を必要とする度合いの大きい経済主体に販売するようになるため、各主体が利己的・分権的に意思決定をおこない、行動しているにもかかわらず、あるいはそれゆえに社会的な資源配分が効率的になっている。
　このような市場経済が円滑に機能するためには、（1）財やサービスの所有権が確定し保護されていること（財産権の保障）、（2）それらを社会の秩序や安定を妨げない範囲で自由に売買できること（経済活動の自由）、（3）売買契約を守らせる制度が整っていること（裁判制度の確立）など、法や裁判などの制度が整備されている必要がある。また戦争や内乱がなく、政治が安定していれば、市場経済はより円滑に機能することが期待される。さらに近年インターネットが普及し、新しいサービスが創出されたが、その取引にかかわる新たな法や制度が必要とされたように、新たな財やサービスが新たな法や制度を必要とするようにもなる。このように経済は政治や法と独立に機能するものではなく、密接な関係を持っている。

2　資本主義経済の特徴と変化

資本主義経済の形成

　古代・中世では、地縁・血縁に基づく共同体を中心に生産がおこなわれる仕組みがとられていたが、それとともに市場による商品、価格に基づく交易も盛んであり、それを統治する法制度や裁判制度なども存在していたが、それらによる商取引の保護は十分とはいえなかった。西欧では17世紀から18世紀に市民革命がおこり、しだいに財産権や経済活動の自由とその保護が確立していった。その中で、建物や機械などの生産設備を所有する(生産手段の私有)資本家が労働者を雇用し(労働者からみると資本家に労働というサービスを販売し)、利潤追求をおこなって市場で自由に競争する資本主義経済が形成されていった。

　18世紀後半から19世紀前半のイギリスでは、綿花から綿糸を紡ぐ綿紡績、綿糸から綿布を製織する織物工程で新しい機械が発明され、機械を動かす動力として水車にかわって蒸気機関が発明されるなど、技術革新(イノベーション)があいついだ。さらに大量の織物を漂白し、染色するための薬品を製造する化学工業、機械や蒸気機関の原材料である鉄を製造する製鉄業、さらには蒸気機関を搭載した機関車による鉄道・運輸業が発達するなど、イノベーションが経済全体で発生し、工場制度が普及していった。これを産業革命という。

　イギリスの経済学者アダム＝スミスは、『諸国民の富』を著し、個人

◀アダム＝スミス　イギリス(スコットランド)の経済学者・倫理学者。著書『諸国民の富』(国富論)は経済学の古典といわれる。(ユニフォトプレス提供)

や企業がみずからの利益を求めて自由に競争すると，神の「見えざる手」に導かれて，社会全体の利益が促進されるとした。こうした考え方は広く受け入れられ，政府は国防や治安維持などの必要最小限の活動にとどまるべきであり（夜警国家），経済活動へ干渉するべきではないとする自由放任主義（レッセ＝フェール）が広く信じられるようになった。レッセ＝フェールは，フランスの経済学者ケネーが，保護貿易を唱える重商主義を批判して主張した。

　しかし実際には，周期的な景気変動が発生し，不況期には労働者が解雇され，失業が大量に発生するとともに，労働者と資本家との間に貧富の格差がみられるなど，新たな社会問題も発生した。

　イギリスは「世界の工場」と呼ばれたが，やがて産業革命はヨーロッパ大陸やアメリカに広がっていった。19世紀後半には，鉄鋼・電気・内燃機関・有機化学などの新しい分野でイノベーションが発生した。これらの産業では繊維産業よりも規模の経済（大規模の有利性）が存在したため，20世紀に入ると鉄鋼・電気機械・自動車・石油精製・化学などの産業で巨大企業が誕生し，生産の集中が進んだ。

資本主義経済の変容

　ヨーロッパで第一次世界大戦が勃発すると，その終結後も経済的混乱が続いたが，アメリカ合衆国は1920年代には「永遠の繁栄」といわれる好況を迎えた。

　しかし，1929年にアメリカ合衆国で株式価格の暴落をきっかけに，企業の倒産や失業が大規模に発生すると，それは世界中に波及していった。これを世界大恐慌という。世界各国は自国産業を保護し，国際収支の危機に対処するために関税を引き上げたが，その結果，貿易が縮小し，さらに経済が収縮していった。

　こうした状況の中，アメリカ合衆国のローズヴェルト大統領は，大規模な公共投資を実施して不況からの脱却をはかるとともに，労働者の権利を保護する政策（ニューディール政策）をとった。

　イギリスの経済学者ケインズは，有効需要（貨幣支出をともなう需要）の大きさが，社会全体の産出高・国民所得・雇用量を決定するという考

▲株価暴落で混乱するウォール街(1929年10月24日) ニューヨークのウォール街は証券取引所や金融機関が集中するアメリカの金融センターで，この日は「暗黒の木曜日」と呼ばれた。(ユニフォトプレス提供)

▲ケインズ イギリスの経済学者。著書に『雇用・利子及び貨幣の一般理論』がある。(ユニフォトプレス提供)

え方(有効需要の原理)を提唱した。彼は消費と投資に加えて，輸出額と輸入額の差額や政府財政の支出も有効需要を構成するので，完全雇用の実現には，公共事業などによって有効需要を創出することが必要であると主張した。

　第二次世界大戦後には，世界大恐慌とその後の対立の反省をふまえ，自由貿易体制を維持するための関税及び貿易に関する一般協定(GATT)や，国際収支の危機に際して加盟国に融資をおこなう国際通貨基金(IMF)といった国際的な制度や組織が創設された。また，第二次世界大戦中に開発・発達した技術である原子力・航空宇宙・電子工業・合成繊維や合成樹脂，抗生物質などの分野でイノベーションがあいつぎ，西側諸国では高い経済成長が実現された。先進資本主義国では，自動車・テレビ・冷蔵庫・洗濯機といった耐久消費財に囲まれ，病気になれば医療サービスを受ける暮らしを多くの労働者が手に入れることができるようになった。

　このように，イノベーションは経済発展に大きな役割を果たしているが，オーストリアの経済学者で，のちにアメリカ合衆国に渡ったシュンペーターは，従来の経済の発展軌道を創造的に破壊して，新しい技術・

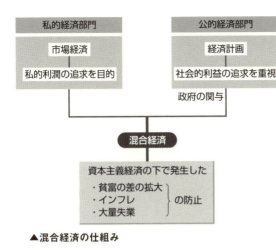

▲混合経済の仕組み

▲シュンペーター オーストリアの経済学者で、のちにアメリカに移住した。資本主義経済の発展の本質を、企業家がおこなうイノベーション(革新)にあるとした。主要な著書に『経済発展の理論』『景気循環論』がある。(ユニフォトプレス提供)

発明の導入、新しい製品の開発、新しい市場の開拓などをおこなう企業家のイノベーションに果たす役割を強調している。

　また先進資本主義国では、ケインズの理論やニューディール政策の影響を受けて、国家が労働者の団結権や団体交渉権を保護するとともに、公共事業などで雇用の創出をはかり、年金や医療保険などの社会福祉を充実することが経済政策の目標となっていった。このように、民間経済部門(私的経済部門)と並んで政府部門(公的経済部門)が大きな役割を果たしている経済体制を混合経済という。

　しかし、1973年の第1次石油危機が発生して以来、先進諸国は高い失業率と高いインフレ率が共存するスタグフレーション(景気停滞〈スタグネーション〉と物価上昇〈インフレーション〉を組み合わせた言葉)に悩まされるようになった。それまでのケインズ経済学ではこうした事態に有効な処方箋を提供できず、政府の財政赤字も拡大した。その中で経済は自由な市場にまかせ、適切に貨幣数量をコントロールして物価や経済を安定させることが重要であるとするマネタリズムを主張するフリードマンらの考え方が有力となり、イギリスでは保守党のサッチャーが政権を取ると、社会保障支出など政府支出を削減し、国営企業を民営化するな

2　資本主義経済の特徴と変化　119

ど，政府の経済への介入を弱め，経済を立て直していった。フリードマンやサッチャーの考え方は日本では新自由主義と呼ばれるようになり，国鉄や電電公社の民営化がおこなわれた。

社会主義経済の出現と失敗

確立期の資本主義が持っていた問題に対し，ドイツの経済学者マルクスは，労働力が商品化されていることが問題の本質であると指摘し，社会主義経済を実現しない限り，問題は解決しないと主張した。こうしたマルクスの考え方は，レーニンによるロシア革命のあとのソヴィエト社会主義共和国連邦（ソ連）で実施されることになり，土地や工場設備といった生産手段の社会的所有あるいは国有化がおこなわれ，国家の計画に基づいて経済が運営された。社会主義政権は，その後，東ヨーロッパ・中国・ベトナムなどで誕生し，計画経済が実施された。

しかし計画経済では，政府などの計画当局が生産者と消費者の持っている情報を集約し，適切な報酬や昇進の制度を通じて労働者や工場の管理者に労働意欲をおこさせ，消費者の多様なニーズにこたえて，コストを下げながら生産をおこなわせることが困難であった。また，計画当局が，現実に計画通りに生産や消費が実行されているのかを確認することもできなかった。こうしたことから，社会主義経済体制の国々は，しだいに資本主義経済に対して経済成長で遅れをとっていった。

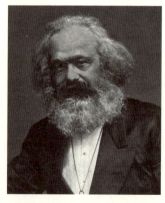

◀マルクス　ドイツの思想家・経済学者・社会主義運動家。資本主義を分析し，人間を疎外する資本主義は必然的に社会主義へ転化すると主張した。代表的な著書に『資本論』がある。（ユニフォトプレス提供）

中国とベトナムでは政権を維持したまま市場メカニズムを導入した。中国では改革・開放政策から社会主義市場経済へ転換することで，ベトナムでは国有化・集団化から企業や農家の自主権の拡大へと転換するドイモイ(刷新)政策を採用することで，経済成長に成功した。一方，ソ連・東ヨーロッパではそうした改革は成功せず，もの不足など経済がゆきづまり，国民の不満が高まった。こうしたなか，1989年にベルリンの壁が崩壊し，1991年にはソ連が解体されて，旧ソ連・東ヨーロッパも資本主義経済へと転換したが，資本主義への移行にともなって失業などさまざまな問題が発生した。

第2章 現代経済の仕組み

1 国民経済の主体と相互関係

経済主体

　一国の経済（国民経済）を構成する経済主体は，家計・企業・政府の三つであり，それぞれの関係は，財・サービスや通貨の流れ（フロー 循環）によって示される。家計は企業におもに労働というサービスを提供し，賃金という所得を得て，企業からさまざまな財を購入して消費するとともに，貯蓄をおこなう。企業は家計から労働というサービスを購入して，財・サービスを生産し，家計に販売する。政府は家計・企業から

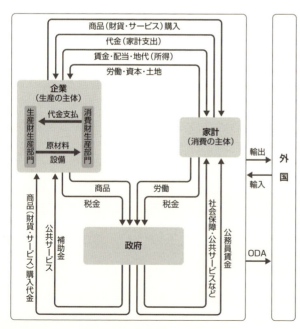

◀**経済循環**　家計・企業・政府という主体の間で財やサービスが取引され，その対価が支払われるとともに，政府は税金を徴収し，経済が循環している。

租税を徴収し，家計から労働サービスおよび企業から財を購入し，国防・教育などのさまざまな公共サービスや道路・港湾などの公共財を提供する。

それとともに，社会保険料を徴収し，傷病・老齢・失業などに際して給付をおこなっている。政府が公債を発行して，資金を調達する場合は，利子を支払っている。

家計

家計の所得は，企業などに雇用されて受け取る勤労所得や事業を営んで得る所得のほか，将来に備えて貯えている預貯金から得られる利子，株式に運用して得る配当，不動産に運用して得る家賃・地代などの資産所得などからなる。このほか，失業したときに給付される求職者給付，老後の生活を保障するために給付される年金などからなる移転所得がある。家計は所得から租税や社会保険料を支払った残りの金額である可処分所得について，消費にあてるか貯蓄をおこなうか決定する。可処分所得のうち消費が占める割合を平均消費性向，貯蓄が占める割合を平均貯蓄性向といい，両者の合計は1となる。

現在，家計消費は国民総支出の6割弱を占めており，家計の消費動向が経済に大きな影響を与えている。所得の上昇にともない，消費支出に占める食料費の割合(エンゲル係数)や被服費の割合が低下する一方，教育・教養・娯楽費のほか，交通通信費・保険医療費の割合が上昇してい

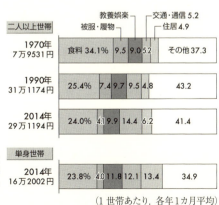

▶消費支出の内訳の推移 （1世帯当たり，各年1カ月平均）(矢野恒太記念会編『日本国勢図会』2017/18年版により作成)

る。なお，日本の家計貯蓄率(性向)は，1970年代半ばには20％を超えており，国際的にみても高い水準に達していた。その後は低下を続け，2000年代後半には，3％程度にまで下落している。少子高齢化が進展し，将来に備えて貯蓄をおこなう現役世代の比率が減少し，貯蓄を取り崩す引退世代の比率が上昇していることが，理由の一つとしてあげられる。

企業の活動と社会的責任

（1）企業の種類と株式会社

　企業には，個人企業と共同企業からなる私企業，国や地方公共団体が出資する公企業などがある。共同企業は法人である会社企業などからなり，法人とは自然人以外のもので，法律上の権利・義務の主体とされ，裁判をおこしたり，不動産や設備を所有したり，労働者を雇用したりすることができる。また，公企業には，国立印刷局・造幣局などの独立行政法人，交通・病院・下水道などの事業を営む地方公営企業，地方住宅供給公社などの地方公共企業体などが含まれる。

　このうち，最も一般的で数が多いのは，私企業の中の株式会社である。株式会社は株式を発行し，購入者が資金を払い込むことで資金を調達する。株式は売買することが可能であり，特に証券取引所に上場されている会社の株式は，取引の相手をみつけやすく，売買が容易である。株式の所有者を株主といい，会社に利益が上がった場合は株式数に応じて配当を受け取る権利を持つ。会社が倒産した場合は，会社の債務を返済した上で，残余の財産があれば持株数に応じてその分配を受けることができる。会社の財産をすべて処分しても債務が返済できない場合であっても，株主は株式の価値が無価値になるだけで，それ以上の追加の支払いをする義務はない（有限責任）。2005（平成17）年の会社法によって，株式会社の最低資本金の規定が撤廃され，法律上は資本金1円でも会社が設立できることになった。

　会社は資金調達のために社債を発行するが，株式と異なり会社の債務（借金）であり，償還（返済）される。また会社は利益のすべてを配当せず，会社に内部留保することもある。会社が株式を発行して調達するなどした資本金に内部留保などを加えて自己資本ということがある。

124　第2章　現代経済の仕組み

企業の種類

▶公企業

　第1セクターともいい，国や地方公共団体が出資・経営するもの。

（1）国営企業

　独立行政法人国立印刷局（紙幣・切手・旅券や政府刊行物等の印刷などの事業をおこなう），独立行政法人造幣局（硬貨の製造などの事業をおこなう，旧大蔵省造幣局）がある。

（2）地方公営企業

　地方公共団体が経営する。上下水道・電気・交通・ガスや公立病院など。

（3）公社

　政府や地方公共団体が出資する法人で，その名称に「公社」の文字が用いられているもの。政府の出資する法人のうち，日本専売公社および日本電信電話公社は民営化し，日本郵政公社については2006年日本郵政株式会社が発足し，翌年，日本郵政公社から郵政三事業が移管された。

▶私企業

　第2セクターともいい，民間が出資・経営する企業。

（1）会社企業

　営利を目的とする法人のうち，会社法によって設立されるものの総称で，モノ（財）またはサービスの生産あるいは販売を継続的に営む組織体。

　①合名会社

　2名以上の出資者（社員）で構成し，出資者は無限責任を負う。同族や仲間内での小規模な企業経営に向いている。

②合資会社

　2名以上の出資者（社員）で構成し，無限責任社員（経営者）と有限責任社員からなる。

③有限会社

　50名以下の出資者（社員）からなり，出資者は有限責任を負う。比較的小規模な企業を想定している。2006年に会社法が施行されたことにより，有限会社法が廃止され，新たな有限会社の設立はできなくなった。

④株式会社

　有限責任社員のみで構成される会社。

（2）組合企業

　協同組合ともいい，共通する目的のために，個人あるいは中小企業の経営者が集まって組合員となり，事業体を設立して共同で所有し，民主的な管理運営をおこなっていく相互扶助組織で，出資者（組合員）は有限責任を負う。農業協同組合，生活協同組合など。

▶公私合同企業

　第3セクターともいい，国や地方公共団体と民間が合同で出資・運営するもの。

（1）特殊法人形態

　日本銀行，日本赤十字社

1　国民経済の主体と相互関係　125

（2）株式会社形態

公共性の高い事業ではあるが，行政機関がおこなうよりも，会社形態でこれをおこなう方が適切であると判断されて設立されたもの。日本たばこ産業（JT），日本電信電話（NTT），国際電信電話株式会社（KDDI）など。

（3）金庫

特殊法人の一種で，銀行の業務には馴染(なじ)まない，あるいは民間の銀行では限界のある投融資業務のために設けられた政府系金融機関。中小企業の金融の円滑化を目的とする商工組合中央金庫（略称「商工中金」）と，農業協同組合（JA）など農林水産業者の協同組織の金融の円滑化を目的とする農林中央金庫がある。

（4）公団

社会資本を整備するために，政府・地方公共団体・公社などが出資して設立する公共法人で，民間にも資金を求め，独立採算性を有している。2001年12月に策定された特殊法人等整理合理化計画に基づき，すべての公団の廃止，民営化，独立行政法人への業務移管等が決まった。

会社企業には株式会社のほかに，持分(もちぶん)会社がある。持分会社は，合名会社・合資会社・合同会社からなるが，相互に信頼できる少人数の者が集まって事業を営むことが想定されている点で，株式会社と異なる。

（2）**株式会社の仕組み**

株主は，株主総会で1株につき1票の議決権を持っている。株主総会は会社の最高意思決定機関であり，会社の経営方針を決定する取締役を選任したり，決算を承認したりしている。誰が会社の業務を執行するかについて，会社法はさまざまに規定しているが，取締役会を設置し，そこで選任された社長などの代表取締役が執行する場合が多い。日本の大会社では，従業員として雇用され，長期間の内部昇進を経て，取締役に選任され，さらに社長となることが多い。

会社が大規模になり，会社の意思決定を左右できるほど株式を所有していないが，専門的知識を有する人が会社の経営にあたることを所有と経営の分離という。会社は株主のものであり，経営者は株主の利益（会社の利益と株価の上昇）にそって行動すべきだという考え方からは，株価が上昇したときに経営者の報酬(ほうしゅう)が上がるようにすべきであるということになり，ストックオプションなどが報酬の形態として重視される。

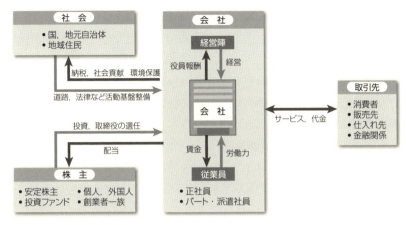

▲会社をめぐる利害関係者

　ストックオプションは、あらかじめ定められた価格で、自社株を購入できる権利で、経営に努力して株価が上昇すれば、その株を売却すると利益が得られ、それが経営者の報酬となるから、経営者は株価を上昇させるべく努力するようになると考えられる。ところが日本では、従業員も会社に長く勤続し、会社の成長に大きな利害を持つので、株主のみならず、従業員やさらには取引先・地域社会など多様な利害関係者（ステークホルダー）の利益を勘案して経営にあたるべきであるとする考え方も有力である。

　証券取引所に上場されている企業の大株主は、戦後ではバブル経済期まで銀行や企業などの法人が占める比率が高く（株式の相互持ち合い）、個人の比率が低下するという特徴があった。1990年代以降、株式の相互持ち合いの解消が進み、個人株主の比率と事業法人株主の比率はあまり変わらないものの、投資利回り以外に会社との取引をも重視する銀行や生命保険会社の比率が低下し、投資利回りを重視する外国人や年金基金などの機関投資家の比率が上昇している。こうした株主構成の変化も企業統治（コーポレート＝ガバナンス）に影響を与え、株主重視の傾向が強まっている。コーポレート＝ガバナンスとは、企業の意思決定を制御し、企業活動を律する仕組みのことである。

(3) **企業の社会的責任**

　企業は、利益を上げなければ存続し続けることができない。しかし今

日では利益の観点のみならず，社会的公正性や環境保全などの観点から，法令遵守（コンプライアンス）・人権擁護・労働環境・消費者保護・環境保護の面においても，企業の成果を高め，さまざまなステークホルダーに対して責任を負うべきであるとする企業の社会的責任（CSR）の考え方が重視されるようになった。たとえば障害者雇用促進法により，民間企業は従業員数の2.0%以上の障害者を雇用することが義務づけられている。これに満たない企業は納付金を納める一方，多くの障害者を雇用している企業には助成がおこなわれる。障害者を迎え入れるには，バリアフリー化の設備を整える必要があることも多い。また従業員がボランティア活動をするために，新たにボランティア休暇を取ることができる制度を持つ企業も増えている。スポーツや芸術文化活動への支援（メセナ）や慈善事業への援助などの社会貢献活動（フィランソロピー）をおこなう企業も増加している。また，企業がこれまでの企業業績を中心とした年次報告書に加えて，CSR報告書をホームページなどで公表することも多くなっている。社会的責任を果たしている企業を選んで投資する社会的責任投資（SRI, socially responsible investment）も増加してい

企業の社会的責任（CSR）

　企業は市民社会の一員として，最低限の法令遵守や利益貢献といった責任を果たすだけではなく，市民や地域，社会の要求に応え，社会貢献や社会的配慮，情報公開や対話を自主的におこなうべきであるという考え。具体的には，①地球環境への配慮，②適切な企業統治と情報開示，③誠実な消費者対応，④環境や個人情報保護，⑤ボランティア活動支援などの社会貢献，⑥地域社会参加などの地域貢献，⑦安全や健康に配慮した職場環境と従業員支援，などがある。

　企業の社会的責任という考え方が普及した背景には，（1）株式市場や格付機関が企業評価の尺度としてCSRの視点を取り入れるようになってきたこと，（2）CSRに取り組むことで顧客や消費者にプラスのイメージを与え，その企業の商品の売上げの増加が見込まれる，などがある。なお，企業の社会的責任の要綱については，日本経団連が「企業行動憲章」，経済同友会が「自己評価ツール」などを提示している。

128　第2章　現代経済の仕組み

るが，欧米にくらべると規模が小さい。

政府の活動と役割

　政府はさまざまな政策を実施して，一国の経済活動を調整する。現在の日本では，政府の消費支出は家計消費支出の3分の1程度の規模があり，経済に大きな影響を与えている。政府は所得の再分配，地域や産業の振興，インフラ（インフラストラクチャー）の整備などをおこなっている。政府の活動は，市場のもたらす経済成果を効率性や公平性の観点から改善できることもあるが，政府が介入すれば必ず改善できるというわけではない。

　近年では，経済成長率の低下や財政赤字の累積への対応が大きな政策課題となり，民間の活動を活性化するため規制緩和や政府事業の民営化が実施されてきている（小さな政府）。

　日本道路公団をはじめとする四公団は，2005（平成17）年に六つの民営化会社と高速道路保有・債務返済機構に移行し，さらに郵政事業は2007（平成19）年に民営化され，日本郵政グループとなった。また多くの政府の事業が独立行政法人とされた（独立行政法人文化財機構・独立行政法人国立病院機構・独立行政法人大学入試センターなど）。独立行政法人には，必要資金を国が交付するが，予算を翌年度に繰り越せるなど，運営上の自由裁量の余地が広がっている。国の事業や独立行政法人の業務が必要であるのかについて，政府により事業仕分けがおこなわれ，さらなる民営化・事業廃止が決定されたり，検討されたりした。

2　市場の機能と限界

市場の機能

　長雨が続くとキャベツの価格が上昇するが，好天に恵まれると下落する。多くの人が旅行に出かけたくなる年末・年始などには，航空運賃や宿泊料金が高く，シーズンをはずれると安くなる。財・サービスにおける売り手と買い手が出会い取引される場を市場というが，市場では供

2　市場の機能と限界　129

価格メカニズム

完全競争市場で，ある商品の需要と供給が図Iの需要曲線，供給曲線のように与えられている場合に，取引が成立するのは，需要側の200円で20万個買いたいという希望と，供給側の200円で20万個売りたいという希望が一致したEの場合となる。

それではなぜ需要曲線と供給曲線がまじわったEのときに取引が成立するのだろうか。

もし，価格がEの200円より高い350円であると仮定してみよう。この場合，供給が30万個あるにもかかわらず需要が10万個しかないため，20万個の余剰が生じて，価格は押し下げられるであろう。逆に，Eの200円より安い100円であると仮定すると，供給が10万個しかないのに需要は30万個もあり，品不足で価格は押し上げられると考えられる。

このようにして，需要曲線と供給曲線がまじわるEのときに，需要量と供給量が等しくなり，商品の過不足もなく，価格も安定する。そこで，このときの価格を均衡価格，取引量を均衡取引数量という。

〈需要と供給の変化〉

消費者の所得の増加や流行で需要が増えると，図IIのように需要曲線は右に移動し(d′d′)，新しいE′で取引が成立し，均衡価格は250円に上昇する。逆に，需要が減ると，需要曲線は左に移動し(d″d″)，新しいE″で取引が成立し，均衡価格は150円に下落する。

また，豊作や技術革新による生産性の向上で供給が増えると，図IIIのように供給曲線は右に移動し(s′s′)，新しいE′で取引が成立し，均衡価格は150円に下落する。逆に，不作や工場での事故で供給が減ると，供給曲線は左に移動し(s″s″)，新しいE″で取引が成立して均衡価格は250円に上昇する。

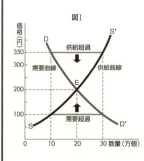
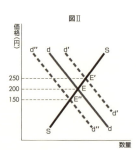
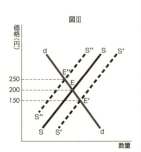

給と需要に応じて市場で決定される市場価格が変化する。またキャベツの価格が上昇すると，豚かつの付合わせのキャベツの量が少なくなったり，逆に価格が下落すると，農民は出荷をひかえたりすることがあるように，生産者も消費者も価格に基づいて行動を変化させる。市場は将来の予想を取り込んで価格形成をおこなう。ある企業がすぐれた商品を開発したという情報が発表されると，まだその商品が発売されていなくても，その企業の株価が上昇することがあるし，また天気の長期予報で干ばつの見込みが発表されると，農産物の価格が上昇することがある。このように，価格がシグナルの役割を果たし，財・サービスの需要と供給を調節している(価格の自動調節機能)。

市場の均衡価格では，買い手が買いたいと思い，買うことのできる財の量と，売り手が売りたいと思い，売ることのできる財の量がつりあっている。ここでは市場参加者全員が満足している。さまざまな市場において財が均衡価格で取引されることにより，社会全体の資源の配分も効率的におこなわれている。

市場には労働が取引される労働市場，金融商品が取引される金融市場，土地や建物が取引される不動産市場なども含まれる。金融商品には，短期資金，国債・社債，株式，外国通貨などがあり，株式を取引する市場を株式市場(あるいは国債・社債の市場とあわせて証券市場)，外国通貨を取引する市場を外国為替市場と呼んで区別している。

市場の失敗

市場による資源配分が効率的におこなわれるには，(1)需要者・供給者とも多数で，価格支配力を持たず(プライス＝テーカー，価格受容者)，(2)需要者・供給者とも市場や商品に関する完全な情報を持ち，(3)財が同質で，製品差別化がなされておらず，(4)参入・退出が自由におこなわれる，という条件が満たされる必要がある(完全競争市場)。

キャベツは完全競争市場に近いといえるが，航空サービスは，ある路線をとれば供給者が少数であるから，価格に影響をおよぼすことができるし，差別化されたサービスによって，消費者はその航空会社を選ぶため，こうした条件を満たしていない。完全競争の条件が満たされない場

2 市場の機能と限界　131

合には，市場を通じた資源配分は効率的とはならない。これを市場の失敗という。ではどのような場合に市場の失敗がおきるかというと以下の三つの場合がある。

（1）不完全競争

現代の企業では，生産規模が大きくなると，製品一単位当たりのコストが安くなることがしばしばある（規模の経済）。このような場合には，大企業が有利なので，一つの財を供給する企業の数が少なくなる。こうした大企業が生産を増加させると価格が下がってしまうため，生産が抑制され，完全競争市場の場合より生産量を少なくするので，資源配分が非効率となる。

一つの企業だけが市場全体に供給していて，競争が存在しない場合を独占，数企業が供給していて競争がある場合を寡占という。寡占の場合に，販売を伸ばすために価格を引き下げると，競争企業も引き下げてきて，さらに価格が下がってしまうおそれから，価格競争をさけることもある。こうした影響力の強いプライス＝リーダーの設定した価格に他企業が従っているときの価格を管理価格という。このような状況では価格が下落しにくい（価格の下方硬直性）。

寡占のほか，売り手の数がかなり多いが，互いに製品を差別化して競

規模の経済

規模の経済とは，生産量の増大につれて平均費用（コスト）が減少する結果，利益率が高まる傾向のこと。

規模の経済性が働く産業（高度成長期の鉄鋼，石油化学などの装置型産業）においては，他の企業に先駆けて市場に参入し，いち早く生産量を拡大した企業が競争力を強め，市場において有利な地位を確立することができる。

自動車，VTR，半導体集積回路などの日本の主要輸出製品は，いずれも規格化しやすく大量生産に適した製品で，生産量の拡大に伴い，生産技術の向上などの習熟効果が強く働くこと，研究開発費などの初期投資が巨額にのぼることなどから，量産によるコスト低下の効果が著しい。

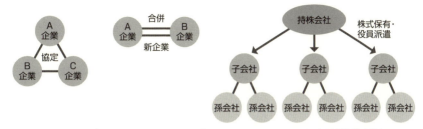

▲カルテル　同一産業部門の複数の企業が生産協定や価格協定を結び、市場を支配する。

▲トラスト　同一産業部門の複数の企業が一つに合併し、市場を支配する。

▲コンツェルン　親会社(持株会社)がいろいろな産業分野の子会社を、株式保有などを通じて支配する。第二次世界大戦前の三井・三菱・住友などの財閥も、持株会社により多数の会社を支配していた。

争している独占的競争もある。スマートフォンの企業が、ブランドをつけて少しずつ異なった製品を販売し(製品差別化)、競争している場合である。競争は激しいが、企業はプライス＝テーカーではない。寡占と独占的競争を不完全競争という。製品差別化がおこなわれている場合は、広告や新製品の投入などを通じて販売を伸ばそうとするが、こうした競争を非価格競争という。

　さらにいくつかの企業が、価格協定や市場の分割協定を結ぶというようなカルテル行為をおこなうこともあるが、今日ではこうした行動は、独占禁止法(私的独占の禁止及び公正取引の確保に関する法律)によって禁止されている。独占禁止法は、市場における公正な競争を確保することを目的としており、カルテルを含む不当な取引制限、不当廉売(ダンピング)、抱き合わせ販売、優越的地位を利用した不公正な取引などを禁止しているが、その運用のために公正取引委員会が設置されている。これは、委員長と4名の委員からなる行政委員会で、組織上は内閣府の外局だが、ほかから指揮監督を受けることなく独立して職務をおこなう。審査をおこない、違反が認められれば、排除措置命令を発したり、課徴金を課したり、刑事告発をおこなったりする。また十分な証拠がない場合は、警告や注意をおこなう。

(2) 情報の非対称性

　商品に関して持っている情報が、売り手と買い手で差がある場合に、情報の非対称性があるというが、このような場合には、市場が十分に

機能しないことになる。中古車の売買を考えると，売り手は中古車の状態をよく知っているが，買い手は中古車の状態がすぐには分からず(情報の非対称性)，適切な価格づけがおこなえず，良質な商品が市場に供給されにくくなる。このような場合，第三者が間に入り，一定程度の品質保証をおこなうなどの措置をとることで情報の非対称性を緩和すると取引が円滑になる。たとえば中古車の場合，中古車販売店が保証をおこない，故障した場合には修理に応じるといったことがおこなわれている。

（3）外部性と公共財

　工場が汚水を流して財を生産することで，近隣が迷惑を受けることがある。汚水を処理して近隣の迷惑を防除するにはコストがかかり，その工場の製品価格はコストがかかる分上昇するから，防除しない場合にはその製品が過大に生産されることになり，資源配分は非効率になる。このように，ある主体が他の主体に直接影響をおよぼす行動をとっても，それに対して支払がおこなわれないときに外部性があるという。果樹園の経営と養蜂業者の経営のように，よい影響がある場合を外部経済，排水や排煙のように悪い影響がある場合を外部不経済という。

　外部性は，工場の例では政府が汚水排出を規制して防除施設を設置させたり，税金を課したり，あるいは企業が近隣に賠償金を払ったりすれば内部化され，市場のメカニズムで処理できるようになる。

　さらに市場は，ある財の買い手だけがそれを享受できる場合に機能する。しかし灯台の場合，食料などの財と異なり，ある人が使っても他の人の消費が減るわけではなく(非競合性)，料金を支払わない人を排除できない(非排除性)ので，私的利害からは供給が過少となる。このような財を公共財と呼ぶが，政府などが供給する必要がある。

　公共財の例としては，国防・警察などの公共サービス，公園・道路などの社会資本がある。このように，外部性や公共財でも市場の失敗がおこる。

3 物価の動き

消費者物価指数と企業物価指数

　ある年から次の年にかけて価格が上昇する商品もあれば，下落する商品もある。全体として，価格が上昇したのか，下落したのかをみるには，それぞれの商品がどのくらい消費されているのかに応じてウェイトをつけて平均する必要がある。家計の消費に応じてウェイトをつけて，最終消費に関する動向をみたものが消費者物価指数であり，企業間で取引される商品に応じてウェイトをつけて，企業間取引に関する動向をみたものが企業物価指数である。物価指数は基準年を100とした指数で表わされる。

インフレーションとデフレーション

　持続的な物価の上昇をインフレーション(略してインフレ)という。現在の物価水準において総需要が総供給を超える度合いが大きいと，物価上昇が速くなる。インフレーションには、総需要が総供給より多くなって発生するディマンド゠プル゠インフレーション(demand-pull inflation)，労働組合や寡占の存在により労賃や商品価格が硬直的になることによって発生するコスト゠プッシュ゠インフレーション(cost-push inflation)がある。また短期間に急激に物価が上昇する場合はハイパー゠インフレーション(hyper inflation)と呼ばれる。

　インフレーションが進むと，契約上の利子率(名目利子率)が不変でも，物価が上昇すれば実質的な負担(実質利子率)は低くなるから，資金の貸し手は不利である。貨幣の保有者も実質的な価値が小さくなるので不利である。また経済全体としてみても，すべての商品の価格が一様に上昇するわけではないので，資源配分にゆがみが生じるし，将来の計画が不確実なものになり，リスクも大きくなるというデメリットも存在する。

　一方，持続的な物価の下落をデフレーション(略してデフレ)といい，インフレと反対に，資金の借り手に不利となる。デフレが進行すると，名目利子率は0％を下回れないので，これ以上に金利を下げて景気を刺

デフレーション

物価下落は企業の売上げを抑え，所得や雇用を通じて家計に悪影響を及ぼす。経済全体でみれば，経済規模が縮小する悪循環を招いてしまう。

デフレの要因は次の三つである。（1）「輸入品の増加」。中国などで生産された安い輸入品が大量に流入し，物価が下がった。カジュアル衣料「ユニクロ」の低価格戦略はこの象徴である。（2）「需要の弱さ」。景気の長期低迷で消費者が商品を買わなくなり，企業は商品の価格を引き下げて対応する。かつてみられたハンバーガーなどの低価格競争がこれにあたる。（3）「資産価値の目減り」。土地や株式などの資産価値が目減りすると，土地を担保に企業に資金を貸し出していた銀行は，企業に返済を迫るようになる。企業は設備投資や商品の仕入れを抑え，従業員の給与を減らして資金の返済を急ぐ。一方，銀行は資金が確実に返済されるかを確認するまでは，ほかの企業への新たな貸出しを見送るようになる。この結果，経済社会で資金の動きがにぶくなり，商品や設備への需要が減るため，物価が下落する。

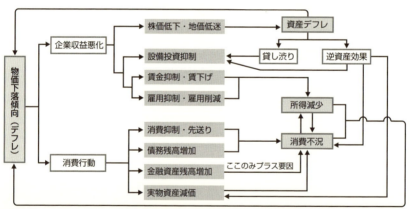

▲**デフレの波及** デフレは物価下落により消費者にとっては有利とされるが，賃金カットや人減らし，借入金の返済負担の実質増がおこる。（斎藤精一郎『『現代デフレ』の経済学』より）

激することができなくなり，またこれ以上実質的な投資負担が引き下げられないので，投資が低迷することもある。物価の下落と不況の進行が悪循環しながら進行する状態を，デフレ＝スパイラルという。

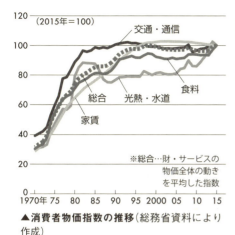

▲消費者物価指数の推移(総務省資料により作成)

▲第1次石油危機 トイレットペーパーが品薄になるといううわさが流れ,列をつくって買出しをするスーパーでの様子。しかし,石油の備蓄は安定していた。(ユニフォトプレス提供)

物価の動き

　1973(昭和48)年に発生した第1次石油危機による原油価格の上昇は,列島改造ブームとあいまって「狂乱物価」と呼ばれる激しい物価上昇をもたらした。この時期から,不況下で失業率が高いにもかかわらず物価が上昇するというスタグフレーションが,日本のみならず欧米諸国でも発生した。その後,インフレ率は下落したが,1979年の第2次石油危機のときと1980年代後半のバブル経済期に上昇している。バブル経済期のインフレ率は5%以下であり,急激な物価上昇があったわけではない。しかし,土地や株式などの資産価格の上昇が著しかった。1990年代以降は景気が低迷し,物価下落が生じる,デフレーションが発生した。

4　国民所得と経済成長

国民所得

(1)国内総生産

　今年の経済活動が前年の経済活動とくらべて,どの程度拡大したのかについてのデータは,経済政策をおこなう上で不可欠である。ある商品の生産が増加し,別の商品の生産が減少することもあるから,その生産データは貨幣ベースで集計されている必要がある。

ある年に生産された自動車にその年に製造された鋼材やタイヤが用いられているとすると，その年の生産高を計算するのに，自動車の生産額と鋼材・タイヤの生産額を足し合わせては，鋼材とタイヤについて二重に計上されてしまうので，その分は差し引く必要がある。もちろんサービスについても同様に計算される必要がある。

　今日，一国の経済規模をはかる指標として用いられている国内総生産（GDP）は，国際的ルールである国民経済計算体系（SNA）に基づいて，一定期間（通常は1年）のサービスを含めた国内産出額から中間投入額（中間生産物）を差し引いて算出されている。この金額は，最終生産物の総額と一致する。

　また，ある年と別の年では，物価水準が異なるから，物価の変動を調整する必要がある。ある年の物価に基づく GDP を名目 GDP，基準年の物価で測定された GDP を実質 GDP といい，経済成長率をみるときには後者が用いられる。名目 GDP を実質 GDP で除した数値を GDP デフレーターといい，物価変動をはかる一つの指標となる。また一般に人口が増えれば一国の GDP が増加するから，人びとの暮らしが豊かになったかをみるときには，一人当たり GDP が用いられる。

　国民総所得（GNI）は，国民が一定期間に生み出した付加価値の総計を表わすもので，GDP に海外からの所得の純受取（海外からの所得の受取から海外への所得の支払を差し引いたもの）を加えたものである。かつては国民総生産（GNP，Gross National Product）がよく使われたが，今日では GDP が用いられている。また固定資本減耗（減価償却費など）を GDP から差し引いたものを国内純生産（NDP），GNI から差し引いたものを国民純生産（NNP）という。企業が使用する機械は数年にわたって生産に貢献するので，数年かけて機械購入費をコストに算入していく。これを減価償却という。固定資本減耗は減価償却費などからなっている。本来なら，ある期間の経済活動をみるには，固定資本減耗を控除した NDP の方が望ましいといえるが，固定資本減耗の正確な算出が困難であるため，GDP が用いられている。さらに NNP から間接税を差し引いて，補助金を加えたものを国民所得（NI）という。

　国民所得は，一定期間に生産された価値であるから，いかなる産業に

経済を表わす指標

　国民総生産(Gross National Product, GNP)とは，1国の国民が一定期間内(4半期ないし1年間)に新たに生産した粗付加価値の合計のことで，生産物販売総額から，原材料などの中間生産物購入総額を差し引いたものである。「総(Gross)」には，機械などの減価償却費も入れて計算されている。減価償却費とは，資本財の価値のうち，一定期間内に生産物価額から回収される分で，固定資本減耗分ともいう。たとえば，1000万円で購入した機械を5年で均等償却する場合，まず残存価値としての10％を控除し，残りの900万円を5等分した180万円分の価値が生産物に投入されたと考え，回収される。減価償却費を含まない場合を「純(Net)」といい，GNPから減価償却費を差し引いた生産額が，国民純生産(Net National Product, NNP) となる。NNPは市場での取引価格で評価されているので，消費税などの間接税が含まれる一方で，補助金分が安くなっている。そこで，NNPから間接税分を差し引き，補助金分を加えたものが国民所得(National Income, NI)となる。

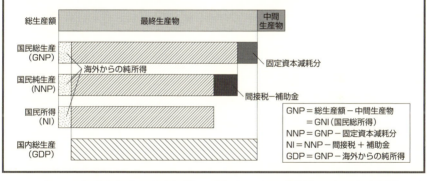

よって生産されたのか(生産)，それがいかに分配されたのか(分配)，それがいかに支出されたのか(支出)の三つの側面からとらえることができ，それぞれの総額は等しくなる(国民所得の三面等価)。

　GDPの生産面では，農林水産業などの第一次産業，鉱工業などの第二次産業，商業・サービス業などの第三次産業に分類すると，近年の日本は，第一次産業の比率は1％程度にすぎず，第三次産業の比率が70％を超えている。

　分配面では，企業利潤などの企業所得，賃金などの雇用者報酬，利

子や地代などの財産所得に分類すると，雇用者報酬が7割を超えている。

支出面では，民間最終消費支出，政府最終消費支出，住宅投資・設備投資・公共投資などの総資本形成，財貨・サービスの純輸出からなるが，民間最終消費支出が6割弱，政府最終消費支出が2割弱を占めている。

（2）国内総生産の限界を克服する試み

GDPは，一国の経済活動全体の水準を表わしているが，市場で取引されている財・サービスの総量を示したものであり，社会全体からみれば，その生活水準の一部を示しているにとどまる。そこで，家事労働や余暇時間をプラス要因に，環境汚染や都市化による損失をマイナス要因とした国民純福祉（NNW）が提唱されたが，算出が困難で定着しなかった。また環境や天然資源への悪影響を考慮に入れるため，GDPから天然資源の減少分を差し引いたグリーンGDPが提唱されているが，やはり算出が困難で，これも定着してはいない。

（3）国富

GDPは，一国のある一定期間の生産などのフローをあつかった指標である。これに対して，一国のある一時点での資産などのストックをあつかった指標が国富であり，工場設備などの生産資産，土地などの有形非生産資産および対外純資産からなる。日本では地価が高いため，土地資産が国富の半分弱を占めている。

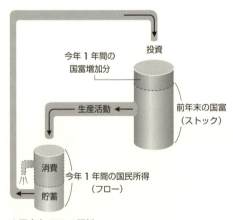

▲国富とGDPの関係

▶日本の実質経済成長率の推移
(内閣府資料などにより作成)

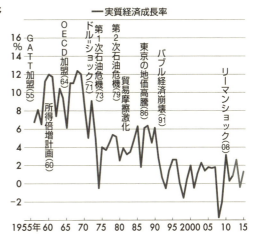

経済成長と景気変動

(1) 経済成長

　一定期間(通常は1年間)の経済規模の拡大を経済成長といい，その伸び率を経済成長率という。経済成長率には物価変動の影響を除く必要があるので，実質GDPの伸び率が指標として用いられている(実質経済成長率)。

　資本がより多く投入され，労働がより多く投入されれば，経済は成長する。また資本の投入でも，より進んだ技術やアイデアが用いられ(技術進歩)，労働の投入でも，高い技能のある労働者が投入されれば，より経済成長率は高まる。イノベーションが経済成長に果たす役割は大きいので，企業のみならず，政府も巨額の研究開発(R & D)投資をおこなっているし，民間および政府で技能形成や技術者を育成する教育についても，莫大な投資がおこなわれている。また，より生産性の低い部門から，より生産性の高い部門に資源が移動すれば，その国の経済の生産性は高まる。日本では20世紀に一貫して農林水産部門の比重が低下している。

(2) 景気変動

　経済成長が安定的に一定の成長率で実現されることはなく，成長率が高まる時期と低まる時期があり，交互に存在している。ときには，マイ

4　国民所得と経済成長　141

ナスの成長率を記録することもある。これを景気変動（景気循環）といい、好況期・後退期・不況期・回復期の四つの局面がある。好況期には、需要が拡大し、投資も活発となり、生産が拡大して労働の需要も増大する。しかしやがて景気が過熱し、賃金が上昇して、企業収益が落ち始め、後退期となる。さらに不況期に入ると、投資や雇用が削減され、賃金も低下していく。生産が減退し、生産性の低い企業が淘汰される。こうした整理が一段落すると、やがて回復期へと入っていく。

　1929年からの世界大恐慌は最も激しく、長く続いた恐慌として有名である。その後、ケインズの有効需要の理論に基づき、不況期には中央銀行が金融を緩和し、政府が財政支出を拡大して、不況が深刻化するのを防止するようになった。2007年のサブプライム危機および2008年のリーマン＝ブラザーズの破綻（リーマン＝ショック）に端を発する景気後退も大規模で、世界的な広がりをみせ、世界大恐慌以来の不況といわれた。各国の中央銀行は金融を緩和し、多くの政府が拡張的財政政策をとったが、政府の財政赤字の拡大は、一部の国の国債の信用を低下させた。ギリシアの国債暴落にはじまる金融危機は、ユーロの信用にかかわるものとなり、救済がおこなわれた。

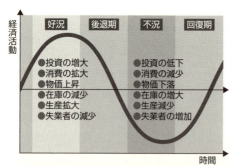

◀景気の変動と波動の種類

5　財政の仕組みと租税

財政の役割

（1）財政の機能

　現代の日本において，政府最終消費の国内総生産(GDP)に占める比率は2割弱，公的部門の固定資本形成の比率は約4％であり，合わせてGDPの4分の1弱を占めており，政府が大きな役割を果たしていることを示している。政府(国および地方公共団体)の経済活動を財政というが，財政は資源配分の調整，所得再分配，経済安定化という三つの機能を果たしている。

　市場を通じては公共財が十分に供給されない(市場の失敗)ので，政府がその供給をおこなうというのが資源配分の調整の機能が発揮される代表的な例であり，国防・警察・消防・司法や道路・公園などの社会資本を政府が供給している。このほか，民間部門によって供給が可能で，現実に供給されているが，公的にも供給されているものとして，教育や住宅などがある。

　政府は租税や社会保険料などを徴収し，生活保護など社会保障給付をおこなっている。所得税など所得に応じて累進的に負担が増える租税もあり，政府の福祉関連支出などを通じて高所得者から生活が困難な人びとに所得を移転する所得再分配の機能を果たしている。たとえば公営住宅は，資源配分の機能とともに，一般に民間より低価格で提供されており，所得再分配の機能も果たしている。憲法では国民が「健康で文化的な最低限度の生活」を営む権利を認めているが，こうした最低限度の水準をナショナル＝ミニマムといい，これを保障するのに財政のこの機能が大きな役割を果たしている。

　経済安定化の機能は，ビルト＝イン＝スタビライザー(財政の自動安定化装置)とフィスカル＝ポリシー(裁量的財政政策)の二つに分けて考えられる。所得税では，所得額が増加すると税率が上昇するので(累進課税)，景気がよくなり所得額が増えると，所得税額が大きく上昇し，消費の増加が抑えられるとともに，失業が減少するため社会保障関係の

◀**フィスカル＝ポリシー**

	不況期		景気過熱期	
租税	減税（所得税・法人税） ⇒	減税により民間に残る資金を多くして，需要の落ち込みを防ぐ	増税 ⇒	民間に残る資金を減らして需要の急増を抑える
公共事業	前倒し・追加（早期着工・追加） ⇒	公共事業の計画を早めたり，追加発注（増額）して財政支出を増やす	先送り・縮小（延べ・くり） ⇒	公共事業の計画を先送りしたり，縮小（減額）して財政支出を抑える
国債発行	増額（赤字拡大） ⇒	財政規模を拡大し，公共事業などの財政支出を増やして，需要を増大させる	抑制（赤字減少） ⇒	財政規模を縮小し，公共事業などの財政支出を抑え，需要を抑制する
	拡張的財政政策 ⇩ 景気刺激		緊縮的財政政策 ⇩ 景気抑制	

支出が減少し，総需要が抑制される。景気が下降すれば，逆に所得税額が大きく減少して消費の減少が抑えられ，社会保障関係の支出が増加し，総需要が増大する。

　このように景気の上昇と下降がいわば自動的に抑えられる機能をビルト＝イン＝スタビライザーという。また景気が悪くなったときに，減税をおこない，公共事業などを増加させて，景気の悪化を防ぎ，好況期には財政支出の拡大を抑えるというフィスカル＝ポリシーも経済安定化の機能を持つ。これを，金融政策と組み合わせると効果はさらに大きくなる。景気の刺激のために拡張的財政政策と金融緩和を同時におこなうように，政策目標実現のために複数の政策手段を同時に用いることをポリシー＝ミックスという。

（2）**国の予算**

　財政は1年を会計年度とし，予算に基づいておこなわれている。国の歳入・歳出の予算は，内閣が編成し，国会に提出して国会で審議・議決されると，政府の各省庁が執行する（財政民主主義）。また，予算の執行が完結すると，内閣が決算を作成し，会計検査院に送付する。会計検査院が決算の検査をおこなったのち，検査報告をつけて内閣に送付し，内閣は決算と決算報告を国会に提出し，審議を受ける。

144　第2章　現代経済の仕組み

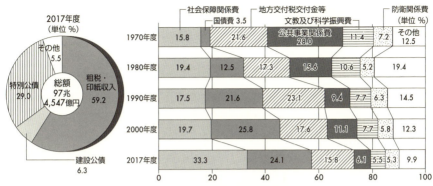

▲一般会計予算の歳入の内訳
（矢野恒太記念会編『日本国勢図会』2017/18年版などにより作成）

▲一般会計予算の歳出の推移
（矢野恒太記念会編『日本国勢図会』2017/18年版などにより作成）

　予算は一般会計予算と特別会計予算からなる。このほか特別の法律によって設立され，国会の議決を必要とする政府関係機関の予算もある。予算執行の過程で，天災がおきたり，経済情勢が変化したりして，当初の予算どおりに執行できない場合は，国会の議決を経て，当初の予算を変更することがあり，これを補正予算という。

　一般会計歳出の構成をみると，歳入が国債に依存する状態が続いているが，日本の国債は，公共事業費などのために発行される建設国債，歳入不足にあてるために発行される特例国債（赤字国債），東日本大震災の復興のために発行される復興債に分けられ，特例国債の比率が高い。そして，国債の償還と利払いのための国債費と社会保障関係費とで歳出の半分を超えている。社会保障関係費は新規の事業がなくても高齢化の進行により歳出が増加しており，その増加を止めることは困難である。また金利が上昇した場合，国債の利払い負担が増加することが懸念されている。これらについで，経費に対し税収が不足している地方公共団体に交付される地方交付税交付金の比率が高くなっている。

　（歳入－国債発行額）－（歳出－国債の元利払い費）をプライマリー＝バランスといい，財政の長期的な健全性をはかる尺度となる。また，歳出のなかで国債償還費や人件費など当然に支出する経費の割合が増加し，政策目標の実現が困難になることを財政の硬直化という。

国債依存度と国債発行残高の推移

　2015年度末の国債発行残高は，807兆円程度にものぼると見込まれていた。

　また，2015年度のわが国の財政を月収50万円の家計に例えると，支出の内訳は家計費（＝一般歳出）が47万円で，田舎への仕送り（＝地方交付税など）が13万円，ローンの元利払い（＝国債費）が20万円となる。収入の不足分である30万円は借金（＝国債）でまかなっている。その結果，年度末にはローン残高（＝国債発行残高）が8400万円に達する状況となっていた。

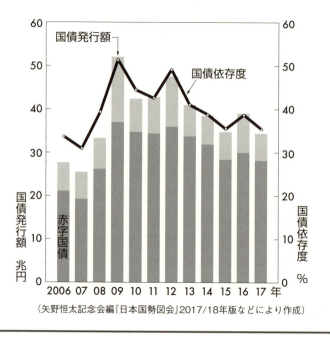

（矢野恒太記念会編『日本国勢図会』2017/18年版などにより作成）

　特別会計は，国が特定の事業を営む場合や特定の資金を保有してその運用をおこなう場合などに，法律をもって特別に設けたものである。しかし，予算全体の仕組みがわかりにくくなり，予算が分立することで全体の効率が損なわれるなどの理由から特別会計の見直しがおこなわれている。2006（平成18）年度に31あった特別会計は，2015（平成27）年度には14となった。2016（平成28）年度予算では，特別会計の歳出総額は約404

兆円にもおよぶが，重複計上などを除くと約202兆円となり，国債償還費・社会保障給付・地方交付税交付金・財政投融資資金・エネルギー対策などに支出されている。

このほか「第二の予算」ともいわれる財政投融資計画がある。かつては郵便貯金や年金積立金から義務預託された資金を原資として，特殊法人などへ貸付をおこなっていた。2001（平成13）年度以降は，郵便貯金・年金積立金の義務預託が廃止され，財投債（財政投融資特別会計国債）を発行するなどして調達した資金を，民間金融では困難な長期資金の供給などにあてている。この時，郵便貯金の資金は自主運用されることとなり，2007（平成19）年にゆうちょ銀行が設立された。融資対象は株式会社日本政策金融公庫（国民生活金融公庫・農林漁業金融公庫・中小企業金融公庫・国際協力銀行の国際金融業務を統合して2008〈平成20〉年に発足した），独立行政法人住宅金融支援機構（住宅金融公庫を改組して2007〈平成19〉年に発足した）など，政府関係機関や地方公共団体などで，中小企業，生活環境，道路・産業・技術などの広範な目的に用いられている。財政投融資計画額は，1996（平成8）年度には約40兆円を超えていたが，2001（平成13）年度の財投改革以降は減少し，2017（平成29）年度には約15兆円となっている。

税の意義と役割

（1）租税の意義

国や地方公共団体の歳入を支えるのは租税であり，日本国憲法は国民に納税の義務を課すとともに，新たに租税を課したり，現行の租税を変更したりするには法律によることを定めている（租税法律主義）。租税の徴収にあたっては公平の原則が重要であるが，同じ経済力の者には同じ租税負担という水平的公平性と，より経済力がある者はより大きな租税負担をするという垂直的公平性がある。

ただ税制により経済活動の誘因が変化するので，それらを考慮にいれた資源配分に過度のゆがみを生じさせない税制の構築が求められる（中立性）。さらに税制は徴税にかかる費用の点からも簡素なものが望ましい。

5　財政の仕組みと租税　147

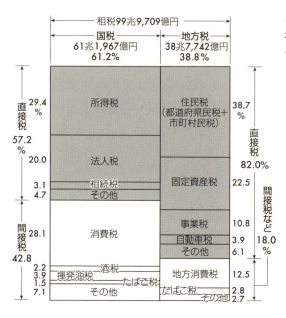

◀日本の租税体系(2016年度，財務省資料などにより作成)

（2）間接税と直接税

　租税には国に納める国税と地方公共団体に納める地方税がある。国税のおもなものは，個人の所得にかかる所得税，法人の所得にかかる法人税，商品などを購入した場合にかかる消費税などである。地方税のおもなものは，個人の所得や法人の所得と資本金などにかかる都道府県民税・市町村民税(二つを合わせて住民税といわれる)，土地や家屋にかかる固定資産税，個人・法人の事業所得にかかる事業税である。

　また，租税には，租税を負担する担税者と納税者が同一である直接税と，担税者と納税者が異なる間接税がある。直接税には，所得税・法人税・住民税などがある。所得税は累進課税となっているが，法人税の税率は一律である。間接税には消費税，酒税，海外から輸入する物品にかかる関税などがある。間接税は納税者が税額分を価格に上乗せして販売するので，最終的には消費者が負担することになる。直接税と間接税の比率を直間比率という。日本は直接税の比率がアメリカより低く，イギリス・フランス・ドイツより高くなっている(2010年現在)。所得税・法人税は税収が景気の動向に左右されやすいのに対し，消費税の税収は左右されにくく安定している。また，一般に消費税は税率が均一なため，

148　第2章　現代経済の仕組み

所得税の税率

[平成29年4月1日現在法令等]
　所得税の税率は、分離課税に対するものなどを除くと、5％から45％の7段階に区分されています。

　課税される所得金額（千円未満の端数金額を切り捨てた後の金額です。）に対する所得税の金額は、次の速算表を使用すると簡単に求められます。

所得税の速算表

課税される所得金額	税率	控除額
195万円以下	5%	0円
195万円を超え　330万円以下	10%	97,500円
330万円を超え　695万円以下	20%	427,500円
695万円を超え　900万円以下	23%	636,000円
900万円を超え　1,800万円以下	33%	1,536,000円
1,800万円を超え　4,000万円以下	40%	2,796,000円
4,000万円超	45%	4,796,000円

（注）　たとえば「課税される所得金額」が700万円の場合には、求める税額は次のようになります。
　　　　700万円×0.23－63万6千円＝97万4千円
（国税庁ホームページより）

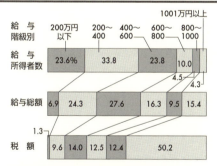

▲所得税による所得再分配効果（2015年、国税庁『民間給与実態統計調査』平成28年度版により作成）

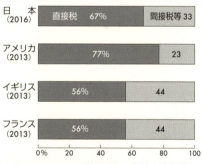

▲主要国の直間比率（矢野恒太記念会編『日本国勢図会』2017/18年版により作成）

　水平的には公平が保たれるが、所得水準の低い階層ほど所得に対する税負担の比率が高くなり、逆進性があるといわれる。
　日本は第二次世界大戦後に、シャウプの勧告に基づく税制改革により、所得税を中心とした税制をとったが、垂直的公平性の観点からも支持された。しかし所得税を源泉徴収される給与所得者に対し、自営業者や農

5　財政の仕組みと租税　149

林水産業者は申告納税制度で，税務当局による所得の捕捉率が低いという水平的公平性の観点からの批判があった。捕捉率は，給与所得者9（10）割，自営業者6（5）割，農林水産業者4（3）割，とされ，クロヨンとかトーゴーサンなどと呼ばれた。2016年からマイナンバー（社会保障・税番号）の運用が開始されたことで，こうした問題が改善されることが期待されている。

　また社会保障の制度が整ってくるにつれて，垂直的公平性への配慮が変化し，勤労意欲や所得の国外逃避の点からも所得税率と累進度の引下げを求める意見が大きくなった。さらに企業が世界的に競争するようになると，法人税率を国際的にみて高い水準にすることは，投資を呼びこめないため経済成長の点からマイナスである。こうしたことから1989（平成元）年に消費税が導入され，国際的に高いとされた所得税・法人税の税率が引き下げられた。導入当初の消費税率は3％であったが，1997（平成9）年に5％に引き上げられた。このうち1％は地方税とされた。さらに社会保障と税の一体改革のため，2014（平成26）年に8％に引き上げられた

（3）財政の課題

　近年は経済成長率が低下し，税収が伸びない状況が続いている。また高齢社会のために社会保障費が増大し，景気対策の公共事業がおこなわれ，国債が増発されている。一般会計歳入に占める国債発行額の占める割合を国債依存度というが，2010年代前半では40％を超える高い比率となっている。さらに国のみならず地方公共団体の財政状況も厳しい。2009（平成21）年に全面施行となった自治体財政健全化法により，1市が自治体の財政破綻を意味する財政再生団体に指定されている。国と地方を含めた長期債務残高は，2015（平成27）年度末で約807兆円ほどであり，GDPの1.6倍程度となり，先進国の中では突出して高い水準である。こうした債務は将来の世代の負担となるもので，世代間の公平の視点からも問題がある。2010（平成22）年には財政状態の悪化した国の国債価格が下落し，世界的な金融危機が発生しており，日本もみすごすことのできない問題である。

150　第2章　現代経済の仕組み

6　貨幣と金融の仕組み

貨幣の働き

　今日では，商品の売買に貨幣が用いられる。物々交換で自分が必要とするものを自分が提供できるものと交換してくれる人を探すより，まず貨幣と交換し，つぎに貨幣と必要なものを交換する方が，取引が円滑に進むからである。貨幣にはだれもが商品と交換してくれるという信用があるので，価値がある。このように，貨幣は経済活動の循環を支える役割を果たしており，（1）交換手段として用いられるほか，（2）商品の価値をはかる価値尺度手段，（3）価値を保存する価値貯蔵手段，（4）支払手段としての機能も持っている。

　日本銀行が発行する日本銀行券（紙幣）と政府が発行している貨幣（硬貨）を合わせて現金通貨と呼ぶ。このほか，今日では小切手や銀行振込が支払に利用されている。これは小切手や振込によって，自分の銀行口座にある当座預金や普通預金（要求払い預金）を取引相手の預金口座に入金するもので，要求払い預金が通貨として用いられている。要求払い預金を預金通貨という。現金通貨と預金通貨からなる狭義の通貨のほか，

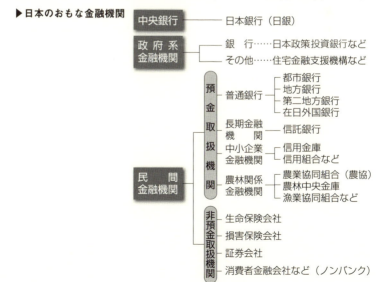

▶日本のおもな金融機関

定期預金やその他を合わせた広義の通貨が定義され，マネー＝ストックと呼ばれている。マネー＝ストックには，現金通貨と預金通貨を合わせたＭ１，Ｍ１にゆうちょ銀行を除く銀行・信用金庫の定期預金・譲渡性預金などを加えるなどしたＭ２，Ｍ２にゆうちょ銀行・信用組合などの定期預金・譲渡性預金などを加えるなどしたＭ３などが定義されている。かつてマネー＝サプライと呼ばれていた。

金融の働きと金融機関

　家計は将来に備えて貯蓄をしているが，企業は投資をおこないたいにもかかわらず，資金が手元にないことも多い。企業が家計から資金を借りて，投資をおこなえば，経済はより発展する。このように貯蓄超過の主体から貯蓄不足（投資超過）の主体に資金を供与することを金融といい，経済に重要な役割を果たしている。

　しかし，企業にとって多数の家計と金融取引をおこなうのは大変であるから，それを仲介する機関が必要となる。この仲介をする機関を金融機関という。企業が株式や社債を発行して家計から資金を調達することを直接金融というが，証券会社がその販売を取り扱っている。家計が株式や社債に投資するのが不安な場合は，銀行に預金し，銀行が企業に融資することが有利であり，これを間接金融という。

　銀行や証券会社は代表的な金融機関である。また，保険料を受け取っ

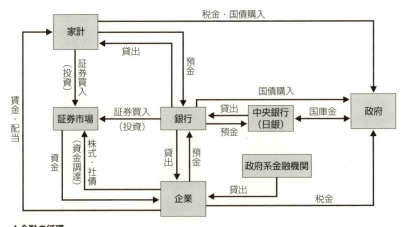

▲金融の循環

て死亡や病気のときに保険金を支払う生命保険会社や，保険料を受け取って事故や火災のときに保険金を支払う損害保険会社も，保険金支払までの間，預かった保険料を株式・社債・貸出などで運用している金融機関である。

高度経済成長期には間接金融が中心であったが，大企業が成長して株式や社債の信用度が上昇し，家計の資産が増えて株式や社債に投資するようになると，直接金融が増えてきた。また近年では，企業部門の資金余裕が大きくなり，国債の発行を通じて政府が大きな資金の借り手となっている。

銀行とその働き

銀行は家計などから預金を集め（受信業務），企業などへ貸出（与信業務）をおこない，貸出利率と預金利率の差を収益としている。

預金には要求払いの当座預金（小切手を振り出せる）や普通預金，満期日が設定されている定期預金などがあり，当座預金と普通預金はさまざまな支払に用いられる決済性の預金である。預金を通じて取引が決済されることによって，現金を数える手間や多数の紙幣を輸送する手間が省かれ，取引にかかるコストが大幅に引き下げられている。

貸出には，企業が振り出した手形を満期までの利子分を先取りして買取る手形割引，企業と借用証書を取り交わして資金を貸し付ける証書貸付などがある。銀行は預金の払い戻しに備えて，集めた預金のすべてを貸出にまわさず，一部を支払準備として手元においておく。銀行部門全体としてみると，現金が取引にほとんど用いられないため，貸出がおこなわれると，その資金が銀行に預けられ，さらなる貸出の原資になる。このように最初に受け入れた現金通貨が，貸出と預金を繰り返していくことで，その数倍の預金通貨をつくりだしていくことを信用創造という。

このほか，預金を集めず，ほかから資金を借り入れて貸出をおこなう消費者金融会社・クレジットカード会社・リース会社などをノンバンクという。消費者金融会社などから借入をおこない，返済できずに，他社からの借入で返済をおこなうことで債務額が膨らんでいく多重債務や，ついには返済不能になって自己破産することが問題になり，貸金業法

信用創造の仕組み

　銀行は，預金という形で多数の預金者からお金を預かり，預金者がいつでも預金を払い戻せるように，現金を用意している。しかし，預金者の中には，預金をすぐに払い戻す人もいれば，長期間預けておく人もいる。通常，預金者全員がすぐに預金を払い戻すことはないので，銀行は預金の全額を現金で用意しておく必要はなく，預金の一部のみを支払準備として現金で手元におき，残りの預金を企業への貸付けに回すことができる。

　企業に貸し出されたお金は，取引先の支払いに充てられるが，取引先は，このお金をすぐに使う当てがなければ，銀行に預けることになる。銀行は，支払準備分を手元に残して，残りをまた貸出しに回す。これを繰り返すと，預金通貨というお金が新しく生み出され，銀行全体の預金残高は，どんどん増えていく。これを「信用創造」と呼んでいる。預金者から現金で銀行に預けられる預金のことを本源的預金というが，それは信用創造の基礎となる。本源的預金をもとに信用創造されたお金のことを派生的預金という。銀行は，預金者が預金を払い戻す場合を想定して，預金の一部を現金で手元に残しておくが，これを支払準備額といい，預金元本に対する支払準備額の割合のことを支払準備率という。

　信用創造の計算は，図の場合，最初に預けられた本源的預金100万円，支払準備率10%であるから，100＋90＋81＋72.9＋…，つまり100＋100×0.9＋100×0.9^2＋100×0.9^3＋…1000。この合計額は無限等比級数の和の公式により求めるが，最初に預けられた本源的預金÷支払準備率で計算される。

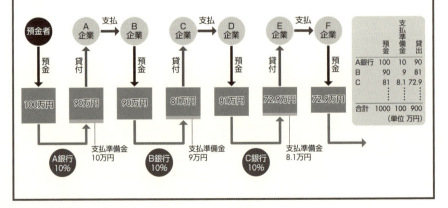

が2006(平成18)年に抜本的に改正され，2010(平成22)年に全面実施された。法改正により消費者金融などを利用する人の借入残高が年収の3分の1を超えると貸金業者から新規の借入ができなくなった。また，法律上の上限金利が29.2%から借入額に応じて15〜20%に引き下げられた。

中央銀行の役割

日本の通貨制度の中心にある中央銀行は，日本銀行である。日本銀行は，(1)日本で唯一の銀行券を発行する「発券銀行」であり，(2)「政府の銀行」として日本政府の国庫金の出納をおこない，さらに(3)「銀行の銀行」として，民間銀行から当座預金を受け入れ，民間銀行に対して貸出をおこなっている。

1998(平成10)年に施行された新しい日本銀行法は，日本銀行の独立性と透明性を理念とし，日本銀行が物価の安定と金融システムの安定に向けて，適切に機能を発揮することを求めている。

世界大恐慌以前に各国で採用されていた金本位制は，通貨価値を金の一定量に定め，銀行券発行可能額を中央銀行が保有する金の量と結びつけ，銀行券と金貨の兌換を約束することで(兌換銀行券)，通貨価値を維持していた。銀行券が過剰に発行され，価値が下落すると，兌換請求が増加し，中央銀行が保有する金が減少し，銀行券発行可能量が減少するので，中央銀行は金融を引き締めて，銀行券を回収する。こうして銀行券の価値が維持される。

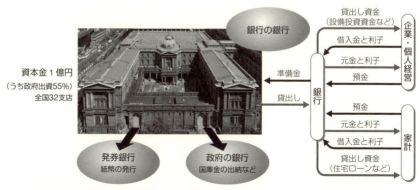

▲**日本銀行**(日本銀行提供)**と金融の仕組み**

6 貨幣と金融の仕組み 155

▶**兌換銀行券** 1885(明治18)年発行の十円札。中央に，10円銀貨に引き替えられるとの文言が読みとれる。(日本銀行金融研究所貨幣博物館蔵)

　現在の管理通貨制度のもとでは，日本銀行券は金貨と兌換できない不換銀行券であり，日本銀行が金融政策を適切に実施することを通じて物価の安定を実現する必要がある。政府が景気対策や赤字国債を発行するために，中央銀行の政策に介入して金融を緩和させることが，通貨の過剰供給をもたらしてインフレーションを引きおこすこともあることから，日本銀行の政府からの独立性が規定されている。さらに日本銀行は，取付などにより金融システムが危機に瀕したときには，最後の貸し手として資金を供給し，金融システムの安定をはかることになっている。1997(平成9)年に北海道拓殖銀行や山一證券の破綻に際して，日本銀行の特別融資がおこなわれた。最後の貸し手機能が発揮された例である。

　日本政府はバブル崩壊後の景気対策として財政支出を拡大したが，日本銀行は国債買い入れなどを通じて金融緩和を実施することとし，1999(平成11)年に金融市場の調節目標である無担保コールレートをできるだけ低めに誘導することとした(ゼロ金利政策)。

　この政策は翌年に解除されたが，再び金融緩和をおこなうため2001(平成13)年には金融市場の調節目標を日本銀行の当座預金残高に変更する量的緩和政策を打ち出し，無担保コールレートは再びほぼゼロ金利となった。

　この政策は2006(平成18)年に解除され，調節目標は無担保コールレートとなり，ゼロ金利も解除されたが，2008(平成20)年にはその金利が

0.1％，2010（平成22）年には0から0.1％になり，ゼロ金利政策が実質的に復活した。

そして2013（平成25）年には再び調節目標がマネタリーベース（現金通貨と日本銀行当座預金残高の合計）に変更され，量的・質的緩和政策がとられた（異次元の金融緩和）。

この年から日本銀行は物価目標を導入し，目標とする物価上昇率2％を達成するまで金融を緩和することとしていたが，2016（平成28）年には金融機関が保有する日本銀行当座預金の一部にマイナス金利を適用することとし，量的・質的金融緩和を金利の面からも強化した。

金融政策と金融調節

日本銀行は，政策委員会の金融政策決定会合において，物価の安定を通じて国民経済の健全な発展をはかるために金融政策を実施する。政策委員会は総裁・副総裁・審議委員からなり，内閣が国会の同意を得て任命する。金融政策決定会合には，政府からの出席者（財務大臣もしくはその指名する職員など）もあるが，議決権はない。ここに中央銀行の独立性が表われている。経済や金融の情勢に関する判断に基づいて，金融市場の調節の方針を決定し，金利の誘導目標（政策金利）を定めている。現在では，金融機関同士が短期資金を融通し合うコール市場の金利（コールレート）が誘導の対象となっている。

日本銀行は，目標の金利水準へ誘導するために，オープン＝マーケット＝オペレーション（公開市場操作）によって短期金融市場での資金の総量を調整する金融調節をおこなう。金融市場に資金を供給する（金利を下げる）ときは，国債を買い入れるなどの操作（資金供給オペレーション）をおこなう。金融市場から資金を吸収する（金利を上げる）ときは，国債を売却するなどの操作（資金吸収オペレーション）をおこなう。公定歩合（今日の「基準割引率および基準貸付利率」）操作，預金準備率操作も，かつては金融調節の手段として用いられていたが，1996（平成8）年以降，原則としてオペレーションで金融調節をおこなうようになっている。

6 貨幣と金融の仕組み 157

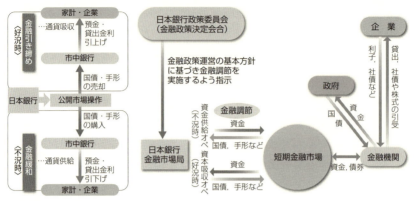

▲金融調節の仕組み　　▲オペレーション(国債の売却や資金の貸付取引)

金融自由化の進展

　高度経済成長期まで金融業は、外国との資金取引、金利、金融機関の業務範囲などが厳格に規制されており、競争が制限(護送船団方式)された結果、金融機関の破綻が少なかった。ところが国債発行が増加し、売買市場が形成されると、売買価格が金利をもとに決まることから、金利が市場で形成され、自由化が進展し始めた。一方、1980(昭和55)年に外国為替取引が原則自由となり、外国との資金の移動が加速され、情報技術の発展とあいまって、世界的な金融自由化の動きが波及してきた。当座預金以外の預金金利が自由化され、さらに銀行が証券業務を、証券会社が銀行業務をおこなえるようになった。1996(平成8)年に提唱された日本版金融ビッグバンは、フリー・フェア・グローバルという理念のもと、自由・公正で世界的な競争力を持つ市場をめざし、自由化を加速した。

　自由化により競争に耐えられない金融機関が発生することはさけられず、バブル経済の崩壊により資産価格が下落して不良債権が増加したことも加わって、大手の銀行・証券会社までもが破綻した。生き残りをかけた金融機関の合併が増加し、巨大金融グループも誕生している。

　金融機関の検査・監督を強化するため、市中の金融機関を検査・監督する部門が旧大蔵省から切り離されて金融監督庁が設立され、2000(平成12)年に旧大蔵省の金融制度の企画立案をおこなう部門を統合して金

融庁となった。さらに金融機関の経営内容を正確に伝えるために，ディスクロージャー（情報開示）も強化され，金融機関の健全性を守るために，国際的な取決めとして，銀行の自己資本比率などが国際決済銀行（BIS）のバーゼル銀行監督委員会が定めたルールにより規制されるようになった。さらに，かつては預金の全額が保護されたが，ペイ＝オフの凍結が解除された。ペイ＝オフとは，預金保険法により元本，1000万円とその利息については，銀行が破綻した場合でもその支払が保証されることをいう。2010年の日本振興銀行の破綻に際してペイ＝オフが初めて発動された。

第3章

日本経済の発展と国民福祉の向上

1 戦後日本の経済成長

戦後復興期

　第二次世界大戦後，連合国軍最高司令官総司令部（GHQ ／ SCAP）の指令により，（1）農地改革，（2）財閥解体，（3）労働三法の制定などの経済の民主化がおこなわれた。

　この間，大戦末期からのインフレーションが激しくなり，それを解決するために，1947（昭和22）年からの傾斜生産方式によって鉱工業生産を減少から増加に転じさせ，1949（昭和24）年のドッジ゠ラインによって通貨の増発を止めた。ドッジ゠ラインは，1ドル＝360円の単一為替レートの設定を前提として，通貨増発の主な原因となっていた復興金融金庫債の発行の停止と超均衡予算の編成が柱となっており，これによって通貨発行額が急速に減少したため，日本経済は一気に激しいデフレーション不況（安定恐慌）に陥った。

　しかし，1950（昭和25）年に勃発した朝鮮戦争により，アメリカ軍を中心とする国連軍の特需などで不況を脱した。特需は，アメリカ合衆国を中心とする国連軍が使用する武器などの購入や，戦車・トラックの修理などを日本でおこなった特殊需要のことである。日本経済は，1956（昭和31）年の『経済白書』で，「もはや戦後ではない」と記されるまでに回復した。

高度経済成長期

　1955（昭和30）年以降の時期は「高度経済成長」期といわれ，日本は平均して年率10％前後の高水準の実質経済成長率の伸びを達成した。この高

経済の民主化

　第二次世界大戦後，連合国軍最高司令官総司令部は，財閥と寄生地主制が日本の軍国主義の温床になったとみて，それらの解体を経済民主化の中心課題とした。1945年，三井・三菱・住友・安田など15財閥の資産の凍結・解体が命じられ，翌年には持株会社整理委員会が発足し，指定された持株会社・財閥家族の所有する株式を一般に売り出し，財閥の企業支配を一掃しようとした（財閥解体）。1947年には，独占禁止法によって持株会社やカルテル・トラストなどが禁止され，過度経済力集中排除法によって巨大独占企業の分割がおこなわれることになった。

　また，農民層の窮乏が日本の対外侵略の重要な要因となったとして，寄生地主制を除去し，安定した自作農経営を大量に創出する農地改革を実施した。1947年から自作農創設特別措置法によって農地改革が開始され，不在地主の全貸付地，在村地主の貸付地のうち一定面積（都道府県平均1町歩，北海道では4町歩）を超える分は，国が強制的に買い上げて，小作人に優先的に安く売り渡した。その結果，全農地の半分近くを占めていた小作地が1割程度にまで減少し，農家の大半が自作農となった。

　GHQはまた，労働基本権の確立と労働組合の結成を支援し，さらに労働関係の民主化のための改革をおこなった。1945年には労働組合法が制定され，労働者の団結権・団体交渉権・争議権が保障された。1946年に労働関係調整法，1947年には労働基準法が制定された。この三法は労働三法と呼ばれている。こうして労働者の低賃金に基づく国内市場の狭さを解消して，対外侵略の基盤を徹底的に排除したのであった。

度経済成長は，主として民間の設備投資の急速な増加に導かれたものであり，国民所得倍増計画という政府の政策がこれを加速した。またこの時期に，日本はGATT11条国，IMF8条国へ移行し，OECDに加盟して，これらが高度成長を支える国際環境となった。

　高度経済成長により，臨海コンビナートや高速道路・新幹線が建設され，産業構造の高度化や重化学工業化が進展した。この間，1955～57（昭和30～32）年の神武景気，59～61（昭和34～36）年の岩戸景気，63～64（昭和38～39）年のオリンピック景気という好景気が生じたが，好況により

1　戦後日本の経済成長　161

◀完成間近な多摩ニュータウン(東京都，1971年) 多摩丘陵の森を切り開いて，人工的なニュータウンが出現した。高度経済成長の時代，都市に流入する人口を迎えるためにつくられた。(ユニフォトプレス提供)

輸入が増えると国際収支が悪化し，金融を引き締めると景気が後退する，「国際収支の天井」による景気変動を繰り返していた。

　また，「昭和40年不況」といわれた1964～65(昭和39～40)年の景気後退では，需要不足に対して，1965(昭和40)年度補正予算でドッジ＝ラインによって均衡財政政策がおこなわれて以来初めての赤字国債が発行された。財政法により，国会の議決を条件として，その範囲内での建設国債の発行は認められている。また，一般会計の歳入の赤字を埋めるための赤字国債の発行は，原則，禁止されているため，その発行ごとに特別の法律を制定する必要がある。なお，日本銀行による国債の直接引き受けも，原則，禁止されている。戦後に赤字国債が発行されたのは1965(昭和40)年が初めてであり，その後高度成長が再現されたため，1966(昭和41)年以降赤字国債はしばらく発行されなくなった。しかし，高度成長が終わるとともに財政赤字が続いたため，1974(昭和49)年以降，赤字国債の発行がほとんど恒常化した。その後，1965～70(昭和40～45)年のいざなぎ景気は58カ月という長期の好況となり，1968(昭和43)年には日本はアメリカ合衆国につぐ資本主義国第2位のGNPを達成し，「経

162　第3章　日本経済の発展と国民福祉の向上

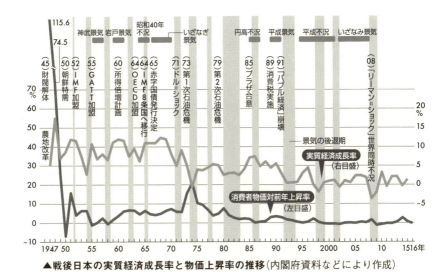

▲戦後日本の実質経済成長率と物価上昇率の推移(内閣府資料などにより作成)

済大国」と呼ばれるようになった。

安定成長期

　しかし，1973年の第4次中東戦争の勃発にともない，アラブ石油輸出国機構(OAPEC)が原油輸出を制限し，また石油輸出国機構(OPEC)も価格を大幅に引き上げたため，世界各国が不況に陥った。この第1次石油危機によって高度経済成長は終わり，年率3〜5％の安定成長の時代を迎えた。

　1980年代には，企業は「省資源・省エネルギー」を合言葉に合理化を進め，強い国際競争力を持った電気製品や自動車などが「集中豪雨」的ともいわれるほど，短期間に特定の海外市場に輸出された。その結果，欧米諸国との貿易・経済摩擦が大きくなり，内需を拡大する経済構造への転換が求められた。1989年から1990年にかけて，日米貿易の不均衡を是正するために日米構造協議がおこなわれた。これが1993年には日米包括経済協議と改称されて2001年まで続けられ，ここでアメリカ側は，日本の貿易黒字削減に数値目標を設定することを求めた。　1985年にニューヨークのプラザホテルで，G5(先進5カ国財務相・中央銀行総裁会議)の米・英・西独・仏・日本が，外国為替市場へ協調介入して，

1　戦後日本の経済成長　163

▲日本の対米貿易額の推移（矢野恒太記念会編『日本国勢図会』2017/18年版により作成）

ドル高を是正することで合意した（プラザ合意）。このプラザ合意による円高・ドル安誘導政策の結果生じた円高・ドル安によって日本製品の輸出の急増が抑えられたため貿易摩擦が緩和されたが、反面で日本経済は円高不況に陥った。

　その後、内需主導型へ産業構造を転換しようとしたが、財政再建という課題もあって積極的な財政政策がとれなかった。そのため、政府・日銀は低金利政策をとり、余剰資金が株と土地とに投機的に集中投資された。その結果、資産価格が実態以上に上昇する「バブル経済」といわれる好況（平成景気）を招いた。資産価格が上昇するにともなって、資産を保有している消費者が消費を増やした（資産効果）ので、これが個人消費を増加させ、企業の設備投資にも好影響を与えた。

最近の経済情勢

　1990年代になると、公定歩合の引上げや不動産融資総量規制などにより、「バブル経済」は崩壊し、株価と地価が50％以上も暴落した。その結果、金融機関は大量の不良債権をかかえ、銀行の「貸し渋り」もあって企業の設備投資が減少するとともに、所得が減少して個人消費も落ち込み、深刻な不況（平成不況）が続いた。そして、金融機関の再編・統合、大企業のリストラ・倒産、失業率の上昇などがおこった。リストラとは、不採算部門の切り捨て、成長部門の拡充による事業の再構築（リストラクチャリング）のことであり、この結果、中・高年労働者の希望退職や

出向・解雇が増加した。

　日本経済は，2002（平成14）年にようやく長い不況のトンネルを抜け，2003（平成15）年度から2007（平成19）年度まで，アメリカ経済の好調と外国為替相場の円安に支えられて，GDP（実質）ベースで2％程度の成長を続けることができるようになった。2002年2月に始まった景気拡大期間が，それまで戦後最長であったいざなぎ景気（拡大期が1965年10月〜70年7月までの58カ月）を超えて69カ月におよんだので，この景気拡大をいざなみ景気と呼ぶことがある。しかし，景気拡大規模を比較すると，近年のいざなみ景気の期間の経済成長率は，高度経済成長期のいざなぎ景気当時の水準を大きく下回っている。

　しかし，2008（平成20）年秋に始まった世界的な金融危機（リーマン＝ショック）により，欧米先進国向けの自動車やIT製品の輸出が激減し，輸出関連企業を中心に大きな影響を受けた。企業は，設備投資をひかえたり，派遣労働者などの非正規労働者の解雇や正規社員の賃金カットを進め，内需も低迷した。さらに，アジア諸国の低価格製品の輸入急増や値下げ競争などによる価格破壊や，欧米先進国市場の縮小，少子高齢化による国内市場の縮小により，日本はデフレ状況に苦しんだ。高度成長期以降の日本のGDPの実質成長率の10年ごとの平均をみると，1960年代の10.2％から1970，80年代の4.5％前後を経て1990年代の1.4％，2000年代の0.7％へと大きく低下した。バブル経済の崩壊とともに，日本経済はほとんど成長しない経済へと移行したが，その過程で1994（平成6）年度以降には，名目成長率が実質成長率を下まわる「名実逆転」が生じ，この状態がその後約20年も続いた。「名実逆転」は物価が下落していること（デフレが進んでいること）を示しており，日本の経済はデフレをともないながら成長しない経済へと移行していたのである。そして，この事実を意識して，1990年代以降の日本経済について，「失われた10年」とか「失われた20年」ということばが盛んに使われるようになった。

　2012（平成24）年末に発足した安倍内閣は，「大胆な金融緩和」，「機動的な財政政策」，「成長戦略」という「三本の矢」を軸とする経済再建策（アベノミクス）を掲げて約20年も続いたデフレ・低成長経済からの脱却をめざしている。

1　戦後日本の経済成長　165

2　産業構造の変化

産業構造の高度化

　日本では，高度経済成長期に国内総生産や就業者数の構成比でみた産業の中心が，第一次産業から第二次産業へ，さらに第三次産業へと移行し，産業構造の高度化が進んだ。また，製造業内部では，繊維・雑貨などの軽工業から造船・鉄鋼・石油化学などの重化学工業に生産の中心がしだいに移り，重化学工業化が進行した。

　農業・工業・商業の順に収益が高くなることを，イギリスのウィリアム＝ペティは経験則から主張した。その後，イギリスのコーリン＝クラークは，第一次産業を農業・牧畜業・水産業・林業など自然からの採取産業，第二次産業を製造業・鉱工業・建設業・ガス・電気事業など原材料の加工業，第三次産業を商業・運輸業・通信・金融などのサービス業に分類し，経済発展が進むと第二次産業・第三次産業の比重が増大することを明らかにした。これを一般にペティ・クラークの法則という。

　その後，第1次石油危機により，企業は省資源・省エネルギーのために，合理化・減量化を進めた。その結果，鉄鋼や石油化学などの「重厚長大」型の素材産業から，自動車や工作機械・電気機器などの加工組立て産業，さらに情報技術（IT）産業やコンピュータを利用した先端技術（ハイテク）産業など，より付加価値の高い「軽薄短小」型の知識集約型産業へと，基軸となる産業の転換が進んだ。

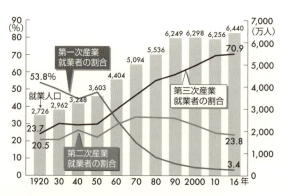

◀産業別就業人口割合の推移
（矢野恒太記念会編『日本国勢図会』2017/18年版などにより作成）

経済のサービス化と「第4次産業革命」の進展

　日本では1970年代半ばに、産業別の国内総生産に占める第三次産業の割合が50％を超え、経済のサービス化が進んだ。サービス化とは、経済の中でモノではないサービスの比重が高まることである。

　経済のサービス化が進んだ背景には、情報通信産業の発達、所得水準の向上や余暇時間の増加によるレジャーや旅行関連産業の成長、女性の社会進出などにともなう外食産業の増加、高学歴化による教育産業や高齢社会を迎えての福祉サービス関連産業の拡大がある。

　また、産業構造の変化については、サービス化とともに「第4次産業革命」といわれるコンピュータ技術の急速な進歩がもたらした大きな影響を見逃すことができない。経済産業省が編集した「新産業構造ビジョン　第4次産業革命をリードする日本の戦略」（経済産業調査会、平成28年）は、この点について、

　①実社会のあらゆる事業・情報がデータ化され、ネットワークでつながり、自由にやり取りすることが可能になる(IoT)

　②集まった大量のデータをリアルタイムに分析し、新たな価値を生む形で活用することが可能になる（ビッグデータ）

　③機械が自ら学習し、人間を超える高度な判断が可能になる（人工知能〈AI〉）

　④多様かつ複雑な作業についても自動化が可能になる（ロボット）

ことによって、商品の需要面では、革新的な製品・サービスが創出され、供給面では「供給コストが大幅に切り下げられて、あらゆる産業で破壊的なイノベーションが進む」と述べている。要するに、コンピュータ技術の急速な進歩（②はそれを前提にしている）が、産業構造を激変させるのであり、この産業構造の変化は、たとえばアメリカにおけるUber（自

▲**産業革命の進展**（経済産業省資料により作成）

知的財産権

知的財産権とは，特許権・実用新案権・意匠権・商標権に，著作権・トレードシークレット・ノウハウなどを加えたものの総称のことである。知的所有権，無体財産権ともいう。

知的財産権は，（1）人間の知的生産物である発明・商標・著作物などが対象で，（2）しかも物理的に支配できず，（3）利用されることにより消費されるということがないため，（4）多くの者が同時に利用することができ，（5）容易に模倣されやすい，という特徴を持っている。そこで，上記の知的財産権を，権利として法的に守ることとなった。

※知的財産基本法（第2条）

1　この法律で「知的財産」とは，発明，考案，植物の新品種，意匠，著作物その他の人間の創造的活動により生み出されるもの（発見又は解明がされた自然の法則又は現象であって，産業上の利用可能性があるものを含む。），商標，商号その他事業活動に用いられる商品又は役務を表示するもの及び営業秘密その他の事業活動に有用な技術上又は営業上の情報をいう。

2　この法律で「知的財産権」とは，特許権，実用新案権，育成者権，意匠権，著作権，商標権その他の知的財産に関して法令により定められた権利又は法律上保護される利益に係る権利をいう。

動車の配車アプリ）や Air Bnb（民泊仲介）の急成長にみられるような産業のサービス化を伴っていることに注目すべきである。

3　中小企業問題

中小企業の定義と地位

現代の経済では，大企業と並んで多数の中小企業が存在し，国民経済の中で大きな地位を占めている。どの範囲の企業を中小企業と呼ぶかは国によって異なり，日本では，中小企業基本法が定めた定義が一般に広く用いられている。

業種	中小企業者(下記のいずれかを満たすこと)	
	資本金	従業員数
製造業など	3億円以下	300人以下
卸売業	1億円以下	100人以下
サービス業	5,000万円以下	100人以下
小売業	5,000万円以下	50人以下

▲中小企業の定義

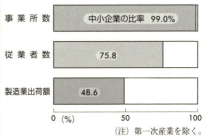
▲中小企業の日本経済に占める割合(2012年、『中小企業白書』2015年版により作成)

1999(平成11)年に制定された新しい中小企業基本法は、製造業で資本金3億円以下、または常時雇用する従業員300人以下の会社および従業員300人以下の個人企業、小売業で資本金5000万円以下または従業員50人以下の企業を中小企業としている。

2012(平成24)年現在、製造業では事業所の98.6%、従業員数の69.4%(従業員数4人以上の事業所についての統計による)を、小売業でも事業所の98.3%、従業員数の74.0%を中小企業が占めている。

中小企業の種類

中小企業は多様であり、製造業では大きく分けると、下請け型・産業集積型・ベンチャー型・ニッチ型がある。

下請け型とは、自動車産業に典型的にみられるように、特定の大企業と強く結びついて、長期間で継続的に取引をしているタイプで、多くの場合、大企業の傘下にあり、この取引関係が対等ではないことが問題にされている。

産業集積型とは、一定の地域に多数の企業や産業が集まった状態をさす言葉だが、この集積が企業間の相互作用や結びつき、地域内に新しい仕組みをつくりだし、大きな経済効果を生むことがある。産業集積には、企業城下町型(愛知県豊田市・茨城県日立市など)、産地型(伝統的織物産地・陶磁器産地・金属洋食器産地など)、大都市型(東大阪市、東京都大田区の工場地帯など)という三つのタイプがある。

ベンチャー型とは、ベンチャー＝ビジネスのタイプである。ベン

3 中小企業問題 169

チャー＝ビジネスとは，新産業や新技術にリスクを恐れず挑戦し，それに成功しつつある中小規模の企業で，高度経済成長期にこのタイプの企業が多数登場してきた。今後も経済を活性化させるために，その活躍が期待されている。

ニッチ型とは，製品の市場規模が小さいため，大企業が進出しない「すき間」に存在している中小企業のことである。

中小企業間の競争は激しく，そこで生き残るためには，製品や技術に独自性を持つなどの競争力を有することが必要である。100年以上の歴史がある「しにせ」といわれる企業で，中小規模にとどまっているものも多い。

中小企業政策の展開

中小企業は大企業にくらべて，資金の調達，製品の販売，原材料の仕入れなどの面で不利な立場におかれることが多く，特に不況期には大企業によって景気の安全弁（調整弁）として利用されたりする。この不利を補うためにさまざまな政策がとられ，1963（昭和38）年にはこれらの政策をまとめて中小企業基本法が制定された。この基本法は，その目的として中小企業と大企業との間に存在する賃金や生産性の格差を解消することを掲げ，そのために中小企業の取引条件を向上させ，中小企業の近代化投資を促すことをめざした。この格差については，賃金格差の背景には付加価値生産性（従業員一人当たりの付加価値額）の格差があり，付加価値生産性の格差は資本装備率（従業員一人当たりの有形固定資産〈機械設備〉額）の格差によって生じているとする説が有力である。

しかし実際には，高度経済成長にともなって，賃金や生産性の格差は縮小し，従来の中小企業のイメージとは異なる中堅企業やベンチャー＝ビジネスが多数登場した。下請け企業についても，特定の下請け系列を抜け出し，自立する企業があいついだ。

そこで，中小企業基本法についても見直しが必要となり，1999（平成11）年に制定された新しい中小企業基本法では，「中小企業者の経営の革新」や「創業の促進」，「創造的な事業活動の促進」が政策の基本方針として掲げられた。中小企業は，多様な事業分野において特色ある事業活動

▶大企業と中小企業の格差(2014年,矢野恒太記念会編『日本国勢図会』2017/18年版により作成) 賃金は従業者一人当たりの平均賃金,生産性は従業者一人当たりの付加価値額(売上高−原材料費など),設備投資率は従業者一人当たりの有形固定資産額で,設備投資率の格差が生産性の格差を生み,生産性の格差が賃金の格差を生むと考えられている。日本では,企業規模ごとにこの格差が大きいことに着目して,経済の「二重構造」とか「重層構造」ということばがしばしば使われている。

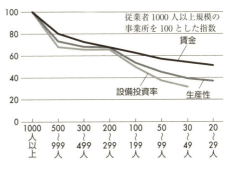

をおこなっており,多くの就業の機会を提供し,日本の経済基盤を提供していると位置づけられた。さらに新基本法では,多数の中小企業が新たな産業を創出し,市場における競争と地域の経済を活性化し,促進していることから,中小企業の多様で活力ある成長・発展がはかられなければならないとしている。

4 農業と食料問題

日本農業の歩み

　第二次世界大戦後の農地改革により寄生地主制が廃止され,多くの農民が農地を持つ自作農となり,農業生産の意欲も増し,生産性も上がった。しかし,日本の農業は,狭い農地に多くの労働力や化学肥料・農薬を投下して生産を上げようとしてきたため,土地生産性は高いが労働生産性は低い。そのため,アメリカ合衆国や中国などの農産物輸出国とくらべて農産物価格が高くなり,国際競争力も弱い。また高度経済成長期以降は,農業と工業の生産性や所得格差が拡大し,農業から工業・サービス業などへ転出する人口が増え,農家戸数や農業就業人口が大幅に減少し,農村の過疎化が進行した。

　政府は,1961(昭和36)年に農業基本法を定めて,農・工業間の所得格差を是正するために,農業の規模拡大や機械化などによる農業の構造改善を進めようとした。また,戦時中につくられた食糧管理制度のもとで

は，政府が主食である米を農家の生産費を補償する価格（生産者米価）で全部買い上げ，消費者により低い価格（消費者米価）で販売したので，農家は米作りに依存するようになった。他方，食生活の変化により米の需要が減少したため，毎年，過剰に米が供給されることになった。そこで，米の作付面積を制限するために，1970（昭和45）年から減反政策がとられた。

日本農業の動向

　このような農業政策のもとで，1960（昭和35）年から2000（平成12）年にかけて，農業就業人口は約4分の1以下に減少し，農家と勤労者世帯の実質家計費はともに上昇して，その格差はほとんどなくなった。この限りでは，農業基本法の目的は達成されたともいえる。しかし，この間に農家数は約2分の1に減少し，農家の中でも農業所得を主とする主業農家は総農家数の約15％にすぎず，兼業化が進んだ。また，「三ちゃん農業」といわれるように，高齢者や女性の農業従事者が多く，農業の後継者不足が大きな問題となった。農外所得の方が農業所得よりも多い主業農家以外が全体の8割近くを占めるようになり，所得格差の是正も実はこのような農家のサラリーマン農家化によってもたらされていた。

　さらに，農地面積も減少し，この間に100万haが新たに造成されていることを考えると，40年間に約220万ha（全農地面積の約3割）の農地の耕作が放棄されたことになる。

　日本の農業は，大きく規模を縮小してきており，その一つの重大な結

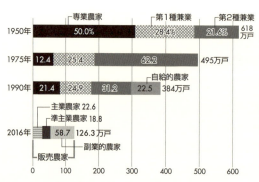

◀**農家戸数の減少**（矢野恒太記念会編『日本国勢図会』2017/18年版などにより作成）　主業農家は，農業所得が主（農家所得の50％以上が農業所得）で65歳未満の農業従事60日以上の者がいる農家。準主業農家は，農外所得が主で65歳未満の農業従事60日以上の者がいる農家。副業的農家は，65歳未満の農業60日以上の者がいない農家。

果が食料自給率の低下である。カロリーベースでみた日本の自給率は，1961（昭和36）年の78%から1990（平成2）年に48%，2013（平成25）年には39%へと急速に低下した。

食料自給率の推移

わが国の食料自給率は，1965年度から1999年度の間に供給熱量総合食料自給率が73%から40%，穀物自給率が62%から27%へと大きく低下した。また，果実と肉類も自給率が50%前後に落ち込み，近年では従来は国内生産が基本と考えられていた生鮮野菜ですら，中国や韓国からの輸入が増加している。これは，国民の食生活が多様化し，自給品目であるコメの消費が減少するとともに，畜産物や油脂類の消費増に伴い，これらの生産に必要な飼料穀物や油糧種子の輸入が大幅に増加したこと，外食産業や食品産業の発達による海外からの安価な加工食品の輸入増加が大きな要因である。

わが国の食料自給率は，先進国の中でも低い水準にあり，国民に対する食料の安定供給を確保することは国の重要な責務であることから，政府は食料安全保障の観点から2025年度の食料自給率を，供給熱量ベースで45%，生産額ベースで73%に高める目標を掲げ，畜産物の自給率に大きな影響を与える飼料自給率についても，40%という目標を定めた。

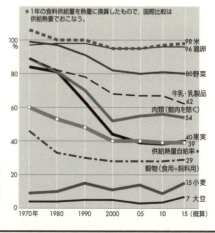

▶食料自給率の推移（矢野恒太記念会編『日本国勢図会』2017/18年版により作成）

4 農業と食料問題　173

農産物の輸入自由化

　農業規模が縮小する過程で，日本はアメリカ合衆国などの強い要求に押されて，1991(平成3)年に牛肉・オレンジの輸入を自由化し，1993(平成5)年にはGATTのウルグアイ＝ラウンドで農産物の輸入制限を撤廃し，関税によって農産物の輸入を調整することに合意した。そして，1995(平成7)～2000(平成12)年までに，国内消費量の4～8％を最低輸入量(ミニマム＝アクセス)として輸入し，1999(平成11)年には関税化による米の輸入自由化に踏み切った。

　食料自給率の低下は，農産物の輸入自由化によって促進された。この間，食糧管理特別会計の赤字が増大し，自由化の流れの中で，米の生産・流通に関して政府の規制を緩和して売買に市場原理を導入した新食糧法が1994(平成6)年に制定され，食糧管理制度は1995(平成7)年に廃止された。2001(平成13)年には，中国からのネギやシイタケ・い草の輸入量の激増に対して，暫定的な緊急輸入制限(セーフガード)が発動された。緊急輸入制限とは，ある国から特定の輸入品が急増したことにより国内産業に重大な損害が発生する恐れがあるとき，輸入制限や関税引上げをすることであり，世界貿易機関(WTO)の協定ルールにそって発効できるものである。

　農産物の輸入自由化については，食糧安全保障の立場からこれに反対する意見もある。

日本農業の課題

　このような農業の現状を受けて，1999(平成11)年には新しく，食料・農業・農村基本法が制定された。新基本法は，農業生産者のためから国民のためにと政策の目的を転換し，この視点から「食料の安定供給の確保」と「農村の多面的機能の維持」を理念として掲げた。農村の多面的機能とは，水田の保水や土壌流失防止，緑による保健休養，良好な景観の形成などの機能をいう。

　この法律に基づいて，政府は5年に1回「食料・農業・農村基本計画」をつくることになった。また，効率的・安定的な農業経営を実現するために，2005(平成17)年に農地法などを改正して，株式会社が農地を借り

174　第3章　日本経済の発展と国民福祉の向上

▲ビルの中の農園　ビルや植物工場内でつくることによって，一定品質の農作物を安定した価格で供給することが期待されている。(ユニフォトプレス提供)

　入れられるようにした。さらに，農産物の加工・直販や外食部門を組み合わせるなどのアグリビジネスの展開，インターネット販売やバイオテクノロジーの導入などの新しい動きも始まっている。

　2010(平成22)年の「計画」では，政府はカロリーベースの食料自給率の5年後の目標を，過去2回の計画の45%から50%に引き上げるとともに，規模の大小にかかわらず，すべての農家を対象とする戸別所得補償制度を導入することにした。また，農業者が工業(第二次産業)，商業・サービス業(第三次産業)に進出する「6次産業」化によって，付加価値を高めることもうたわれた。6次産業は，第一次(1)＋第二次(2)＋第三次(3)＝6という計算に基づく語呂合せから，農業の多角化に基づく付加価値の向上を求める政策のスローガンとして使われた。

　米農家に対する戸別所得補償制度は，2012(平成24)年の自民・公明両党連立への政権交代にともなってその名称が経営所得安定対策に変更され，交付金の額が2014(平成26)年度から半減されるとともに，この制度そのものが2018(平成30)年度には廃止されることになった。

5 労働問題と労働市場

資本主義の成立と労働問題の発生

　資本主義経済が成立した初期には，資本家はより安く商品を売って，より多くの利潤をあげようとしていたため，労働者の低賃金，長時間労働，労働災害の発生，児童労働などの労働問題が発生していた。

　これに対して産業革命を最初に達成したイギリスでは，工場労働者が各地で自然発生的に機械打ち壊し運動（ラダイト運動）をしたり，暴動をおこしたりした。やがて，労働者が組織をつくり，団結して資本家と対峙するようになると，労働組合法などが制定され，団結権も法的に認められるようになった。そして，労働組合の組織は拡大し，全国的な組織がつくられた。

日本の労働運動と労働政策

　日本でも，19世紀末から労働運動がみられるようになった。これに対して，政府は治安警察法（1900〈明治33〉年）や治安維持法（1925〈大正14〉年）などによって労働運動を規制する一方，工場法の制定（1911〈明治44〉年）によって労働時間を制限するなど，労働者保護に乗り出した。しかし，労働組合は法的に認知されず，労働運動に対する保護はおこなわれなかった。

　第二次世界大戦後，日本では占領期の経済民主化の過程で，労働三法（労働基準法・労働組合法・労働関係調整法）が1945（昭和20）〜47（昭和22）年にかけて制定された。また，日本国憲法では，勤労する権利（勤労権，第27条①）と，労働三権（団結権・団体交渉権・団体行動権〈争議権〉）が明記された（第28条）。これらを労働基本権という。

　労働基準法（1947〈昭和22〉年）は，「労働条件は，労働者が人たるに値する生活を営むための必要を充たすべきものでなければならない」（第1条）という労働条件に関する基本原則を明記し，労働時間など労働条件の最低基準をくわしく規定して，基準に達していない労働契約を無効としている。その他，職場における労働災害の防止と労働者の健康保持に

176　第3章　日本経済の発展と国民福祉の向上

おもな条項	おもな内容
1条 労働条件の原則	人たるに値する生活を営むための必要を充たす就業規則で，向上の義務。
3条 均等待遇	国籍・信条・社会的身分を理由とした差別的取り扱いの禁止。
4条 男女同一賃金の原則	女性であることを理由として，賃金について男性との差別的取り扱いの禁止。
20条 解雇の予告	解雇の最低30日前に予告するか，30日分の平均賃金を支払う。
24条 賃金の支払い 28条 最低賃金	現金で，金額を直接労働者に，毎月1回以上一定の期日を定めて支払う。 賃金の最低基準に関しては，最低賃金法で定める。
32条 労働時間	1週間について40時間，1日について8時間。変形労働時間を採用できる。
34条 休憩	労働時間が6時間を超えるときは45分，8時間を超えるときは1時間の休息時間。
35条 休日	毎週少なくとも1日の休日。
37条 割増賃金	時間外・休日・深夜労働に対しては，25%〜50%の割増賃金を支払う。
39条 年次有給休暇	6カ月以上勤務し，全労働日の8割以上出勤すると10日間の有給休暇。
61条 深夜業の禁止	満18歳未満の労働者の，午後10時から午前5時までの深夜労働の禁止。
65条 産前・産後	6週間の産前休暇，8週間の産後休暇。
67条 育児時間	生後1年未満の子どもがいる女性は，1日2回30分の育児時間。
97条 監督組織	労働省に労働基準局，各都道府県管内に労働基準監督署をおく。

▲労働基準法のおもな内容

　ついて定めている労働安全衛生法や最低賃金法，内職の賃金支払い方法などを定めている家内労働法などの個別の法令が制定されている。

　労働組合法(1945〈昭和20〉年)は，労働者が労働組合の結成，団体交渉・争議をおこなうことを権利として保障し，使用者側は組合の結成・加入を理由として労働者を解雇したり，労働者代表との団体交渉を理由なく拒否することを不当労働行為として禁止している。また，労働組合が争議行為をおこなった場合，それが適法な行為である限り刑罰は科されないし(刑事免責)，使用者が損害を受けても賠償を請求することはできない(民事免責)としている。

　労働関係調整法(1946〈昭和21〉年)は，労使関係を調整し，争議を予防・解決することを目的としている。労働争議の労使による自主的な解決が困難な場合，労働委員会が争議の斡旋・調停・仲裁をすることが定められている。

5　労働問題と労働市場　177

日本的労使関係の変容

　日本の労使関係の特徴として，終身雇用制・年功序列型賃金・企業別組合などがあげられる。

　終身雇用制は，学校を卒業したあと就職した企業に定年までつとめるという慣行である。年功序列型賃金は，勤続年数に応じて賃金や地位が上がっていく慣行である。また，各企業ごとにその企業の正規従業員で組織される労働組合（企業別組合）がある。欧米では，企業の枠を超えて組織された職種別労働組合や産業別労働組合が一般的である。これらの慣行は日本的経営と呼ばれた。

　経済のグローバル化やIT革命などの技術革新の進展により，企業間競争が激しくなる中，日本的経営も変化を迫られた。雇用制度面では，「バブル経済」の崩壊による経営の悪化に対応するため，企業は中高年労働者の出向や希望退職・勧奨退職などによる減量化を進めてきた。また，正規従業員にかわってパートタイマーや派遣労働者などの非正規労働者を増やして，経費削減をはかっている。パートタイマーは，常勤ではなく，時間単位で働く労働者のことで，1993（平成5）年に，「短時間労働者の雇用管理の改善等に関する法律」が制定された。また，派遣労働は労働基準法6条により禁止されていたが，派遣元・派遣先・労働者にも利点があるとして1985（昭和60）年に労働者派遣法が成立し，通訳・アナウンサーなど専門職について派遣労働が認められた。その後の法改正で，派遣業種が拡大された。

労働者派遣法の改正

　1999（平成11）年に労働者派遣法が改正され，ほとんどすべての職種について派遣労働が認められるようになった。また，2015（平成27）年の改正で，これまで雇用期間について制限がなかった秘書，通訳など専門26業務についても，一般業務と同じく同一職場での雇用期間の限度を3年とすることとした。これによって，専門26業務の派遣労働者は雇用が不安定となる一方，派遣労働者を雇用する会社は，雇用労働者をより使いやすくなった。

賃金制度の種類

▶生活給

生活給とは，社員が安心して働けるようにという考えのもとに，社員の必要生活費を考慮して決める賃金のこと。日本の多くの企業が採用していた終身雇用制と結びついた年功序列型賃金がこの考え方に基づくものといえる。

▶職務給

職務給とは，社員が従事する職務（ポスト）により決定する賃金のこと。職務ごとに賃金があらかじめ決まっているため，同じ仕事は誰がやっても同じ賃金となる。また，同じ仕事をしている間は賃金の上昇はない。

▶職能給

職能給とは，社員の職務遂行能力を基準として決める賃金のこと。社員の保有する職務遂行能力に着目して，社員の能力が高まれば，職能給も上がる。職能給では，個人の属性によって賃金を決定するので，社員にさまざまな職務を経験させることができるという柔軟性に優れる反面，能力評価が適切におこなわれず，年齢を重ねると能力が高まるという前提のもとで，年功序列的な運用につながりやすいという問題がある。

▶成果給

成果給とは，社員の仕事を考慮して決める賃金のこと。成果が賃金に直接に反映されるので，社員の勤労意欲を刺激する効果は大きいが，日本の経営の強味である職場での社員の協力（チームプレー）がそこなわれるという弊害も指摘される。

▶年俸制

年俸制とは，業績評価や本人の役割に応じて，1年単位で賃金総額を決定する賃金制度のこと。その特徴として，①賃金を年額表示する（ただし，支払いは毎月），②定期昇給がない，③降給もありうる，の3点がある。

　賃金制度でも，勤続年数が増えるに従って上昇する賃金を抑えるために，職能給や成果給を採用する企業が増えてきた。職能給は，労働者の職務を遂行する能力に応じて賃金を決める仕組みであるが，能力を評価する仕方によっては，年功賃金とあまりかわらなくなるという批判もある。また，成果給は，仕事の成果に応じて賃金を決める仕組みで，個人が自分の成績を上げることに走り，日本の経営の特徴である職場のチームワークがそこなわれるという批判もある。

5　労働問題と労働市場　179

変形労働時間制

　変形労働時間制とは，一定の期間内について，週当たりの平均労働時間が法定労働時間である40時間以内であれば，1週間または1日の法定労働時間の規制を超えて労働時間の配分を変えることを認める制度のこと。変形労働時間制は，シフト制で業務をおこなっている会社や季節間の業務量の変動が大きい会社で導入されている。

　その種類としては以下の3種がある。（1）1カ月単位の変形労働時間制…1カ月以内の一定の期間を平均して，1週間の労働時間が40時間以下であれば，

1日および1週間の法定労働時間を超えて労働させることができる制度。（2）1年単位の変形労働時間制…1年以内の一定の期間を平均して，1週間の労働時間が40時間以下であれば，1日および1週間の法定労働時間を超えて労働させることができる制度。（3）1週間単位の非定型的変形労働時間制…従業員30人未満の小売業・旅館・料理店・飲食店において，1週間単位で毎日の労働時間を弾力的に定めることができる制度。

　また，労働組合の組織率がしだいに低下して，2014（平成26）年には17.5％となり，企業別組合を通して労働者が企業の経営に影響を与える力も弱まっている。

　日本的経営のもとでは，労働者は企業との一体感が強いために，その働き方には「働きバチ」と批判される面があった。そして長時間労働を改善するために，政府は年間労働時間を1800時間にする目標を立てた。1987（昭和62）年には労働基準法が改正され，フレックスタイム制，年次有給休暇の増加などが導入され，1997（平成9）年からは1週40時間労働制が実施されるようになった。こうして，2002（平成14）年には，年間総労働時間が1954時間（製造業生産労働者）となり，ほぼアメリカやイギリス並みの水準になった。しかし，賃金が支払われないサービス残業が常態化している職場もあり，過労死が発生している。

労働環境の変化

　今日，女性の高学歴化の進展とともに，女性に対する社会の意識が変

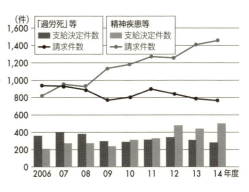

▶過労死・精神疾患等の認定件数と労災支給決定件数の推移（厚生労働省資料により作成）過労死とは，仕事による過労・ストレスが原因の一つとなって，脳・心臓疾患等を発病し，死亡することである。また，過労により大きなストレスを受け，場合によっては「うつ病」等の精神疾患を発症し，自殺してしまう「過労自殺」も大きな問題となっている。

わったことや，産業構造の変化によるサービス部門の増加を背景に，女性の職場進出にはめざましいものがある。

　1997（平成9）年に男女雇用機会均等法が改正され，雇用の分野における募集・採用・配置・昇進などについても男女差別が禁止された。さらに，事業主にはセクシュアル＝ハラスメントの防止義務が課せられた。一方で，労働基準法も改正され，時間外勤務や深夜労働・休日労働における女性保護規定が撤廃された。

　1991（平成3）年には子どもが満1歳になるまで労働者に育児休業を認める育児休業法が制定され，1995（平成7）年には育児・介護休業法として，家族の介護のための休業が法制化されるなど，女性の職場進出を援助する制度が整備されてきた。そして，2005（平成17）年より，子どもが満1歳6カ月になるまで育児休業が認められるように育児・介護休業法が改正された。

　さらに1999（平成11）年には男女共同参画社会基本法が制定されて，「男女が均等に政治的・経済的・社会的及び文化的利益を享受することができ，かつ，共に責任を担うべき社会」をつくることをめざすようになり，5年に1回作成される「男女共同参画基本計画」で各分野について政策の進捗状況がチェックされるようになった。

　また，少子高齢化の進行にともない，年金を受け取る年齢に達していない高齢者の働く場の確保，団塊の世代の大量退職による労働力不足や技術の伝承などが課題となった。政府は，1998（平成10）年から定年を60歳以上とすることを義務づけていたが，2012（平成24）年に高年齢者雇用

5　労働問題と労働市場　181

安定法が改正され，希望をすれば65歳まで雇用を確保することが可能となった。

日本は出入国管理及び難民認定法（入管法）により，単純労働への外国人の就労を禁止しているが，働く場を求めて不法入国や不法就労する外国人労働者も多い。

リーマン＝ショック後の雇用問題と対策

2008（平成20）年秋以降の世界的な大不況によって，雇用問題がいっきょに深刻化した。完全失業率は2009（平成21）年7月には5.6％と過去最悪の水準となり，大学卒業者の就職率も2011（平成23）年3月卒業は70％台と就職氷河期の再来という状況となった。就職氷河期というのは，バブル経済が崩壊したのち，1993〜2005（平成5〜17）年の新規学卒者の就職が困難であった時期のことで，有効求人倍率が1.0を下回る状況が続いた。

また，賃金の低い派遣労働者やパートタイマーなどの非正規労働者の数が，バブル経済が崩壊したのち，急速に増加した。

1990年代以降の派遣労働に対する規制の緩和がこの増加を促進した。リーマン＝ショック後の大不況の中で，これらの人たちが契約を打ち切られ，「派遣切り」として社会問題化した。

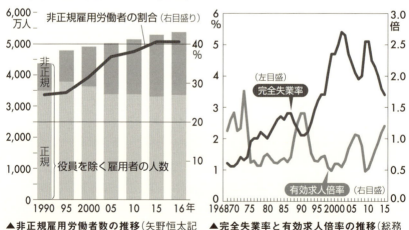

▲非正規雇用労働者数の推移（矢野恒太記念会編『日本国勢図会』2017/18年版ほかにより作成）

▲完全失業率と有効求人倍率の推移（総務省統計局『労働力調査』，および厚生労働省『一般職業紹介状況』により作成）

このような状況に対応するため，国は雇用保険法を改正して，雇用保険に加入するために必要な勤務期間を，これまでの6カ月以上から1カ月以上に短縮した。非正規労働者をより多く雇用保険に加入できるようにするとともに（セーフティ＝ネット），雇用保険に加入していない人でも，一定の条件を満たせば無償（むしょう）で職業訓練が受けられ，その期間中は生活費も支給するという制度を整えたりした。

新しい働き方を求めて

　日本的経営については，男は仕事，女は家庭という日本社会の伝統的な男女の役割分担意識がそれを支えていたことを見逃してはならない。この分担意識があったために，とくに大企業の従業員では，その妻が専業主婦である場合が多く，男性の生活は会社の仕事が中心であり，それ故に長時間労働が日本の職場の特徴ともなっていた。

　ところが，一方で女性の社会進出が進み，他方で経済の高度成長が終わり，世帯を支える主人の給料の上昇も鈍（にぶ）るにともなって，主婦が家計を助けることも必要となって，共働（ともばたら）き世帯が増加し，下図に明らかなように，1980（昭和55）年には専業主婦世帯の半数強だった共働き世帯が，1990年代に専業主婦世帯を上回り，2014（平成26）年には専業主婦世帯の1.4倍を数えるようになった。そしてこうなってくると，伝統的な男女

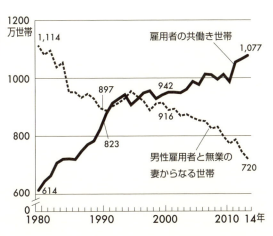

▶共働き世帯数の推移
（厚生労働省編『労働経済白書』平成25年版により作成）

5　労働問題と労働市場　183

の役割分担の仕組みや意識を変えることが必要となり，1999(平成11)年に男女共同参画社会基本法が制定されたりしたが，それだけでなく，男女の働き方そのものを見直すことが必要となり，2007(平成19)年12月には，仕事と生活の調和推進官民トップ会議で，政労使の合意のもとに「仕事と生活の調和(ワーク＝ライフ＝バランス)憲章」が定められた。

　そして，この「憲章」は，誰もがやりがいや充実感を感じながら働き，仕事上の責任を果たしながら就労による経済的自立ができる社会，子育て・介護の時間や，家族，地域，自己啓発などにかかる個人の時間を持てる健康で豊かな生活ができるような社会，多様な働き方・生き方が選択できる社会を「仕事と生活の調和が実現した社会の姿」として描き，日本がそのような社会をめざすべきであると宣言した。

6　社会保障と国民生活

社会保障の歩み

　病気やけが，老齢などによる生活不安，失業・労働災害・事故などによる生活困難に対して，個人や家族の責任だけではなく，国の責任として生活の保障をしていこうとする仕組みが社会保障である。

　1601年にイギリスで制定されたエリザベス救貧法は牧羊地の「囲い込み」の結果，都市に流入した貧しい農民を国家が例外的に慈善や恩恵として救済する制度で，社会保障の先駆けといわれている。19世紀後半に至って，1883年にドイツではビスマルクによって疾病保険法などの社会保険制度がつくられた。この政策は「アメとムチの政策」と呼ばれ，労働者保護と社会主義者鎮圧法による労働運動の弾圧が同時におこなわれたが，社会保険制度は労働者保護の中心をなす制度であった。そして，「社会保障」という言葉は，ニューディール政策により制定された「社会保障法(Social Security Act)」で初めて使われた。

　イギリスでは1942年にベバリッジ報告が出され，第二次世界大戦後になって，国の責任で全国民を対象に「ゆりかごから墓場まで」の生活を保障する社会保障制度が整備され，これが世界各国に広がった。1944年に

は国際労働機関（ILO）がフィラデルフィア宣言を発表して，保護を必要とするすべての人に，基礎的所得と包括的医療を与えるように社会保障を拡張することを提案した。そして，1952年には社会保障の最低基準を示し，さらに世界人権宣言，国際人権規約で国際的な権利としてこのことばを定着させることがはかられた。こうした動きを受けて，現代では多くの国が生存権を規定し，社会保障制度を通じて国家の責任でナショナル＝ミニマム（国民としての最低限度の生活）を保障するようになっている。

日本の社会保障制度

日本でも第二次世界大戦後，憲法第25条で生存権が保障され，1950（昭和25）年に出された社会保障制度審議会の「社会保障制度に関する勧告」を受けて，社会保険・公的扶助・社会福祉・公衆衛生の四つを柱とした社会保障制度が整備された。

社会保険は，病気・けが・老齢・失業・労働災害などによる生活不安に対して，現金や医療サービスを給付する制度で，現在の日本の社会保障制度の中心になっている。社会保険には医療・年金・雇用・労働者災害補償・介護の五つの種類があり，おもに被保険者と事業主の保険料と国や地方公共団体の拠出金で運営されている。

公的扶助は，貧困で生活が困難な人びとに最低限度の生活を保障し，自立を助長するもので，1946（昭和21）年制定の生活保護法に基づいて生活・教育・住宅・医療・出産・生業・葬祭・介護の8種類の扶助が実施されている。

社会福祉は，児童や高齢者・心身障害者など社会的に弱い立場にある人びとに，国が施設やリハビリテーション・在宅ケアなどのサービスを提供する制度である。

公衆衛生は，保健所や公立病院による感染症や食中毒の予防と治療，地方公共団体による清掃や上下水道の整備を通じて，国民の健康増進および生活環境の整備をはかる制度である。

社会保険のうち医療保険には，民間企業の雇用者を対象とする健康保険，公務員などを加入者とする共済組合，農家や自営業者などその他

6　社会保障と国民生活　185

の一般国民のための国民健康保険がある。1958(昭和33)年の国民健康保険法の改正で，だれもがどれかの医療保険に加入する国民皆保険の体制が1961(昭和36)年から整えられた。

年金保険では，1944(昭和19)年に，民間企業の従業員を対象とした厚生年金制度が発足していたが，1959(昭和34)年にこの制度の対象となっていない自営業者などのための国民年金法が制定されて，すべての国民が加入する国民皆年金の制度が1961(昭和36)年に実現した。1986(昭和61)年からは，全国民に共通の基礎年金として新しい国民年金がスタートした。そして，民間企業で働く人や公務員などについては，それまでの年金の報酬比例部分がこれに上乗せされることになった。

このように，すべての国民が医療保険制度と公的年金制度に加入する国民皆保険・皆年金の制度が1961(昭和36)年から実現されたが，自営業者は国民健康保険，民間企業に雇用されている者は健康保険，公務員は共済組合に加入するなど制度が複雑であることや，国民年金しか給付されない自営業者と厚生年金が上乗せされる民間企業雇用者との間で給付に格差があることなど，問題点が指摘されている。

1971(昭和46)年に児童手当法が制定され，親の所得による制限をした上で，手当を支給することになった。最初は5歳未満の第三子以降の児童が対象で，その後この範囲は徐々に拡大された。2015(平成27)年におけるその金額(月額)は，0歳から3歳未満は1万5000円，3歳から小学

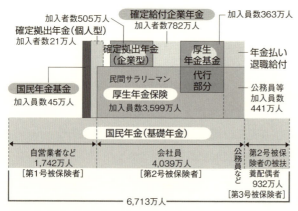

◀年金保険の仕組み(2015年3月現在，厚生労働省資料により作成)

年金制度

たとえば年金(老齢年金)の場合,全国民共通の基礎年金としての国民年金の水準(2015年現在,満額で月約6万5000円)をどうするか,標準的な人の厚生年金の水準をどうするかが問題となる。かつては,厚生年金の標準的な金額を現役で働いている標準的な人の月例賃金の6割程度とすることを一応の目処としていた。また2004(平成16)年の年金制度改正の際に,当時の小泉首相は,国会で,「現行」よりは下まわるが,5割の水準は確保すると説明していた。ただし,このときの改正では現役で働いている人たちの保険料の負担が重くなるのをどのように防ぐかが最大の問題であり,結局,将来の(2017年以降の)保険料水準について,国民年金は月1万6900円,厚生年金は総報酬(ボーナス込)の18.30%を超えないことが法律で定められた。

今後の年金制度改正では,まずこのような年金の水準や,保険料の負担の上限をどう考えるか,これらの水準の前提となっている将来の日本経済の成長率や積立金の運用に関係する運用利回り(金利水準)の見通しについて議論することがまず必要である。この議論は大きく分けて国民年金と厚生年金の二階建てになっている現行の年金制度のあり方や,将来の年金の財政方式のあり方にもおよぶことになるであろう。年金の財政方式については,積立方式と賦課方式の二つがあり,日本は修正積立方式をとっていたが,現在では実質的には賦課方式に近い運用になっているといわれている。

校修了前までは,第一子・第二子が1万円,第三子以降は1万5000円,中学生は1万円であり,所得が年約960万円以上の世帯の場合には,一人当たり5000円である。

1997(平成9)年には介護保険法が制定されて,公的介護保険制度が2000(平成12)年にスタートした。この制度は,満40歳以上の全国民に加入を義務づけて保険料を徴収し,介護が必要となった場合には費用の10%を自己負担することによってサービスを受けることを保障している。

また,2008(平成20)年には,医療費がかかる75歳以上の高齢者を対象とした後期高齢者医療制度が設けられた。満70歳以上の高齢者の医療保険は,これまで老人保健法(1983〈昭和58〉年)に基づき,財源は国・都道

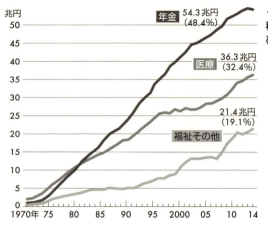

◀社会保障給付費の部門別推移(国立社会保障・人口問題研究所資料により作成)

府県・市町村の負担金および健康保険など(政府管掌保険・共済組合・健康保険組合・国民健康保険等)の拠出金でまかなわれてきた。そして,高齢化が進展し,財政負担の増加(2006〈平成18〉年現在,老人医療費は11.3兆円で,国民医療費に占める割合は34.0%)に対応するため,年齢や窓口負担などの引上げなどをおこなってきた。さらなる財政負担の増加の抑制を目的として,2008(平成20)年から後期高齢者医療制度が新設され,2014(平成26)年3月現在約1500万人が加入しているが,今後,さらに増加が見込まれている。

今後の課題

日本の社会保障制度は,形の上では「ゆりかごから墓場まで」という国民の生活の安定を保障する制度を整えている。しかし,年末に「年越し派遣村」に集まる失業者や,保険料を払えずに病気になっても病院にいけない人たち,生活保護を申請しても認められず餓死する人たち,エアコンがなくて暑さで孤独死する人たちがニュースで取りあげられる。こうした人たちを救えるセーフティ=ネットを,限られた財源の中でどう張りめぐらすかが問われている。

また,少子高齢社会を迎えて,健康保険や年金保険の掛金を負担する生産年齢人口が減少する一方で,高齢者の医療や介護・年金などの社会保障関係費用が増大することが予想され,現役で働いている人たちの負

バリアフリー化

　バリアフリーとは，バリア（障壁）とフリー（自由な・〜から逃れる）を合成した言葉で，「障害のある人が社会生活をしていく上でバリア（障壁）となるものを取り除き，生活しやすくする」こと。「障害のある人の社会参加を困難にしている社会的・制度的・心理的なすべての障壁の除去」という意味で用いられる。（1）物理的なバリア…車イス利用者の場合では，段差があったり，幅が狭くて車イスが通れない道路，視覚障害の方でいえば，容器の形が同じで内容の区別などがつかないモノ，画面タッチ式のキャッシュコーナーなど。（2）制度的なバリア…障害の有無や等級によって資格が制限されること。盲導犬を連れて入れないホテルやレストラン，乳幼児連れでは入店を断られる店など。（3）文化・情報面でのバリア…文化活動をするチャンスや必要な情報が平等でないこと。カルチャーセンターの講座に手話通訳や託児所がなかったりすること。列車事故の車内放送が耳の不自由な方に届かなかったり，交通機関などが利用できないために，文化活動や社会参加できないことなど。（4）意識面でのバリア…作り手の認識不足のために人に"やさしくない"街を作ってしまったり，駅前の迷惑駐輪，通学路や車イス用駐車スペースでの迷惑駐車，店の前の点字ブロックの上に看板を置くこと。差別・あざけり・無理解によって相手を傷つけたりする心など。

　それらを取り除くことが，バリアフリーの具体的な取組みとなる。

▶バリアフリー化した電車
低床電車や乗降ステップの導入などにより，高齢者や車いす使用者でも乗降がしやすいように配慮されている。（ユニフォトプレス提供）

担が過大になることが心配されている。国民の生活の安定を保障する社会保障制度の保障範囲をどこまでとするか，その範囲内で給付と負担の

水準のバランスをどう取るかなどについて，国民的議論が必要である。

福祉社会へ向けて

「福祉国家」を実現するためには，社会福祉の内容を充実させ，高齢者や障害を持った人などの社会的弱者に対して優しい社会をつくることが大切である。

高齢者や障害者を施設に入れて隔離するのではなく，健康な人や若者などとともに生きるノーマライゼーションの考え方が広がっている。そのために，歩道の段差をなくし，バスの乗降ステップを下げ，駅や公共の建物にエレベーターやエスカレーターを設置するなど，バリアフリー化も進んでいる。こうした制度が充実していく動きは，福祉社会をより豊かにするものである。

7　消費者問題と消費者保護

消費者問題

消費者問題には，（1）商品の構造上の欠陥から消費者に被害を与える欠陥商品，有毒物質の混入や有害な食品添加物の使用による食品公害，医薬品の副作用や製造上の欠陥による薬害などの商品の安全性の問題，（2）消費者が本当は買うつもりがないのに，言葉巧みにだまして価値のないものや不要なものを購入させる悪質（悪徳）商法，（3）消費者の自由な商品選択を妨げる誇大広告や不当表示，（4）再販売価格維持制度，価格カルテルなどによる価格の操作・管理の問題，（5）クレジットカードや消費者金融による多重債務（一つのクレジットカード会社へ返済をするために，他のクレジットカード会社からさらに借金をするなど，複数の金融機関から返済能力を超えた借金をしてしまうこと）や自己破産（返済不能な借金をかかえた債務者が，みずから裁判所に破産を申し立てて破産宣告を受けること）など，さまざまな問題がある。

クーリング＝オフ制度

訪問販売や電話勧誘販売，キャッチセールスなどのように不意打ち性の高い販売方法では，消費者は購入意思のはっきりしないまま契約してしまうことがしばしばある。そこで，訪問販売法などでは，契約後，静かに考え直す期間を設けて，無条件で申込み撤回や契約解除することを認めた消費者保護制度（クーリング＝オフ制度）を設けている。

クーリング＝オフすると，契約ははじめからなかったこととなり，①支払った代金は全額返金され，違約金などは請求されない，②送料は販売会社負担で引き取ってもらえる。ただし，次の場合はクーリング＝オフができない。①3000円未満の現金取引，②店頭での購入（ただしエステティックサロン・外国語会話教室・学習塾・家庭教師派遣などは店頭でもクーリング＝オフができる），③乗用自動車・不動産・金融商品など，④化粧品・洗剤・浴用剤・石鹸・健康食品・コンドーム・生理用品・防虫剤・脱臭剤・織物・履物・壁紙などの消耗品を使用・消費した場合（契約書にクーリング＝オフができないことを明記されていない場合，試用を勧められて開封した場合はクーリング＝オフできる）。

口頭でのクーリング＝オフは，あとで期限内にクーリング＝オフされたかどうかなどをめぐってトラブルになりやすいため，書面で業者の代表者宛に出すことが必要である。クレジット契約を結んだ場合は，クレジット会社へも同様の通知を出す。

消費者の権利

1962年，アメリカ合衆国のケネディ大統領は，特別教書で「消費者の四つの権利」として，（1）安全を求める権利，（2）知らされる権利，（3）選択できる権利，（4）意見を反映させる権利を示し，その後の世界の消費者主権の動きに大きな影響を与えた。

日本でも，1968（昭和43）年に消費者保護基本法が制定され，（1）危害の防止，（2）計量の適正化，（3）規格の適正化，（4）表示の適正化，（5）苦情処理体制の整備など，消費者保護のための基本施策が定められた。1970（昭和45）年には消費者への情報提供や商品テストをおこない，苦情相談に対応する国民生活センターと，各地に消費生活センターが設置さ

れた。

1994(平成 6)年には製造物責任法(PL法)が制定され，製品の欠陥を証明すれば，製造した企業の過失を立証しなくても損害賠償を受けられるようになった。また，訪問販売や割賦販売では，消費者が代金を支払ったあとでも，一定の期間内なら無条件で契約を解除できるクーリング＝オフ制度が定められた。さらに2000(平成12)年に制定された消費者契約法は，商品やサービスの価格や品質などについて，事業者が事実と異なることを告げたために誤解して契約した場合は，契約を取り消すことができるとしている。

商品を提供する企業に対しては，安全な商品を提供する責任と，商品

グリーン＝コンシューマーと10原則

▶グリーン＝コンシューマー

グリーン＝コンシューマーとは，①環境のことを考えた商品を購入するなど，資源循環型社会を実現するように自らの生活様式を変えていこうとし，②環境を守る製品の生産や流通に心がける企業を支持し，③環境保護に向けた法律・条例の制定を政府や地方公共団体に提言するなどして，循環型社会を実現しようとする消費者をいう。

▶グリーン＝コンシューマー10原則

1．必要なものを必要な量だけ買う

2．使い捨て商品でなく，長く使えるものを選ぶ

3．包装のないものを最優先し，次に最小限のもの，容器は再使用できるものを選ぶ

4．作るとき，使うとき，捨てるとき，資源とエネルギー消費の少ないものを選ぶ

5．化学物質による環境汚染と健康への影響の少ないものを選ぶ

6．自然と生物多様性を損なわないものを選ぶ

7．近くで生産・製造されたものを選ぶ

8．作る人に公正な分配が保証されたものを選ぶ

9．リサイクルされたもの，リサイクルシステムのあるものを選ぶ

10．環境問題に熱心に取り組み，環境情報を公開しているメーカーや店を選ぶ

（グリーンコンシューマー全国ネットワーク『グリーンコンシューマーになる買い物ガイド』）

に対する公正な説明責任（アカウンタビリティ）が要求されている。国や地方公共団体には，自由で公正な取引の確保や，経済取引に不慣れで消費者被害にあいやすい高齢者や未成年者の保護が求められている。

2004（平成16）年に消費者保護基本法を改正して施行された消費者基本法は，「消費者の権利の尊重」と「消費者の自立の支援」を基本理念としている。メーカーなどの事業者には，「安全や情報を提供する責務」「政策への協力」などを課している。さらに消費者団体には，消費者教育や被害者救済につとめることを求めている。

今日，インターネットの普及とともに，利用していないのに料金を請求される架空請求の苦情なども急増している。

悪質商法が増加している現実の消費社会にあって，消費者自身が「消費者の権利」や，消費者を守る制度を知り，「賢い消費者」になることが必要である。

また，2009（平成21）年には，これまで各省庁に分散されていた消費者行政を統一的・一元的に推進するための組織として消費者庁が設置された。消費者庁は，消費者行政の司令塔として消費者の安心・安全にかかわる問題を消費者の観点から幅広く取り扱い，監視する強力な権限を与えられている。

「環境にやさしい生活」をめざすグリーン＝コンシューマーとして，消費生活のあり方も問われており，エコマーク入りの商品や再生品を購入する（グリーン購入）などの取組みが求められている。生活の利便性・快適性だけを求めた従来の生活スタイルを見直し，消費生活の中で，無駄に消費されるものについても考え直すことが必要である。

また，消費者が資金を出し合い，安全でよりよい商品を，より安く共同購入する消費生活協同組合や，消費者団体による商品テスト，不良商品追放運動，欠陥商品の告発運動，不買運動など，消費者みずからの力による消費者運動もある。

7　消費者問題と消費者保護　193

8　公害防止と環境保全

公害問題の発生

　欧米先進国に「追いつき，追い越せ」を合言葉（あいことば）に，経済成長を最優先にしてきた近代日本では，事業活動にともなう産業公害が大きな問題となった。明治中期には，日本の「公害の原点」といわれる足尾銅山鉱毒事件（あしおどうざんこうどく）がおこった。足尾銅山（栃木県）の鉱毒により，渡良瀬川流域（わたらせがわ）の農・漁業に大きな被害をもたらした事件で，衆議院議員の田中正造（たなかしょうぞう）が，帝国

▲日本のおもな公害

ダイオキシンの検出

ダイオキシン類は，おもにゴミ焼却などにおける燃焼過程から自然発生する副生成物で，きわめて強い毒性を持つ。1998年に厚生省が実施した調査では，日本人のダイオキシン類1人1日平均摂取量は，体重1kg当たり約2.1pg（ピコグラム。1pgは1兆分の1g）であった。現在，ヒトが一生にわたって連日摂取し続けても健康に害がないと判断されている耐容1日摂取量は，「ダイオキシン類対策特別措置法」（2000年施行）で体重1kg当たり4pgと規定されている。

また，ダイオキシンの発生源となっている廃棄物焼却施設や工場については，各都道府県知事および政令指定都市において登録制となり，排煙および排水が調査され，基準値を超えてダイオキシンを排出した業者は処罰される。

議会で政府と企業の責任を厳しく追及した。

第二次世界大戦後の高度経済成長期には，熊本水俣病，新潟水俣病，イタイイタイ病，四日市ぜんそく，と呼ばれる四大公害事件が発生し，大きな社会問題となった。これらの四大公害事件は，いずれも裁判で加害者側の企業の責任が明らかにされ，被害者側に損害賠償金が支払われた。

新しい公害と公害対策の展開

最近では，従来の産業公害にかわって，自動車の排出ガスによる大気汚染，家庭排水による湖沼や湾の富栄養化や水質汚濁，産業廃棄物や一般廃棄物の急増によるゴミ問題，ヒートアイランド現象など，新しいタイプの都市型公害・生活型公害が問題となってきている。これらの公害は，加害者が特定しにくかったり，公害を発生させる加害者が，立場が変わると被害者になるなど，複雑な性格を持っている。

また，科学技術の発展による新たな公害も発生している。たとえば，廃棄物を焼却するときの不完全燃焼や低温度燃焼により発生するダイオキシンには，強い発ガン性がある。その他，ゴルフ場で除草などに使

8 公害防止と環境保全 195

ISO14001

ISO14001とは，計画（Plan），運用（Do），点検（Check），見直し（Action）を継続することによって，環境に悪影響を与えるものを減らしていく環境マネジメントシステム（Environmental Management System，EMS）を構築するための規格のこと。国連環境計画（UNEP）が設立した「持続的発展のための産業界会議（BCSD）」がISO（国際標準化機構）に対して環境に関する国際標準化への取り組みを勧告し，1996年に世界初の環境マネジメントシステムの国際規格であるISO14001が発行された。ISO14001の認証取得の効果としては，①地球環境に配慮した企業であるという企業イメージのアップ，②効率的な省資源，省エネルギーによるコストの削減，③環境問題への迅速な対応，環境リスクの事前回避，④地域住民・地域社会との良好な関係維持，⑤グリーン購入・グリーン調達の意識向上，などがある。

用されている農薬による土壌・水質汚染，ハイテク工場でIC（集積回路）の洗浄に使われる発ガン性の強いトリクロロエチレンによる地下水汚染などがある。また，生物の生殖機能に影響があるとされる環境ホルモンが，全国の多くの河川や地下水などから検出され，問題となった。これは内分泌かく乱物質とも呼ばれ，生物のホルモンの働きをかく乱し，生殖機能の異常などを引きおこす可能性が指摘されている。

大都市の産業廃棄物や建設廃棄物を過疎地の島に運び込んだり，洗濯機や冷蔵庫などの耐久消費財を不法投棄することが増えたり，医療廃棄物を発展途上国にリサイクル品として輸出するなど，豊かな生活を享受している人びとの生活スタイルやその責任が問われるような事件も発生している。

多発する産業公害に対応するため，1967（昭和42）年には公害対策基本法が成立し，公害防止に対する事業者・国および地方公共団体の責務が明らかにされた。また，1970（昭和45）年の「公害国会」では，大気汚染防止法改正などの公害関係14法案が成立し，公害対策基本法の中の経済調和事項が削除された。公害対策基本法には，経済界からの強い要求で

「経済の健全な発展との調和」という字句が入っていた。

　翌1971年には，公害防止や環境保全の施策を推進するために，環境庁（2001年から環境省）が設けられた。さらに，公害を発生させた企業が公害防止費用や被害の補償をすべきであるという汚染者負担の原則（PPP）や，鉱毒についてはすでに導入していたが，大気汚染，水質汚濁などで公害発生者に過失がなくても被害者に対して損害賠償責任を負わせる無過失責任制が確立した。

環境保全への取組み

　新しい都市型・生活型公害や地球環境問題に対応するため，1993（平成5）年に公害対策基本法と自然環境保全法を発展させた環境基本法が制定され，1997（平成9）年には，開発が地域の環境にどのような影響を与えるかを事前に調査し，評価することを義務づけた環境アセスメント（環境影響評価）法が制定された。

環境基本法 = 循環型社会形成推進基本法
廃棄物対策とリサイクル対策を総合的かつ計画的に推進して，循環型社会を形成する取組みをうたう。2001年施行

資源有効利用促進法
リサイクルの推進を目的とし，自動車やパソコンなど14種類の製品に，部品の再利用や省資源設計をメーカーに義務づける。2001年施行

グリーン購入法
国や地方公共団体に対して，環境への負荷が少ない製品の購入を推進する。2000年施行

廃棄物処理法
廃棄物の適正処理を目的とし，不法投棄や不適正処理には，廃棄物の処理を委託した排出企業にも原状回復義務を負わせる。1970年の公害国会で成立

容器包装リサイクル法
ペットボトル・ガラス・プラスチック・紙製容器の分別排出，分別収集，再商品化を義務づける。1997年施行

家電リサイクル法
テレビ・冷蔵庫・洗濯機・エアコンの再商品化のために消費者に費用負担などを義務づける。2001年施行

食品リサイクル法
外食産業などから排出される生ゴミや残飯を肥料や飼料への再資源化を義務づける。2001年施行

建設リサイクル法
建設物を解体する際，廃棄物をコンクリート・木材などに分別し，再利用することを義務づける。2001年施行

自動車リサイクル法
自動車を廃車するときに，リサイクル費用を車両所有者が負担する。2005年施行

小型家電リサイクル法
デジタルカメラやゲーム機などの使用済小型電子機器の再資源化を促進する。2013年施行

▲循環型社会形成推進基本法及び関連する法律

8　公害防止と環境保全　197

さらに国際標準化機構(ISO)14001(ISO の環境管理システム規格のこと)の認証を進めたり，廃棄物をなくすゼロ＝エミッション(排出される廃棄物を別の分野の原料として使い，地球全体にゴミを出さないという計画)や，リサイクルまで見通した製品作りなど，環境に配慮した行動計画に取り組む企業も増え始め，「良き企業市民」としてイメージアップをはかることが必要になってきた。資源のリサイクルについては，３Ｒとか４Ｒということばが盛んに使われている。３Ｒは，リデュース(ゴミの減量)，リユース(再使用)，リサイクル(再生利用)の略であり，４Ｒは，これにリフューズ(購入拒否)を加えた略語である。

　環境にやさしい持続的発展が可能な社会をつくるためには，これまでの生活の豊かさや便利さのみを追求した大量消費・大量廃棄型社会から，有限な資源を浪費しない資源循環型社会への転換が必要で，2000(平成12)年には循環型社会形成推進基本法も成立した。この資源の循環には再生可能エネルギーの活用が含まれ，2011(平成23)年の福島第一原子力発電所の事故のあとには，太陽光や風力，地熱などを利用した発電がさかんにおこなわれるようになった。

　また2000(平成12)年には容器包装リサイクル法，2001(平成13)年には家電リサイクル法や資源有効利用促進法，2002(平成14)年には建設リサイクル法，2005(平成17)年には自動車リサイクル法が施行されて，ゴミの減量化・リサイクル化が始められた。

第4章 国際経済の変化と日本

1 国際経済の仕組み

自由貿易の意義

　朝食にご飯・味噌汁・納豆を食べたとすると，和食であるが，米は9割以上が国産であるものの，味噌と納豆の主原料である大豆は9割以上が輸入品で，その3分の2以上がアメリカ合衆国から輸入されている。和食ですら，輸入なしにはあり得ないように，われわれの暮らしに貿易は不可欠である。

　国内の社会的分業が，国内の生産力を上昇させるのと同じく，国際的分業は，世界全体により多くの富をもたらす。このような国際分業の理論を比較生産費説として初めて明らかにしたのは，イギリスの経済学者リカードである。彼は各国に相対的に有利な産業と不利な産業があると，それぞれが相対的に生産費の小さい有利な産業に特化し，その製品を輸出して，相対的に不利な産業の製品を輸入する貿易をおこなった方が，自給自足よりも互いに有利になる，ということを明らかにした。一方の国に絶対優位の二つの製品があっても，相対的に優位のある製品に特化して，貿易をおこなったほうが有利になる。

◀リカード　主著に『経済学及び課税の原理』がある。リカードは，比較生産費説による国際分業の利益を主張した。イギリス国内の地主勢力の主張する保護貿易を批判し，商工業者が主張する自由貿易を擁護した。（ユニフォトプレス提供）

リカードの比較生産費説の考え方

「イギリスはラシャを生産するのに100人，ブドウ酒に120人必要だとする。したがって，イギリスはブドウ酒を輸入しラシャを輸出することで利益を得るだろう。

一方，ポルトガルではブドウ酒に80人，ラシャに90人必要だとすると，ポルトガルにとっては，ラシャを輸入しブドウ酒を輸出することが利益になる。この交換は，ポルトガルの輸入する貨物（ラシャ）がイギリスよりも少ない労働で生産できる場合でもおこなわれるだろう。なぜなら，ポルトガルにとっては，その資本の一部をラシャの製造に割くよりも，より多くのラシャをイギリスから輸入できるよう，ブドウ酒の生産に資本を投ずる方が有利だからである。」

（リカード『経済学及び課税の原理』より）

こうした理論からは，自由貿易が求められることになる。リカード自身も穀物輸入を制限する穀物法の撤廃を主張していた。イギリスはやがて穀物法が撤廃されると，原料を輸入し，工業製品を輸出する垂直的国際分業をおこなっていった。発展途上国から原材料を輸入し，先進国から工業製品を輸出するパターンの国際分業を垂直的分業，先進国同士で工業製品を輸出し合う分業を水平的分業という。A国がスポーツカーに，B国が大衆車に特化するなどがその例である。最近は多国籍企業の展開などにより，工業製品が工程ごとに国際的に分業される例も多くなっている。比較優位は天然資源が地域的に片寄って存在していることのほか，建設された工場，教育や経験の中で培われた人材（物的・人的資源），優れた知識などによっても生じる。ある時点であるものに特化したことが，のちの比較優位を形成するということもある。

自由貿易の主張に対して，ドイツの経済学者リストは，自国の幼稚産業を守る保護貿易をおこなうべきであると主張した。こうした主張は，しばしば繰り返されている。次ページの図では，A国のワイン労働者は穀物労働者に，B国の穀物労働者はワイン労働者になると想定されているが，A国のワインとB国の穀物にかかわる資本や技能は無価値になる。国全体では利益があるが，A国のワイン労働者とB国の穀物労働者がど

貿易のない当初の状態	ワイン	穀物	合計
A国	60人 1単位	15人 1単位	75人
B国	3人 1単位	12人 1単位	15人
合計	2単位	2単位	

A国では60人でワインを1単位, 15人で穀物を1単位つくっており, B国では3人でワインを1単位, 12人で穀物を1単位つくっている。ワインにしても穀物にしてもB国の方が効率的につくられる(絶対優位)。しかしワイン1単位をつくるのに必要な人数と穀物1単位をつくる人数の比率は, A国では4:1, B国では1:4であり, A国は穀物に, B国はワインに比較優位がある。

比較優位のある生産物に特化した状態	ワイン	穀物	合計
A国	0人 0単位	75人 5単位	75人
B国	15人 5単位	0人 0単位	15人
合計	5単位	5単位	

特化の結果, 両国合計でワインと穀物の産出量が増加。

A国の穀物2単位とB国のワイン2単位を交換(貿易)した状態	ワイン	穀物	合計
A国	0人 2(0+2)単位	75人 3(5-2)単位	75人
B国	15人 3(5-2)単位	0人 2(0+2)単位	15人
合計	5単位	5単位	

貿易の結果, A国はワインが1単位, 穀物が2単位増加し, B国はワインが2単位, 穀物が1単位増加しており, 貿易のない状態にくらべて, 両国の経済状態はともに向上した。

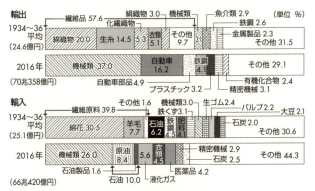

▲第二次世界大戦前と現在の貿易構造の変化(矢野恒太記念会編『日本国勢図会』2017/18年版などにより作成)

のように補償されるのか明らかでなければ, 貿易制限を求めるのも理由がないわけではない。自由貿易にかかわるこうした摩擦を, いかに軽減するかも重要である。

国際収支の仕組み

一国の一定期間(通常は1年間)における対外経済取引の収支を示したものが国際収支であり, フローにかかわる概念である。国際収支は, 「経常収支」「資本移転等収支」「金融収支」からなるが, 統計上の誤差を調

1 国際経済の仕組み 201

項目		2015年	2016年
ⓐ+ⓑ→	①貿易・サービス収支	△28,169	43,771
（輸出−輸入）→	ⓐ貿易収支	△8,862	55,251
	輸　　出	752,742	689,797
輸送・旅行・保険金融・特許など使用料, 興行など→	輸　　入	761,604	634,546
	ⓑサービス収支	△19,307	△11,480
海外投資の収益状況→	②第一次所得収支	210,189	181,011
無償の経済援助など→	③第二次所得収支	△19,669	△21,361
①+②+③→	経　常　収　支	162,351	203,421
固定資本向けの対外援助→	資本移転等収支	△2,714	△7,433
	Ⓐ直　接　投　資	158,476	145,624
	Ⓑ証　券　投　資	160,294	303,543
	Ⓒ金融派生商品	21,439	△17,235
	Ⓓそ の 他 投 資	△130,539	△139,166
	Ⓔ外　貨　準　備	6,251	△5,780
Ⓐ+Ⓑ+Ⓒ+Ⓓ+Ⓔ→	金　融　収　支	215,920	286,985
統計上の誤差や漏れ→	誤　差　脱　漏	56,283	90,997

単位：億円。△はマイナス
経常収支＋資本移転等収支−金融収支＋誤差脱漏＝0

▲**日本の国際収支**（矢野恒太記念会編『日本国勢図会』2017/18年版により作成）

整する誤差脱漏（だつろう）も含まれている。

　経常収支は，財貨・サービスの国際取引を示す貿易・サービス収支，国際間の雇用者報酬（ほうしゅう）と利子・配当金などといった投資収益を示す第一次所得収支，政府援助・国際機関への分担金や労働者送金などの第二次所得収支からなる。貿易収支が輸出額と輸入額の差額，サービス収支が輸送・旅行・金融などのサービスの収支で，ともに輸出超過ならばプラス（黒字）になり，第一次所得収支も利子・配当が受取超過ならプラスになる。資本移転等収支は対価の受領のともなわない固定資産の提供や債務免除が計上される。

　金融収支は，海外工場などの建設にかかわる直接投資，株式・債券（さいけん）などへの投資である証券投資，金融派生商品および貸付・借入などのその他投資，政府や日本銀行などの通貨当局が保有するすぐに利用可能な対外資産の増減を表わす外貨準備からなる。これらが流出超過（海外への資本の流出が海外からの資本の流入を超過して資産が増）ならばプラス（黒字）となる。

　日本は貿易収支が黒字で定着していたが，2011年（平成23）年の東日本

202　第4章　国際経済の変化と日本

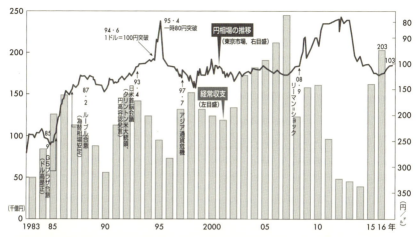

▲変動為替相場制移行後の経常収支と円相場の推移（矢野恒太記念会編『日本国勢図会』2017/18年版などにより作成） 1978年までは，日本経済が力をつけて円高が進んだ。その後，85年までは日本から長期資本が流出し，円安局面をむかえた。しかし1985年のプラザ合意による円高・ドル安誘導以降は，円高が進んでいる。

大震災後は赤字を計上することもめずらしくなくなった。輸出の内容は1960年代の繊維から70年代の鉄鋼，近年は機械製品に移行している。輸入は食料・原料・石油などが多かったが，近年は国際分業の進展で機械類の輸入が増えている。

サービス収支では，日本からの海外旅行が増加したことにより，旅行のマイナスが大きく，海上・航空の輸送もマイナスとなっている。第一次所得収支では，投資収益の黒字が大きく，特に証券投資収益が大きい。これは投資残高が大きくなっていることを反映しており，金融収支の直接投資は対外投資が盛んなためプラスが定着している。

外国為替の仕組みと外国為替相場

遠隔地の商取引には為替手形が，異なる通貨で外国と取引するには外国為替手形が用いられる。貿易の決済は貿易業者と外国為替銀行との間でおこなわれる。このとき，外国通貨と自国通貨の交換が必要となるが，この交換比率のことを外国為替相場という。

銀行間で円貨の資金需給を調整する金融市場があるのと同じく，銀行間で外貨取引をおこなう市場も存在しており，これを外国為替市場と

為替相場の変動による影響

変動前には，1ドル＝100円であったとする。

①円安，つまり1ドル＝120円となった場合

（ア）輸入品の場合

日本に輸入されていた商品価格が，1ドル＝100円の場合，100ドル＝10,000円で売られている。ところが円安（1ドル＝120円）の為替相場になると，100ドル＝12,000円となり，同じ品物の価格が2,000円高くなり，消費者がこの輸入品を買わなくなるか，10,000円で売ることで輸入業者が2,000円利潤を減らさざるを得ないため，輸入量は減少することになる。

（イ）輸出品の場合

輸入品の場合と逆になり，100ドル＝10,000円で輸出していた品物は，円安（1ドル＝120円）の為替相場になると，100ドル＝12,000円で輸出されることになり，輸出業者にしてみれば2,000円高い売却代金が入ることになるか，10,000円の代金を得るために83.3ドルに値下げできることになる。前者の場合は利潤が増えるため，後者の場合は国際競争力が強くなるため，輸出量が増加する。

②円高，つまり1ドル＝80円となった場合

（ア）輸入品の場合

日本に輸入されていた商品価格が，1ドル＝100円の場合，100ドル＝10,000円で売られている。ところが円高（1ドル＝80円）の為替相場になると，100ドル＝8,000円となり，同じ品物の価格が2,000円安くなり，消費者はこの輸入品を買うようになり，輸入業者は外国からより多くの量を輸入しようとする。

（イ）輸出品の場合

輸入品の場合と逆になり，100ドル＝10,000円で輸出していた品物は，円高（1ドル＝80円）の為替相場になると，100ドル＝8,000円で輸出されることになり，輸出業者にしてみれば，2,000円安い売却代金となり，輸出量を減少しようとする。

以上の関係をまとめると次のようになる。円安の場合は輸入が減少し輸出は増加する。逆に，円高の場合は輸入が増加し輸出は減少する。このように，外国為替相場と輸出入は密接な関係にあり，互いに因となり果となって，最終的には為替相場，国際取引が均衡し，国際収支もバランスがとれることになる。

いう。もっとも広義には個人や企業が銀行とおこなう外貨の取引も外国為替市場に含まれるが、通常、銀行間の相場が外国為替相場として発表されており、「1ドル＝100円」のように表示される。顧客が外貨両替をするときは、手数料が差し引かれる。銀行間相場が1ドル＝100円なら、海外旅行前に銀行からドルを買うときは、1ドル＝105円、旅行が終わってドルを売るときは、1ドル＝95円であり、それぞれ5円が銀行の手数料となる（数値は仮設例）。国際取引には、基軸通貨であるドル（アメリカドル）が用いられることが多い。

外国為替相場の決定

　貿易での決済がドルでおこなわれる（ドル建て）場合、円安・ドル高となると輸出に有利で、円高・ドル安になると輸入に有利である。

　外国為替相場の決定をドル相場に代表させて説明してみる。ドル相場も、ドルの需要と供給で決定される。日本にとってアメリカ合衆国からの輸入は円を支払ってドルにかえて商品を購入するので、国際金融市場への円の供給・ドルの需要、アメリカ合衆国への輸出は製品代金をドルで受け取り円にかえるので、ドルの供給・円の需要である。しかし国際収支でみたように、今日では投資の動きも大きい。日本からアメリカ合衆国への投資はドルの需要であり、アメリカ合衆国から日本への投資はドルの供給である。さらに将来、円の価値が下がり、ドルの価値が上がると判断すると（ドル高期待）、円売りドル買いが増えるからドル需要となり、逆にドル安期待で円高期待となるとドル供給となる。ドル価値の期待には、利子率や物価上昇率なども作用する。

　このように外国為替相場は、貿易・投資の需要とともに、将来への期待に基づいて決定されている。従って投資家の期待が短期間に変化すると、貿易・投資の動向の変化だけでは理解できないほど、外国為替相場が大きく変動することがある。これは天候不順の予想などで、穀物価格が大きく変化するのと類似している。

　通貨当局は、あまりにも急激な変化は経済に悪影響を与えることから、政府・日銀が為替介入に踏み切ることもあるが、政府・日銀といえどもみずからの思うとおりに相場を誘導することは不可能である。

1　国際経済の仕組み　205

1973(昭和48)年以降，円高・ドル安傾向が進んで円の価値はドルに対して上昇し，2011(平成23)年には１ドルは80円前後で推移した。その後，日本の金融緩和により円安が進み，2017(平成29)年には１ドル110円前後となっている。

2　国際協調と国際経済機関の役割

国際通貨制度の成立と変化

（1）IMF=GATT 体制の成立

　現代は，経済のグローバル化によって，国際経済の一体化が進んでいるといわれる。しかし，経済のグローバル化は，つねに順調に進んできたわけではない。各国の経済が相互依存関係にあるにもかかわらず，国家間の利害の衝突や摩擦が国際経済の一体化を妨げた時代もあった。国際経済の安定と成長をはかるためには，制度と政策面で国際的な協調が必要である。

　1930年代の世界大恐慌の時代には，欧米諸国や日本は為替を切り下げて輸出を増やす一方，輸入品に高率の関税をかけたり，品目ごとに輸入量を制限したりして国内産業を保護し，不況から抜け出そうとした。しかしその結果，世界の貿易は縮小していった。植民地を保有する国は，本国と植民地とを排他的な経済圏とするブロック経済という政策に訴えた。イギリスは1932年のオタワ連邦会議で，イギリス連邦内の関税を下げ，連邦外の国に高関税を課すスターリング＝ブロック(sterling bloc)を結成した。また，フランスは植民地や友好国とフラン＝ブロックを築いた。これに対して，ドイツ・イタリア・日本などの資源と領土にとぼしい国々が植民地の再分割を要求したことが，第二次世界大戦を招く一因となった。イタリアのムッソリーニは，対外侵略により経済的苦境を脱しようとして1935年エチオピアに侵攻，1939年にはアルバニアを併合した。ドイツのヒトラーは，ドイツ民族統合を名目に1938年オーストリアを併合し，翌39年にはチェコスロバキアを解体して保護国・保護領とし，さらにポーランドに侵攻して第二次世界大戦を引きおこした。

206　第4章　国際経済の変化と日本

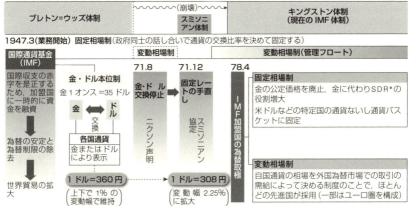

▲国際通貨制度の変遷

　これを教訓として，新しい国際経済の秩序を樹立しようとする努力が，アメリカ合衆国を中心に1944年のブレトン＝ウッズ会議から始まり，国際復興開発銀行(IBRD，世界銀行，1946年)，国際通貨基金(IMF，1947年)，関税及び貿易に関する一般協定(GATT，1948年発効)などの国際的経済組織がつくられていった。自由貿易の促進と外国為替相場の安定をめざして，第二次世界大戦後に構築されたこうした国際経済の秩序を，ブレトン＝ウッズ(IMF=GATT)体制という。

(2) **国際通貨制度の変化**

　外国為替相場の大きな変動は，各国経済に深刻な影響を与えるため，相場の安定が国際的に重要な目標とされてきた。世界大恐慌の時代以前には，世界のおもな国々は金本位制をとり，金の価格を基準として各国通貨の為替相場が決まっていた。第二次世界大戦後の自由貿易を復活させるためのブレトン＝ウッズ会議において，国際金融・国際通貨制度を整備するために，IMFが誕生した。

　このIMF体制では，各国の通貨当局に対して金1オンス＝35ドルの交換をアメリカ合衆国が保証するとともに，各国にドルを基軸通貨とする固定為替相場制を導入させた。

　アメリカ合衆国の経済力が他国を圧倒していた1960年代半ばまでの国際経済は，この固定為替相場制のもとに発展した。しかし，発展途上国

への対外援助やベトナム戦争など世界各地へ戦力を展開することによる軍事支出の増大などが国際収支の悪化をもたらし，同時にヨーロッパ諸国や日本の経済が復興したため，アメリカ合衆国経済の相対的な地位が低下し，基軸通貨であるドルへの信頼が揺らいだ（ドル危機）。そこに，フランスがドルと金の交換を強硬に要求したために，アメリカ合衆国が保有する金が枯渇するに至った。

1971年になり，アメリカ合衆国大統領ニクソンは，金とドルの交換を停止すると突然発表した（ニクソン＝ショック）。外国為替市場は大混乱に陥り，ドルが切り下げられるとともに，固定為替相場制は維持できなくなり，通貨の需要・供給関係によって主要国の外国為替相場は変動為替相場制をとらざるを得なくなった。

同年末のスミソニアン協定で，一時，固定為替相場制に復帰したものの，為替投機が続いて固定相場制を維持することは困難になり，1973年から各国は変動為替相場制へと最終的に移行した。1978年に発表されたIMF協定の改正（キングストン協定）は，変動為替相場制を再確認する一方，ドルと並ぶ国際決済手段としてIMFの特別引出し権（SDR）の役割も拡大した。SDRとは，国際収支が赤字に陥ったときに限り，IMF加盟国が担保なしに通貨を引き出せる権利のことである。1969年に創設され，1970年からIMFにより配分が始められたが，各国への配分はIMF出資額に比例したため，アメリカ合衆国は巨額の割当てを受けた。

その後，アメリカ合衆国の金融政策の引締め・緩和のたびにドル相場

▶プラザ合意　1985年9月，アメリカ・ニューヨークのプラザホテルで開催された会議にのぞむ5カ国代表。右端が日本の竹下蔵相。（ユニフォトプレス提供）

は激しい変動を続け，各国経済を混乱させた。G5（先進5カ国財務相・中央銀行総裁会議）は，アメリカ合衆国が，レーガノミクスによって財政赤字（レーガン大統領による経済政策により，軍事費増大と大幅減税で財政赤字は拡大した）と貿易赤字を拡大させたことをふまえ，1985年

GATT のラウンド（多角的交渉）

GATT は，1947年の第1回一般関税交渉以来，62年まで5回の交渉を持ち，関税の引下げを実施してきた。

①ケネディ＝ラウンド交渉（1964〜67年）

1967年に妥結したケネディ＝ラウンド（ケネディ大統領が関税の一部引下げを提案したことからこう呼ばれる）は，当時としては画期的な内容を含むものだった。

関税の引下げは，対象となる全品目の税率を，参加国（46カ国）が一律に引き下げることを意味し，工業製品および農業製品の約6000品目について，平均で35%の関税引下げを実現した。その他，ダンピング防止協定と国際穀物協定の締結もおこなわれた。

②東京＝ラウンド交渉（1973〜79年）

1973年に，GATT は保護主義的な傾向を強めていたアメリカや EC に圧力をかけ，貿易自由化の方向性を示すために，参加国99カ国によって東京＝ラウンドを開催した。ここで包括的多角的貿易交渉の開始が宣言された（「東京宣言」という）。

東京＝ラウンドは1979年に妥結したが，関税の引下げはさらに進められ，鉱工業品が平均33%，農産物では平均41%の関税引下げが実現した。このほか，非関税障壁の除去やセーフガード（緊急輸入制限），さらには発展途上国の問題も取り上げられた。

③ウルグアイ＝ラウンド交渉（1986〜94年）

1986年に，新しいラウンド（多角的貿易交渉）の開始が宣言された。宣言地にちなんで，このラウンドはウルグアイ＝ラウンドと呼ばれる。参加国は最多の117カ国である。

このウルグアイ＝ラウンドの特徴は，金融・情報・運輸・通信などのサービス貿易，および特許権などの知的財産権（知的所有権）が初めて対象となったことなどである。

1990年末を交渉期限として，15の分野で交渉が進められたが，サービス貿易・知的所有権の扱いや農産物輸出補助金の扱いなどをめぐり交渉は難航し，1994年4月にようやく最終文書が採択された。

に協調的にドル安をはかることについて合意し，外国為替相場への協調介入が実施された（プラザ合意）。1987年のG7のルーブル合意では，急激なドル暴落を抑え，外国為替相場の安定をめざすことが合意された。G5にイタリア・カナダが加わり，パリのルーブル宮殿で会議が開かれた。

このように，急激な外国為替相場の変動は，国内経済の混乱を招くことから，現在に至るまで，主要国の協調によって外国為替相場の安定がはかられてきた。

(3) GATTからWTOへ

GATTは，輸出入を制限する関税を二国間の交渉によって引き下げ，その交渉成果をすべての加盟国に平等に適用し（無差別最恵国待遇），輸入禁止・輸入数量制限などの非関税障壁を加盟各国が廃止することによって，自由な貿易体制を実現しようとする協定である。

しかし，現実には各国は多くの非関税措置をとったままであったり，2カ国間の貿易摩擦が激化する中で，輸入課徴金といった新たな手段に訴えたり，輸入国が輸出国に対し輸出の自主規制を求めるなどの動きもある。

GATTは，1967年のケネディ＝ラウンドで多角的交渉を進め，一括して工業製品の関税を平均35％引き下げることに合意した。その後，

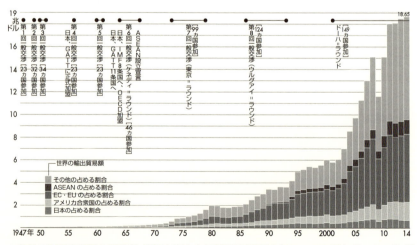

▲世界の貿易輸出額の推移（矢野恒太記念会編『世界国勢図会』2017/18年版などにより作成）

1979年に成立した東京=ラウンドでは，農産物の関税引下げや非関税障壁の除去について話し合われた。

　1980年代の国際的な投資の拡大やサービス貿易の活発化にともない，特許や商標などの知的財産権（知的所有権）といった，物品の取引とは異なる新しい分野の調整が必要となった。ウルグアイ=ラウンドでは，中国や旧ソ連も参加して農産物の例外なき関税化や，サービス貿易・知的財産権についても協議の対象として取りあげられた。

　1995年には，ウルグアイ=ラウンドで合意された成果を実施するための国際的な貿易機関として，GATT を発展させた世界貿易機関（WTO）という新しい組織が発足した。2001年，カタールのドーハで WTO 発足後初めての多角的貿易交渉がおこなわれた（ドーハ=ラウンド）。しかし，2011年に全体合意は断念され，その後は個別交渉がつづけられている。

（4）国際協調の動き

　先進資本主義諸国は，ヨーロッパ経済協力機構（OEEC，1948年）を改組して，経済協力開発機構（OECD，1961年）を設立した。日本などもこれに加盟して，経済・貿易政策の調整をおこなってきた。その下部組織である開発援助委員会（DAC）は，OECD 加盟国による発展途上国援助の調整にあたってきた。また，1960年には発展途上国の中でも，最も貧しい国々を対象として支援をおこなう国際開発協会（IDA，第二世界銀行）が，世界銀行（IBRD）加盟国の一部によって創設された。

　1970年代のドル危機や石油危機によって，世界経済秩序に混乱が生じると，1975年にフランスのパリ郊外のランブイエで先進資本主義国6カ国（日本・アメリカ合衆国・イギリス・フランス・西ドイツ・イタリア）の首脳が先進国首脳会議（サミット）を開き，政策協議をおこなうようになった。1976年にはカナダが，翌77年には EC 委員長も加わり，毎年各国の持ちまわりで開催されている。1997年からロシアも参加し，主要国首脳会議と呼ばれるようになり，経済だけではなく政治問題についても議題に取りあげられている。2014年にロシアがウクライナに介入したことから，ロシアは招かれなくなった。

　また1986年以来，国際通貨・金融問題を協議する場として G7（先進7カ国財務相・中央銀行総裁会議）も定期的に開催されている。1999年，

2　国際協調と国際経済機関の役割　211

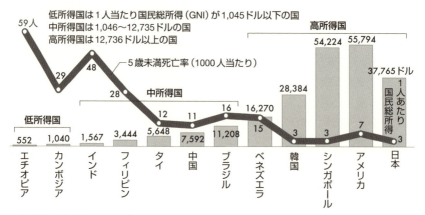

▲南北間の格差（2014年，『世界子ども白書』2016年版，矢野恒太記念会編『世界国勢図会』2016/17年版などにより作成）

G7は経済発展の著しい国々を加え，G20を発足させた。頭文字を取ってBRICSと呼ばれるブラジル・ロシア・インド・中国・南アフリカのほかに，オーストラリア・韓国・EUなどが参加している。G20は，2008年の世界的金融危機への対応策を協議する場として存在感を示し，首脳会議も開かれるようになった。

南北問題と経済協力

（1）南北問題

　第二次世界大戦後，アジア・アフリカなどで植民地支配から独立する国々があいついだ。これらの国々の多くは南半球に位置し，植民地時代に先進諸国にとっての食料や原料供給地・製品市場とされ，コーヒー・綿花・ゴム・サトウキビ・カカオなど，単一の商品作物を栽培するモノカルチャー経済を強いられた。

　このため，政治的独立を達成したあとも，国内の食料や日用品など，国民の最低限の需要をまかなう産業さえ，未発達にとどまった。しかも，輸出農産物の価格は低く抑えられたため，先進工業国との経済格差が固定化した。こうした南に多い発展途上国と北に多い先進工業国との間の経済格差から生まれる問題を，南北問題という。

　発展途上国の多くは，産油国や新興工業経済地域（NIES）と呼ばれる

212　第4章　国際経済の変化と日本

後発発展途上国

後発発展途上国とは，最貧国のことで，発展途上国の中で，最も経済的に発展が遅れている諸国の総称である。所得水準（一人当たりのGDP），生活水準（出生児平均寿命，カロリー摂取量，総合就学率，成人識字率），経済水準（GDPに占める製造業の比率，労働力の構成，一人当たりの商業エネルギー消費量など）を基準として3年ごとに国連の経済社会理事会が認定する。2014年にはアフリカ34カ国，アジア9カ国を含む計48カ国（世界の約4分の1）であったが，これは1971年には25カ国であったことを考えると，貧困が拡大していることがわかる。なお，国連はLDCの語を，OECDはLLDCの語を使用している。

工業化に成功した国や地域を除き，順調な経済発展が困難になっている。とりわけ，後発発展途上国（LDC，LLDC）と呼ばれ，飢餓や貧困に苦しむ国々は，政治的にも不安定であり，その結果，国民の人権保障が脅かされ，国際社会にとっても不安定要因となった。このような，産油国・NIES諸国と後発発展途上国や発展途上国相互間の経済格差による諸問題を，南南問題という。

（2）発展途上国の動き

南北問題を解決するため，国連は1964年に国連貿易開発会議（UNCTAD）を開催した。このとき，事務局長であったプレビッシュによる報告は，南北問題を解決するための新たな国際経済秩序の樹立を求めた。すなわち，GATTの貿易秩序を発展途上国に有利な形に改めるための一般特恵関税の導入や，国際収支の改善を目的とする融資，GNP比1％の経済援助などが掲げられた。発展途上国側は，UNCTADにおいて77カ国グループ（G77）に結束して行動した。また，発展途上国の中でも，原油などの資源を産出する国は，資源ナショナリズムの考えを強め，従来は国際石油資本（メジャー）に支配されてきた資源を，恒久的に自国の統制下におこうとして，1960年に石油輸出国機構（OPEC）を結成した。

2 国際協調と国際経済機関の役割 213

さらに発展途上国は，1974年の国連資源特別総会で，新国際経済秩序(NIEO)樹立を求める宣言を採択し，天然資源を保有する国の権利や一次産品の価格保証などの面で，先進国が主導した経済秩序を改革することを求めた。しかし，一部の産油国やロメ協定の締約国などを除き，その目的はいまだに達成されていない。ロメ協定は，ECとアフリカ・カリブ海・太平洋地域の発展途上国間で，1975年に締結された経済協力協定である。

（3）経済の国際協力

　このような国連の活動と並び，先進国は発展途上国に対する援助の必要性を認識するに至り，現在では，日本をはじめ多くの先進国が発展途上国に対して政府開発援助(ODA)と呼ばれる，多額の無償または有償の経済援助を実施している。

　また，発展途上国の中には，先進国や国際機関から多額の援助を仰いで国内の工業発展をはかろうとしているが，計画通りに工業化が進まず，返済がとどこおったり，資金を追加して借り入れるなど，多額の債務に苦しんでいる国もある(累積債務問題)。

　サミット(主要国首脳会議)でも累積債務問題が議題となり議論され，債務を返済できずに債務不履行となった国への返済の繰り延べ(リスケジューリング)などが検討されている。国連は2000年に国連ミレニアム開発目標(MDGs)を，さらに2015年には後継目標として持続可能な開発目標(SDGs)を打ち出し，貧困と飢餓の撲滅を掲げた。また，発展途上国の産品を適正な価格で継続的に購入する「フェアトレード」の動きも広がっている。そのほか，非政府組織(NGO)による発展途上国への援助活動も，近年は活発におこなわれるようになり，経済格差の是正に貢献している。NGOは，狭義では，国連など国際機構に登録された「非政府間国際組織(INGO, International Non- Governmental Organizations)」をさすが，広義には，地方，国家あるいは国際レベルで組織された非営利のボランティア市民団体もさす。

3　国際経済の特質

グローバル化する市場経済

　第二次世界大戦後，アメリカ合衆国以外の西側諸国は，貿易の自由化を進めながらも，労働力の移動や資本の自由化には消極的であった。各国ごとに労働者の賃金水準は異なるから，陸地で国境を接する国々の間などでは人びとの移動を自由にすれば，賃金の高い国への外国人労働者の流入が予想される。また，金融市場や海外からの投資を規制しなければ，自国産業の発展が損なわれる危険性がある。従って，産業を育成し保護する国々は，自由化には慎重な態度をとっていた。

　その一方，欧米や日本の大企業は，工場を海外につくるなど，国境を越えた生産活動に乗り出した。そして，競争力のある輸出産業や金融業界は，自国の政府に対して規制を緩和するよう要求し，これにこたえて各国の政府も競い合って自由化を進めるようになった。

　多国籍企業は，タックス＝ヘイブンと呼ばれる非課税ないし税率の低い国に拠点をすえ，金利の低い国から資金を調達し，価格の安い国から調達した原材料や部品を，賃金の低い国で加工したり組み立てたりしてコストを抑え，完成品を需要のある国で販売して利潤を上げようとした。多国籍企業は，国連の定義では，「資産を2ないしそれ以上の国において統轄するすべての企業」である。欧米・日本に多くみられる。

　そのほか，企業そのものの合併・買収(M&A)や資本提携が，世界的な規模でおこなわれるようになった。さらに，インターネットの普及などの情報通信技術の革新は，外国為替市場をはじめとする国際金融の活動を飛躍的に拡大させ，金融派生商品などを用いた投機的なファンド(ヘッジファンド)を登場させた。このようにして，市場経済はグローバル化の動きを強めている。

地域的経済統合の動き

(1)地域統合の動き

　アメリカ合衆国主導のグローバル化が進む一方で，ヨーロッパ連合

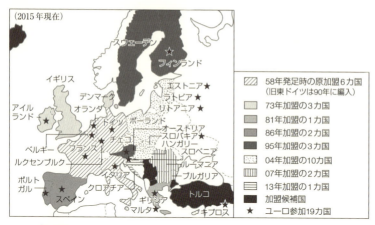

▲ EU 加盟国

(EU)のようにグローバリズムに対抗し，経済関係の密接な近隣諸国同士で経済発展をめざそうとする地域主義(リージョナリズム)の動きも加速している。また，WTOの無差別貿易自由化の原則に対する発展途上国の反発や，先進国内部での農業分野の保護主義的な動きによって，WTOを場とする多国間の自由化の協議がとどこおっている。

このため，世界各国は，二国間ないし多数国間で自由貿易協定(FTA)や，労働の移動，知的財産権の保護，投資などより広い分野での提携をめざす経済連携協定(EPA)を結ぶことによって，自由化を進めるようになっている。

(2) 拡大と深化を進める EU

地域統合が最も進んだ段階に達しているのがEUである。第二次世界大戦後，フランス・西ドイツ・イタリア・ベルギー・オランダ・ルクセンブルクの6カ国は，戦争による破壊から立ち上がり，復興を成しとげるために共同市場(関税同盟)の形成をめざし，ローマ条約(1957年)を結んでヨーロッパ経済共同体(EEC)とヨーロッパ原子力共同体(EURATOM)を設立した。

1967年には，これらの二つの共同体と，1952年に発足していたヨーロッパ石炭鉄鋼共同体(ECSC)の三つの機関が統合され，ヨーロッパ共同体(EC)が発足した。さらに，1973年にイギリス・アイルランド・デンマークが新たに加入し，拡大ECとなった。1987年には単一ヨーロッ

パ議定書を採択し，非関税障壁の撤廃などにより，人・モノ・資本・サービスの自由移動を実現して，1993年に域内市場を完成した。

1980年代に，スペイン・ポルトガル・ギリシアを新たに迎えたEC加盟国は，1992年にマーストリヒト条約（ヨーロッパ連合条約）に調印して，通貨統合と並んで外交・安全保障，司法・内務協力についても政策の共通化をめざし，翌93年にヨーロッパ連合（EU）を発足させた。経済統合だけではなく，政治統合もめざす条約であり，これによってECはEUとなった。その後，1997年にアムステルダム条約，2000年にニース条約が結ばれて改定された。現在のEUの基本的な構造は，2009年に発効したリスボン条約が定めている。

EUには1995年にスウェーデン・フィンランド・オーストリアが加盟し，さらに資本主義経済への移行を始めた中央ヨーロッパ・東ヨーロッパ諸国の間にも加盟が拡大し，2004年には10カ国，2007年には2カ国，2013年にはクロアチアを加え，加盟国は合わせて28カ国に達した。しかし，イギリスでは，2016年6月の国民投票によってEU離脱派が過半数を占めた。

この間，1999年からはユーロという共通通貨を導入し，導入国の金融政策を一元化するヨーロッパ中央銀行（ECB）の制度も設けた。2002年には一定の基準を満たした導入国の通貨の使用を停止し，ユーロ紙幣・硬貨に切りかえることで，経済統合にいっそうの進展がもたらされた。当初，EU加盟国のうち，イギリス・デンマーク・スウェーデンの3カ国がユーロの導入を見送った。その後，新規加盟国のスロベニア・マルタ・スロバキア・エストニアなどが導入し，2015年現在，19カ国が使用している。一方で，2010年に表面化したギリシア危機にみられるように，ユーロ使用国の債務問題が明らかとなってユーロ通貨の対ドル・対円レートが下落するなど，EU経済圏全体に問題が拡大する状況が生じている。

（3）NAFTA の動き

アメリカ大陸では，アメリカ合衆国・カナダ・メキシコが1994年に北米自由貿易協定（NAFTA）を発効させ，関税の段階的撤廃，非関税障壁の除去，投資の自由化，知的財産権（知的所有権）の保護などをめざして

3 国際経済の特質　217

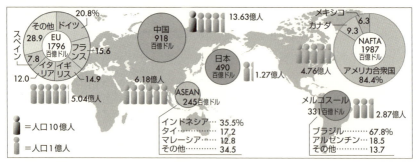

▲おもな経済地域のGDP（2013年，矢野恒太記念会編『世界国勢図会』2015/16年版などにより作成）

いる。NAFTAを主導してきたアメリカ合衆国がさらにめざした全米自由貿易地域（FTAA）は挫折したが，ブラジル・アルゼンチンなど南米諸国は南米南部共同市場（MERCOSUR）を，南米10カ国とメキシコはラテンアメリカ統合（ALADI）を形成している。

しかし，域内にはアメリカ合衆国の主導に対する反発もあり，日本や中国，アジアNIESなど，北米市場に依存してきた域外諸国も，NAFTAの原産地規制による部品の現地調達などに警戒感をいだいている。

(4) 結びつきを強める ASEAN

東南アジアでは，ベトナム戦争を背景として，1967年に域内における経済成長，社会・文化的発展の促進，政治的・経済的安定の確保などをめざし，インドネシア・マレーシア・フィリピン・シンガポール・タイの5カ国が東南アジア諸国連合（ASEAN）を発足させた。ASEANは，その後，1984年にブルネイ，95年にベトナム，97年にラオス・ミャンマー，99年にはカンボジアを加え，10カ国に拡大している。また，ASEANは域外諸国との連携にも力をそそぎ，96年にはEU加盟国と日本・中国・韓国との間で，アジア・ヨーロッパ首脳会議（ASEM）を設立するなど，国際的地位を高めている。

経済面では，1993年にASEAN自由貿易地域（AFTA）がつくられ，域内の関税・非関税障壁の撤廃によって貿易の自由化を進める一方，投資の自由化による域外からの直接投資の促進や，労働力の自由移動などもめざしている。2015年末には，FTAをさらに進化させたASEAN経

218　第4章　国際経済の変化と日本

済共同体(AEC)が発足した。

アジア・太平洋地域では，日本や中国・韓国などの東アジア諸国から，オーストラリア・南北アメリカに至るまでの広い範囲を対象に，1989年にアジア太平洋経済協力(APEC)が設立された。

APEC は，参加国の自主性を重んじ，域外に対しても貿易と投資の自由化がもたらす恩恵を分かち合おうとする開かれた地域協力の枠組みであり，貿易の自由化を達成する方針を確認している。2010年に横浜で開かれた APEC では，アジア太平洋自由貿易圏(FTAAP)を推進する「横浜ビジョン」を採択した。さらに，日本も加わった環太平洋経済連携協定(TPP)が2015年，大筋において合意された。TPP は，2006年に，シンガポール・ニュージーランド・ブルネイ・チリの4カ国が経済連携を結んだもので，これに，アメリカ合衆国・オーストラリア・ペルー・ベトナムの4カ国が加わって交渉が始まり，さらに日本を含めた4カ国が参加して進められていた。しかし，トランプ大統領の指示によってアメリカが脱退したため，残る11カ国によって TPP11の協定作りが進められている。

アジア NIES と中国の経済成長

(1)成長するアジア NIES

発展途上国の中でも，急速な経済成長を成しとげた国や地域を，新興工業経済地域(NIES)と呼ぶ。特に韓国・台湾・香港(中国特別行政区)・シンガポールは，安価で豊富な労働力を背景に，日本企業をはじめとする外資の導入や技術導入などによって輸出中心の工業化をはかり，急速な経済成長をとげた。韓国は OECD にも加盟し，先進国の仲間入りを果たした。これらの国や地域に続き，マレーシア・タイなども成長し，合わせてアジア NIES といわれる。

台湾を例にとれば，初期の繊維・雑貨など付加価値の低い製品から，しだいに付加価値の高い工業製品の輸出に移行し，現在では世界的なパソコン産業の拠点として，ハイテク産業へと重心を移している。

しかし，1997年におこったアジア通貨危機はこれらのアジア NIES に波及し，韓国の財閥企業が倒産するなど，深刻な経済危機をもたらした。アジア通貨危機では，投機目的で多額の資本を集めるヘッジ＝ファンド

3 国際経済の特質 219

▶深圳経済特別区(中国) 中国の経済特別区では,外国の資本や技術を導入するなど,大胆な経済改革が実施されている。1979年から深圳・珠海などに設定され,現在では5カ所の経済特別区がある。(ユニフォトプレス提供)

などによる短期資金の引揚げが発端となってタイの通貨であるバーツが暴落し,それがインドネシアやマレーシア・韓国に波及して,これらの国々の通貨レートが下がり,経済が大混乱した。

これらの国々は,2008年の世界金融危機の影響からも逃れられなかったが,金融危機後の回復はいずれも著しかった。新興工業国としての経済基盤の強化が,長期的な課題である。

(2)**中国経済の変容と成長**

中国は,社会主義の政治体制を維持しながら,経済面では1978年から改革・開放政策を採用し,1993年には憲法を改正して社会主義市場経済の原則を確認した。以来,それまでの計画経済から,市場が基礎的役割を果たす市場経済への移行を大胆に進めてきた。

外国資本を受け入れるために,臨海部に市場経済を認める経済特別区を設けた。農業では人民公社の制度を廃止し,生産責任制を導入するなど個人経営を認めたため,万元戸と呼ばれる富裕農家も出現した。また,村の共同経営や個人経営による郷鎮企業が発達し,国営企業にも独立採算制(工場長責任制)を導入するなどの改革がおこなわれた。

さらに,1999年の憲法改正によって私企業も認められ,2001年にはWTOへの加盟も実現した。世界一の人口を擁する中国の安価な労働力と巨大な市場をめざし,欧米諸国や日本・韓国などからも多くの企業が進出し,中国の貿易額は2009年にアメリカ合衆国につぐ世界第2位にまで成長した。

一方,急激な改革・開放政策による市場経済の導入により,非効率的な国営企業が淘汰されて失業者が増大したり,貧富の格差や内陸部と沿

海部との経済発展の格差，公害による環境悪化などの問題が生じている。また沿海部の工業地帯では賃金水準の急激な上昇から工場を移転・閉鎖する外国企業もみられ，通貨である「元」の切上げを各国から迫られており，これらの対応も課題となっている。

4 地球環境と資源・エネルギー問題

地球規模に広がる環境問題

第二次世界大戦後，復興を果たした日本やヨーロッパの国々が高度経済成長の時代を迎えるとともに，石炭や石油など，化石燃料の消費が急速に増大した。その後，発展途上国においても工業化が進み，先進国・途上国を問わず，エネルギー消費の増加は加速し，工業生産活動に対する政府規制にもかかわらず，環境の悪化は国境を越えて広がった。

大気汚染・水質汚濁・土壌汚染・有害廃棄物など，大都市部や工業地帯の公害問題として早くから知られた現象に加え，近年では，酸性雨，海洋汚染，熱帯雨林の消失，砂漠化，オゾン層の破壊，地球温暖化など，地球全体の生態系を脅かす問題が生じている。

地球の温暖化

地球温暖化は，石油や石炭などの化石燃料の使用によって排出される二酸化炭素（CO_2）の増加がもたらす温室効果が大きな要因であるといわれている。1997年に開催された気候変動枠組条約の第3回締約国会議（京都会議）では，CO_2などの温室効果ガスを，1990年を基準として削減することに合意した（京都議定書）。議定書の目的を国際協調によって達成することができるように，排出量取引をはじめとする柔軟性措置（京都メカニズム）と呼ばれる方策が盛りこまれた。

日本や西ヨーロッパ諸国は議定書を批准したが，最大のエネルギー消費国であるアメリカ合衆国は経済活動を妨げるという理由で，批准を見送っていた。2015年に開かれた第21回締約国会議が「パリ協定」を採択し，すべての国が今世紀後半にガス排出量を実質的にゼロにしていく方

4 地球環境と資源・エネルギー問題 221

地球の平均気温上昇予測

①異常気象

雨の降る場所が変わり，降雨や乾燥が極端に現れると予測されている。

②海面の上昇

海面が50cm上昇すると，高潮被害を受けやすくなる世界の人口は，約4600万人から約9200万人に増加すると予測されている。

③感染症の増加

マラリア・黄熱病などの媒介性感染症が増加する。気候変動に関する政府間パネル（IPCC）によると，マラリアは，3～5℃の温度上昇により，熱帯・亜熱帯のみならず，温帯を含めて年間5000万人～8000万人ほど，患者数が増加すると予想されている。

④生態系の変化

IPCCによると，世界全体の気温が2℃上昇すると，地球の全森林の3分の1で植物種の構成が変化すると予測されている。

⑤食料バランスの変化

増産地域と減産地域の格差が拡大する。熱帯・亜熱帯では，人口が増加する一方で，食料生産が低下し，乾燥・半乾燥地域も含め，貧困地域の飢饉，難民が増加するといわれている。

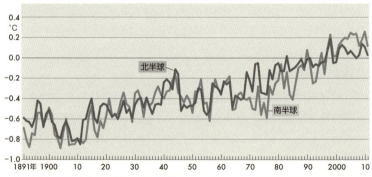

▲世界の年平均地上気温平年差の推移

各年の平均気温の基準値（1981～2010年の平均値）からの偏差。
（気象庁ホームページ〈http://www.data.kishou.go.jp〉による）

向を打ち出した。しかし，トランプ大統領がパリ協定離脱という方針を示しているため，今後のアメリカ政府のこの協定とのかかわり方が注目されている。

一方，北ヨーロッパ諸国やオランダなどは，CO_2の排出源に課する炭素税などの環境税を導入してCO_2の排出量を減らしたり，風力などの自然を利用した代替エネルギーを活用したりして，地球温暖化を防ごうとしている。また，日本も2012(平成24)年より「地球温暖化対策のための税」を導入している。

先進国と発展途上国の対立

1972年，スウェーデンのストックホルムで国連人間環境会議が開かれた。「かけがえのない地球」をスローガンに，初めて開催された環境問題に関する国際会議で，人間環境宣言が採択された。

この会議の決定に基づき，同年の国連総会において国連環境計画(UNEP)が設立され，さらにUNEPと世界気象機関が共催する「気候変動に関する政府間パネル」(IPCC)が1988年から会合を開き，温暖化の実態と対策について定期的に報告書を公表している。IPCCとアル＝ゴア元アメリカ合衆国副大統領は，その気候変動に関する啓発活動を理由として，2007年度のノーベル平和賞を受賞した。

1992年には，ブラジルのリオデジャネイロで国連環境開発会議(地球サミット)が開催された。ここでは開発や貧困問題を解決するため経済成長を重視する発展途上国と，環境保全に重点をおく先進国との間に対立があったが，「持続可能な開発(発展)」を共通の理念として，環境と開発に関するリオ宣言，その行動計画であるアジェンダ21，のちに京都議定書として具体化される気候変動枠組条約(温暖化防止条約)などが採択された。そして，2002年には，南アフリカのヨハネスブルグで「持続可能な開発に関する世界首脳会議(第2回地球サミット)」が開催された。

その際，先進国は，地球環境問題は全人類がかかえる問題であるから，先進国だけではなく発展途上国にも共通の責任があると主張した。

これに対し発展途上国は，先進国がこれまで大量のエネルギーを消費し，環境を破壊してきた一方，発展途上国は貧困から抜け出すために開発を必要としており，環境保全によって経済成長を阻害されることは許されないと主張した。

両者の主張を取り入れる折衷案が，リオ宣言やアジェンダ21が初め

4　地球環境と資源・エネルギー問題　223

▶主要国の一次エネルギー供給構成

(2012年, 矢野恒太記念会編『日本国勢図会』2015/16年版により作成) ほとんどの先進国では石油に依存する割合が高いが, 今後の石油資源の枯渇を考えた場合に, その代替エネルギーとして原子力発電にどの程度依存するかが問題となる。とりわけフランスは原子力発電に依存する政策をとっている。これに対し, 北海油田があり, そこからの石油や天然ガスの利用をしているイギリスのような場合もある。中国では石炭が火力発電所の燃料として利用されている。日本では, エネルギー源を海外からの輸入に依存している。

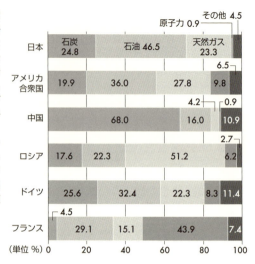

て明示的に用いた「共通だが差異ある責任」であり, 先進国・発展途上国を問わず, 地球環境問題に対する共通責任を持つが, 国によって問題対応能力は異なり, それぞれの能力に応じて責任を全うする, という考え方である。

　先進国は環境保全のための技術面で, 途上国を援助することが求められるようになった。火力発電所や製鉄プラントから排出される二酸化炭素や有害物質を除去する技術, 自動車の低燃費技術, 太陽光発電などの再生可能エネルギーの利用技術など, 発展途上国への移転がその例である。これらに関する日本の環境技術は世界的にも高水準にあるといわれ, 国際協力による環境問題の解決にとって日本の果たす役割も重要である。

　地球は, 太陽エネルギーを受けながら, 限られた水や空気を用いて宇宙を旅する「宇宙船地球号」にたとえられる。宇宙船に乗りこんでいるのは, 人間をはじめとするあらゆる生物である。この地球の生態系を守り, 循環システムを維持していく責任は全人類が担っている。地球環境問題の解決は, 未来に対する責務でもある。

エネルギー問題

　環境問題を解決するためには，先進国と発展途上国が相互に協力しなければならないが，地球環境への配慮は，人類が経済活動を維持するために資源・エネルギー源の拡大を求める上でも欠くことはできない。

　1950年代まで，エネルギー源の中心は石炭で，発電は主として水力に依存していた。1960年代に中東地域でつぎつぎに大油田が開発され，低価格で大量に石油が供給されると，急速に石油へのエネルギー転換が進み，発電も水力中心から火力中心となった(エネルギー革命)。日本や欧米諸国は，この低価格の石油に依存して，1960年代に急速な高度経済成長を実現した。しかし，1973年の第4次中東戦争を機に，OPEC(石油輸出国機構)は原油価格をいっきょに4倍に引き上げた(第1次石油危機〈オイル＝ショック〉)。このため各国の経済活動は停滞し，日本でもトイレットペーパーなどが店頭からなくなるなどの大混乱が生じた。その後も，イラン革命を背景としたOPECの石油戦略によって，1978年末

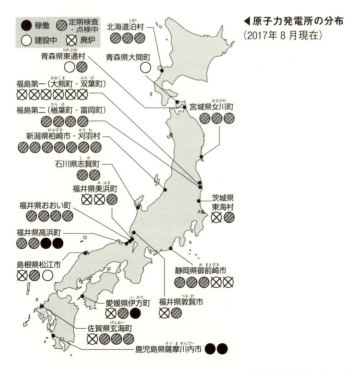

◀原子力発電所の分布
（2017年8月現在）

から原油価格が約2.5倍に急騰した（第2次石油危機）。

石油危機は，資源が有限であることを世界各国に認識させ，省エネルギーや新エネルギーの開発をうながした。とくに代替的エネルギー源として原子力の利用が急速に進行し，原子力発電所が各国でつくられた。一時は日本では総発電量の3分の1程度が原子力発電によってまかなわれるまでになっていた。原子力発電は火力発電にくらべて二酸化炭素を発生させないなどのメリットがある反面，原子炉の安全性，放射性廃棄物処理などのさまざまな問題を持つことも否定できない。1986年のソ連のチェルノブイリ原子力発電所の事故や2011（平成23）年3月11日の東日本大震災によっておこされた東京電力福島第一原子力発電所の事故は，日本や世界に多くの教訓を残した。今後は，省エネルギーを進めつつ，太陽光などの再生可能な，より安全性の高いエネルギー源の開発に取り組む必要がある。

また，日本は，鉄鉱石・木材・原油・天然ガスなどを大量に輸入している。鉄鉱石の輸入依存度はほぼ100%であり，原油も99%を超えている（2014年）。各国の政治情勢に左右されずに，こうした資源が安定的に輸入されるためには，輸入先をできるだけ多様にする必要もある。

5　国際経済における日本の役割

国際経済における日本

日本の工業力は，世界の全生産額の中において，大きな割合を占めている。世界の貿易額についても，日本は北アメリカ圏・EU圏と並び，世界貿易の三極の一角をなす東アジア圏の中核として，大きな比重を占めている。

また，日本の貿易収支が大幅な黒字を続けてきた結果，黒字によって蓄積されたぼう大な資金が，日本企業の対外直接投資や外国の証券投資などの間接投資に用いられ，巨額の対外純資産を形成している。

さらに，技術力でも日本は世界のトップクラスにあり，自動車産業などは高い生産性とハイブリッド車・電気自動車などの高い技術力により，

226　第4章　国際経済の変化と日本

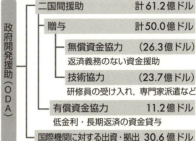

▶日本のODAの形態と支出額（『開発協力白書』2016年版により作成）

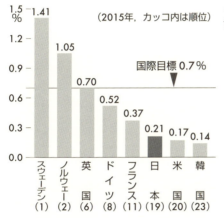

◀主要国のODAの対GNI比（『開発協力白書』2016年版により作成）

強い競争力を誇っている。また，将来の地球環境保全のために，国際的に大きく貢献できる高い公害防止技術も保持している。

日本の経済協力

　日本の政府開発援助（ODA）は，1991（平成3）年から2000（平成12）年までの間，世界第1位の援助額を保ち，それ以降も先進国の中で有数の規模を誇っているが，GNI（国民総所得）に占める割合は決して高くはない（2007〜08年）。資金協力の内容についても，無償援助（贈与）の比率が増えたものの，DAC諸国のなかではまだ低率である。

　日本は，1992（平成4）年のODA大綱で，人道的考慮や国際社会の相互依存関係の認識をふまえ，環境を保全し，発展途上国の自助努力を支援する援助という基本理念を打ち出したが，国際情勢の変化を理由とし

> ### 青年海外協力隊の活動
>
> 青年海外協力隊は，途上国に対する有償・無償の資金協力や技術協力をおこなう国際協力機構（JICA）の一事業である。ODAの一環で，隊員はボランティアとして活動している。派遣職種は120以上にも及び，理数科教師・野菜栽培・幼児教育・看護師など多方面にわたる。1965年の発足以来，88カ国に累計4万2500人を派遣した（2017年4月現在）。写真は途上国の教育に貢献する協力隊員。（JICA提供）
>
>

て2003（平成15）年に大綱を改定した。新しい大綱は，その目的として，国際社会の平和と発展への貢献を通じて，わが国の安全と繁栄の確保に役立てることをかかげた。また基本方針には「人間の安全保障」の視点が加えられた。対象地域は引き続きアジアが中心で，重点的に取り組むべき課題に貧困の削減や平和の構築などがあげられている。さらに，2015（平成27）年には，途上国の開発にとっての課題の多様化やODA以外の開発資金・活動の役割が増大したことをふまえ，大綱は改定され，名称も「開発協力大綱」に改められた。

国際経済の課題と日本の役割

　日本の企業は，高度な技術を用いる産業分野において，高品質の製品を生産する能力を持つ。日本の輸出額も大きく，海外への直接投資も盛

んである。国際経済の成長と安定のために日本が果たし得る役割は，きわめて大きいといえるだろう。

　とりわけ，発展途上国のなかでも後発発展途上国(LDC／LLDC)として分類される，一人当たりの国民所得が最低の国々に対しては，経済援助の供与や特恵関税の導入が求められている。日本が率先して，それらの国々を助け，経済の成長と人びとの生活水準の改善をもたらすことができれば，長期的には日本の経済にも恩恵となって返ってくるであろう。

　日本では1990年代の「バブル経済の崩壊」以来，不況が続いてきたが，日本経済の回復が，アジアの近隣諸国や欧米の貿易相手国に与えるプラスの影響は大きい。世界貿易の一角をなす日本が，構造改革を進めることによって内需を回復し，成長力をふたたび高めることが，世界経済の発展にとっても大切である

資 料

①日本国憲法（条文）

1946（昭和21）年11月3日公布
1947（昭和22）年5月3日施行

第1章　天皇

第1条【天皇の地位・国民主権】

天皇は，日本国の象徴であり日本国民統合の象徴であつて，この地位は，主権の存する日本国民の総意に基く。

第2条【皇位の継承】

皇位は，世襲のものであつて，国会の議決した皇室典範の定めるところにより，これを継承する。

第3条【天皇の国事行為に対する内閣の助言と承認】

天皇の国事に関するすべての行為には，内閣の助言と承認を必要とし，内閣が，その責任を負ふ。

第4条【天皇の権能の限界，天皇の国事行為の委任】

① 天皇は，この憲法の定める国事に関する行為のみを行ひ，国政に関する権能を有しない。

② 天皇は，法律の定めるところにより，その国事に関する行為を委任することができる。

第5条【摂政】

皇室典範の定めるところにより，摂政を置くときは，摂政は，天皇の名でその国事に関する行為を行ふ。この場合には，前条第1項の規定を準用する。

第6条【天皇の任命権】

① 天皇は，国会の指名に基いて，内閣総理大臣を任命する。

② 天皇は，内閣の指名に基いて，最高裁判所の長たる裁判官を任命する。

第7条【天皇の国事行為】

天皇は，内閣の助言と承認により，国民のため，左の国事に関する行為を行ふ。

1　憲法改正，法律，政令及び条約を公布すること。

2　国会を召集すること。

3　衆議院を解散すること。

4　国会議員の総選挙の施行を公示すること。

5　国務大臣及び法律の定めるその他の官吏の任免並びに全権委任状及び大使及び公使の信任状を認証すること。

6　大赦，特赦，減刑，刑の執行の免除及び復権を認証すること。

7　栄典を授与すること。

8　批准書及び法律の定めるその他の外交文書を認証すること。

9　外国の大使及び公使を接受すること。

10　儀式を行ふこと。

第8条【皇室の財産授受】

皇室に財産を譲り渡し，又は皇室が，財産を譲り受け，若しくは賜与することは，国会の議決に基かなければならない。

第2章　戦争の放棄

第9条【戦争の放棄，戦力及び交戦権の否認】

① 日本国民は，正義と秩序を基調

とする国際平和を誠実に希求し，国権の発動たる戦争と，武力による威嚇又は武力の行使は，国際紛争を解決する手段としては，永久にこれを放棄する。

② 前項の目的を達するため，陸海空軍その他の戦力は，これを保持しない。国の交戦権は，これを認めない。

第3章 国民の権利及び義務

第10条【国民の要件】
日本国民たる要件は，法律でこれを定める。

第11条【基本的人権の享有】
国民は，すべての基本的人権の享有を妨げられない。この憲法が国民に保障する基本的人権は，侵すことのできない永久の権利として，現在及び将来の国民に与へられる。

第12条【自由・権利の保持の責任とその濫用の禁止】
この憲法が国民に保障する自由及び権利は，国民の不断の努力によつて，これを保持しなければならない。又，国民は，これを濫用してはならないのであつて，常に公共の福祉のためにこれを利用する責任を負ふ。

第13条【個人の尊重・幸福追求権・公共の福祉】
すべて国民は，個人として尊重される。生命，自由及び幸福追求に対する国民の権利については，公共の福祉に反しない限り，立法その他の国政の上で，最大の尊重を必要とする。

第14条【法の下の平等，貴族の禁止，栄典】
① すべて国民は，法の下に平等であつて，人種，信条，性別，社会的身分又は門地により，政治的，経済的又は社会的関係において，差別されない。

② 華族その他の貴族の制度は，これを認めない。

③ 栄誉，勲章その他の栄典の授与は，いかなる特権も伴はない。栄典の授与は，現にこれを有し，又は将来これを受ける者の一代に限り，その効力を有する。

第15条【公務員選定及び罷免権，公務員の本質，普通選挙の保障，秘密投票の保障】
① 公務員を選定し，及びこれを罷免することは，国民固有の権利である。

② すべて公務員は，全体の奉仕者であつて，一部の奉仕者ではない。

③ 公務員の選挙については，成年者による普通選挙を保障する。

④ すべて選挙における投票の秘密は，これを侵してはならない。選挙人は，その選択に関し公的にも私的にも責任を問はれない。

第16条【請願権】
何人も，損害の救済，公務員の罷免，法律，命令又は規則の制定，廃止又は改正その他の事項に関し，平穏に請願する権利を有し，何人も，かかる請願をしたためにいかなる差別待遇も受けない。

第17条【国及び公共団体の賠償責任】
何人も，公務員の不法行為により，損害を受けたときは，法律の定めるところにより，国又は公共団体に，

その賠償を求めることができる。

第18条【奴隷的拘束及び苦役からの自由】

何人も，いかなる奴隷的拘束も受けない。又，犯罪に因る処罰の場合を除いては，その意に反する苦役に服させられない。

第19条【思想及び良心の自由】

思想及び良心の自由は，これを侵してはならない。

第20条【信教の自由】

① 信教の自由は，何人に対してもこれを保障する。いかなる宗教団体も，国から特権を受け，又は政治上の権力を行使してはならない。

② 何人も，宗教上の行為，祝典，儀式又は行事に参加することを強制されない。

③ 国及びその機関は，宗教教育その他いかなる宗教的活動もしてはならない。

第21条【集会・結社・表現の自由，通信の秘密】

① 集会，結社及び言論，出版その他一切の表現の自由は，これを保障する。

② 検閲は，これをしてはならない。通信の秘密は，これを侵してはならない。

第22条【居住・移転及び職業選択の自由，外国移住及び国籍離脱の自由】

① 何人も，公共の福祉に反しない限り，居住，移転及び職業選択の自由を有する。

② 何人も，外国に移住し，又は国籍を離脱する自由を侵されない。

第23条【学問の自由】

学問の自由は，これを保障する。

第24条【家族生活における個人の尊厳と両性の平等】

① 婚姻は，両性の合意のみに基いて成立し，夫婦が同等の権利を有することを基本として，相互の協力により，維持されなければならない。

② 配偶者の選択，財産権，相続，住居の選定，離婚並びに婚姻及び家族に関するその他の事項に関しては，法律は，個人の尊厳と両性の本質的平等に立脚して，制定されなければならない。

第25条【生存権，国の社会的使命】

① すべて国民は，健康で文化的な最低限度の生活を営む権利を有する。

② 国は，すべての生活部面について，社会福祉，社会保障及び公衆衛生の向上及び増進に努めなければならない。

第26条【教育を受ける権利，教育を受けさせる義務】

① すべて国民は，法律の定めるところにより，その能力に応じて，ひとしく教育を受ける権利を有する。

② すべて国民は，法律の定めるところにより，その保護する子女に普通教育を受けさせる義務を負ふ。義務教育は，これを無償とする。

第27条【勤労の権利及び義務，勤労条件の基準，児童酷使の禁止】

① すべて国民は，勤労の権利を有し，義務を負ふ。

② 賃金，就業時間，休息その他の勤労条件に関する基準は，法律で

これを定める。

③　児童は，これを酷使してはならない。

第28条【勤労者の団結権】

勤労者の団結する権利及び団体交渉その他の団体行動をする権利は，これを保障する。

第29条【財産権】

①　財産権は，これを侵してはならない。

②　財産権の内容は，公共の福祉に適合するやうに，法律でこれを定める。

③　私有財産は，正当な補償の下に，これを公共のために用ひることができる。

第30条【納税の義務】

国民は，法律の定めるところにより，納税の義務を負ふ。

第31条【法定の手続の保障】

何人も，法律の定める手続によらなければ，その生命若しくは自由を奪はれ，又はその他の刑罰を科せられない。

第32条【裁判を受ける権利】

何人も，裁判所において裁判を受ける権利を奪はれない。

第33条【逮捕の要件】

何人も，現行犯として逮捕される場合を除いては，権限を有する司法官憲が発し，且つ理由となつてゐる犯罪を明示する令状によらなければ，逮捕されない。

第34条【抑留・拘禁の要件，不法拘禁に対する保障】

何人も，理由を直ちに告げられ，且つ，直ちに弁護人に依頼する権利を与へられなければ，抑留又は拘禁されない。又，何人も，正当な理由がなければ，拘禁されず，要求があれば，その理由は，直ちに本人及びその弁護人の出席する公開の法廷で示されなければならない。

第35条【住居の不可侵】

①　何人も，その住居，書類及び所持品について，侵入，捜索及び押収を受けることのない権利は，第33条の場合を除いては，正当な理由に基いて発せられ，且つ捜索する場所及び押収する物を明示する令状がなければ，侵されない。

②　捜索又は押収は，権限を有する司法官憲が発する各別の令状により，これを行ふ。

第36条【拷問及び残虐刑の禁止】

公務員による拷問及び残虐な刑罰は，絶対にこれを禁ずる。

第37条【刑事被告人の権利】

①　すべて刑事事件においては，被告人は，公平な裁判所の迅速な公開裁判を受ける権利を有する。

②　刑事被告人は，すべての証人に対して審問する機会を充分に与へられ，又，公費で自己のために強制的手続により証人を求める権利を有する。

③　刑事被告人は，いかなる場合にも，資格を有する弁護人を依頼することができる。被告人が自らこれを依頼することができないときは，国でこれを附する。

第38条【自己に不利益な供述，自白の証拠能力】

①　何人も，自己に不利益な供述を強要されない。

②　強制，拷問若しくは脅迫による

自白又は不当に長く抑留若しくは拘禁された後の自白は，これを証拠とすることができない。

③ 何人も，自己に不利益な唯一の証拠が本人の自白である場合には，有罪とされ，又は刑罰を科せられない。

第39条【遡及処罰の禁止・一事不再理】

何人も，実行の時に適法であつた行為又は既に無罪とされた行為については，刑事上の責任を問はれない。又，同一の犯罪について，重ねて刑事上の責任を問はれない。

第40条【刑事補償】

何人も，抑留又は拘禁された後，無罪の裁判を受けたときは，法律の定めるところにより，国にその補償を求めることができる。

第4章　国会

第41条【国会の地位・立法権】

国会は，国権の最高機関であつて，国の唯一の立法機関である。

第42条【両院制】

国会は，衆議院及び参議院の両議院でこれを構成する。

第43条【両議院の組織・代表】

① 両議院は，全国民を代表する選挙された議員でこれを組織する。

② 両議院の議員の定数は，法律でこれを定める。

第44条【議員及び選挙人の資格】

両議院の議員及びその選挙人の資格は，法律でこれを定める。但し，人種，信条，性別，社会的身分，門地，教育，財産又は収入によつて差別してはならない。

第45条【衆議院議員の任期】

衆議院議員の任期は，4年とする。但し，衆議院解散の場合には，その期間満了前に終了する。

第46条【参議院議員の任期】

参議院議員の任期は，6年とし，3年ごとに議員の半数を改選する。

第47条【選挙に関する事項】

選挙区，投票の方法その他両議院の議員の選挙に関する事項は，法律でこれを定める。

第48条【両議院議員兼職の禁止】

何人も，同時に両議院の議員たることはできない。

第49条【議員の歳費】

両議院の議員は，法律の定めるところにより，国庫から相当額の歳費を受ける。

第50条【議員の不逮捕特権】

両議院の議員は，法律の定める場合を除いては，国会の会期中逮捕されず，会期前に逮捕された議員は，その議院の要求があれば，会期中これを釈放しなければならない。

第51条【議員の発言・表決の無責任】

両議院の議員は，議院で行つた演説，討論又は表決について，院外で責任を問はれない。

第52条【常会】

国会の常会は，毎年1回これを召集する。

第53条【臨時会】

内閣は，国会の臨時会の召集を決定することができる。いづれかの議院の総議員の4分の1以上の要求があれば，内閣は，その召集を決定しなければならない。

第54条【衆議院の解散・特別会，参議院の緊急集会】

① 衆議院が解散されたときは，解散の日から40日以内に，衆議院議員の総選挙を行ひ，その選挙の日から30日以内に，国会を召集しなければならない。

② 衆議院が解散されたときは，参議院は，同時に閉会となる。但し，内閣は，国に緊急の必要があるときは，参議院の緊急集会を求めることができる。

③ 前項但書の緊急集会において採られた措置は，臨時のものであつて，次の国会開会の後10日以内に，衆議院の同意がない場合には，その効力を失ふ。

第55条【資格争訟の裁判】

両議院は，各々その議員の資格に関する争訟を裁判する。但し，議員の議席を失はせるには，出席議員の3分の2以上の多数による議決を必要とする。

第56条【定足数，表決】

① 両議院は，各々その総議員の3分の1以上の出席がなければ，議事を開き議決することができない。

② 両議院の議事は，この憲法に特別の定のある場合を除いては，出席議員の過半数でこれを決し，可否同数のときは，議長の決するところによる。

第57条【会議の公開，会議録，表決の記載】

① 両議院の会議は，公開とする。但し，出席議員の3分の2以上の多数で議決したときは，秘密会を開くことができる。

② 両議院は，各々その会議の記録を保存し，秘密会の記録の中で特に秘密を要すると認められるもの以外は，これを公表し，且つ一般に頒布しなければならない。

③ 出席議員の5分の1以上の要求があれば，各議員の表決は，これを会議録に記載しなければならない。

第58条【役員の選任，議院規則・懲罰】

① 両議院は，各々その議長その他の役員を選任する。

② 両議院は，各々その会議その他の手続及び内部の規律に関する規則を定め，又，院内の秩序をみだした議員を懲罰することができる。但し，議員を除名するには，出席議員の3分の2以上の多数による議決を必要とする。

第59条【法律案の議決，衆議院の優越】

① 法律案は，この憲法に特別の定のある場合を除いては，両議院で可決したとき法律となる。

② 衆議院で可決し，参議院でこれと異なつた議決をした法律案は，衆議院で出席議員の3分の2以上の多数で再び可決したときは，法律となる。

③ 前項の規定は，法律の定めるところにより，衆議院が，両議院の協議会を開くことを求めることを妨げない。

④ 参議院が，衆議院の可決した法律案を受け取つた後，国会休会中の期間を除いて60日以内に，議決しないときは，衆議院は，参議院

資料　235

がその法律案を否決したものとみなすことができる。

第60条【衆議院の予算先議，予算議決に関する衆議院の優越】

① 予算は，さきに衆議院に提出しなければならない。

② 予算について，参議院で衆議院と異なつた議決をした場合に，法律の定めるところにより，両議院の協議会を開いても意見が一致しないとき，又は参議院が，衆議院の可決した予算を受け取つた後，国会休会中の期間を除いて30日以内に，議決しないときは，衆議院の議決を国会の議決とする。

第61条【条約の承認に関する衆議院の優越】

条約の締結に必要な国会の承認については，前条第2項の規定を準用する。

第62条【議院の国政調査権】

両議院は，各々国政に関する調査を行ひ，これに関して，証人の出頭及び証言並びに記録の提出を要求することができる。

第63条【閣僚の議院出席の権利と義務】

内閣総理大臣その他の国務大臣は，両議院の一に議席を有すると有しないとにかかはらず，何時でも議案について発言するため議院に出席することができる。又，答弁又は説明のため出席を求められたときは，出席しなければならない。

第64条【弾劾裁判所】

① 国会は，罷免の訴追を受けた裁判官を裁判するため，両議院の議員で組織する弾劾裁判所を設ける。

② 弾劾に関する事項は，法律でこれを定める。

第5章　内閣

第65条【行政権】

行政権は，内閣に属する。

第66条【内閣の組織，国会に対する連帯責任】

① 内閣は，法律の定めるところにより，その首長たる内閣総理大臣及びその他の国務大臣でこれを組織する。

② 内閣総理大臣その他の国務大臣は，文民でなければならない。

③ 内閣は，行政権の行使について，国会に対し連帯して責任を負ふ。

第67条【内閣総理大臣の指名，衆議院の優越】

① 内閣総理大臣は，国会議員の中から国会の議決で，これを指名する。この指名は，他のすべての案件に先だつて，これを行ふ。

② 衆議院と参議院とが異なつた指名の議決をした場合に，法律の定めるところにより，両議院の協議会を開いても意見が一致しないとき，又は衆議院が指名の議決をした後，国会休会中の期間を除いて10日以内に，参議院が，指名の議決をしないときは，衆議院の議決を国会の議決とする。

第68条【国務大臣の任命及び罷免】

① 内閣総理大臣は，国務大臣を任命する。但し，その過半数は，国会議員の中から選ばれなければならない。

② 内閣総理大臣は，任意に国務大

臣を罷免することができる。

第69条【内閣不信任決議の効果】

内閣は、衆議院で不信任の決議案を可決し、又は信任の決議案を否決したときは、10日以内に衆議院が解散されない限り、総辞職をしなければならない。

第70条【内閣総理大臣の欠缺・新国会の召集と内閣の総辞職】

内閣総理大臣が欠けたとき、又は衆議院議員総選挙の後に初めて国会の召集があつたときは、内閣は、総辞職をしなければならない。

第71条【総辞職後の内閣】

前2条の場合には、内閣は、あらたに内閣総理大臣が任命されるまで引き続きその職務を行ふ。

第72条【内閣総理大臣の職務】

内閣総理大臣は、内閣を代表して議案を国会に提出し、一般国務及び外交関係について国会に報告し、並びに行政各部を指揮監督する。

第73条【内閣の職務】

内閣は、他の一般行政事務の外、左の事務を行ふ。

1　法律を誠実に執行し、国務を総理すること。
2　外交関係を処理すること。
3　条約を締結すること。但し、事前に、時宜によつては事後に、国会の承認を経ることを必要とする。
4　法律の定める基準に従ひ、官吏に関する事務を掌理すること。
5　予算を作成して国会に提出すること。
6　この憲法及び法律の規定を実施するために、政令を制定すること。但し、政令には、特にその法律の委任がある場合を除いては、罰則を設けることができない。
7　大赦、特赦、減刑、刑の執行の免除及び復権を決定すること。

第74条【法律・政令の署名】

法律及び政令には、すべて主任の国務大臣が署名し、内閣総理大臣が連署することを必要とする。

第75条【国務大臣の特典】

国務大臣は、その在任中、内閣総理大臣の同意がなければ、訴追されない。但し、これがため、訴追の権利は、害されない。

第6章　司法

第76条【司法権・裁判所、特別裁判所の禁止、裁判官の独立】

① すべて司法権は、最高裁判所及び法律の定めるところにより設置する下級裁判所に属する。
② 特別裁判所は、これを設置することができない。行政機関は、終審として裁判を行ふことができない。
③ すべて裁判官は、その良心に従ひ独立してその職権を行ひ、この憲法及び法律にのみ拘束される。

第77条【最高裁判所の規則制定権】

① 最高裁判所は、訴訟に関する手続、弁護士、裁判所の内部規律及び司法事務処理に関する事項について、規則を定める権限を有する。
② 検察官は、最高裁判所の定める規則に従はなければならない。
③ 最高裁判所は、下級裁判所に関

資料　237

する規則を定める権限を，下級裁判所に委任することができる。

第78条【裁判官の身分の保障】
裁判官は，裁判により，心身の故障のために職務を執ることができないと決定された場合を除いては，公の弾劾によらなければ罷免されない。裁判官の懲戒処分は，行政機関がこれを行ふことはできない。

第79条【最高裁判所の裁判官，国民審査，定年，報酬】
① 最高裁判所は，その長たる裁判官及び法律の定める員数のその他の裁判官でこれを構成し，その長たる裁判官以外の裁判官は，内閣でこれを任命する。

② 最高裁判所の裁判官の任命は，その任命後初めて行はれる衆議院議員総選挙の際国民の審査に付し，その後10年を経過した後初めて行はれる衆議院議員総選挙の際更に審査に付し，その後も同様とする。

③ 前項の場合において，投票者の多数が裁判官の罷免を可とするときは，その裁判官は，罷免される。

④ 審査に関する事項は，法律でこれを定める。

⑤ 最高裁判所の裁判官は，法律の定める年齢に達した時に退官する。

⑥ 最高裁判所の裁判官は，すべて定期に相当額の報酬を受ける。この報酬は，在任中，これを減額することができない。

第80条【下級裁判所の裁判官・任期・定年，報酬】
① 下級裁判所の裁判官は，最高裁判所の指名した者の名簿によつて，内閣でこれを任命する。その裁判官は，任期を10年とし，再任されることができる。但し，法律の定める年齢に達した時には退官する。

② 下級裁判所の裁判官は，すべて定期に相当額の報酬を受ける。この報酬は，在任中，これを減額することができない。

第81条【法令審査権と最高裁判所】
最高裁判所は，一切の法律，命令，規則又は処分が憲法に適合するかしないかを決定する権限を有する終審裁判所である。

第82条【裁判の公開】
① 裁判の対審及び判決は，公開法廷でこれを行ふ。

② 裁判所が，裁判官の全員一致で，公の秩序又は善良の風俗を害する虞があると決した場合には，対審は，公開しないでこれを行ふことができる。但し，政治犯罪，出版に関する犯罪又はこの憲法第3章で保障する国民の権利が問題となつてゐる事件の対審は，常にこれを公開しなければならない。

第7章　財政

第83条【財政処理の基本原則】
国の財政を処理する権限は，国会の議決に基いて，これを行使しなければならない。

第84条【課税】
あらたに租税を課し，又は現行の租税を変更するには，法律又は法律の定める条件によることを必要とする。

第85条【国費の支出及び国の債務負担】

国費を支出し，又は国が債務を負担するには，国会の議決に基くことを必要とする。

第86条【予算】

内閣は，毎会計年度の予算を作成し，国会に提出して，その審議を受け議決を経なければならない。

第87条【予備費】

① 予見し難い予算の不足に充てるため，国会の議決に基いて予備費を設け，内閣の責任でこれを支出することができる。

② すべて予備費の支出については，内閣は，事後に国会の承諾を得なければならない。

第88条【皇室財産・皇室の費用】

すべて皇室財産は，国に属する。すべて皇室の費用は，予算に計上して国会の議決を経なければならない。

第89条【公の財産の支出又は利用の制限】

公金その他の公の財産は，宗教上の組織若しくは団体の使用，便益若しくは維持のため，又は公の支配に属しない慈善，教育若しくは博愛の事業に対し，これを支出し，又はその利用に供してはならない。

第90条【決算検査，会計検査院】

① 国の収入支出の決算は，すべて毎年会計検査院がこれを検査し，内閣は，次の年度に，その検査報告とともに，これを国会に提出しなければならない。

② 会計検査院の組織及び権限は，法律でこれを定める。

第91条【財政状況の報告】

内閣は，国会及び国民に対し，定期に，少くとも毎年1回，国の財政状況について報告しなければならない。

第8章　地方自治

第92条【地方自治の基本原則】

地方公共団体の組織及び運営に関する事項は，地方自治の本旨に基いて，法律でこれを定める。

第93条【地方公共団体の機関・その直接選挙】

① 地方公共団体には，法律の定めるところにより，その議事機関として議会を設置する。

② 地方公共団体の長，その議会の議員及び法律の定めるその他の吏員は，その地方公共団体の住民が，直接これを選挙する。

第94条【地方公共団体の権能】

地方公共団体は，その財産を管理し，事務を処理し，及び行政を執行する権能を有し，法律の範囲内で条例を制定することができる。

第95条【特別法の住民投票】

一の地方公共団体のみに適用される特別法は，法律の定めるところにより，その地方公共団体の住民の投票においてその過半数の同意を得なければ，国会は，これを制定することができない。

第9章　改正

第96条【改正の手続，その公布】

① この憲法の改正は，各議院の総議員の3分の2以上の賛成で，国会が，これを発議し，国民に提案してその承認を経なければならな

資料　239

い。この承認には，特別の国民投票又は国会の定める選挙の際行はれる投票において，その過半数の賛成を必要とする。

② 憲法改正について前項の承認を経たときは，天皇は，国民の名で，この憲法と一体を成すものとして，直ちにこれを公布する。

第10章　最高法規

第97条【基本的人権の本質】

この憲法が日本国民に保障する基本的人権は，人類の多年にわたる自由獲得の努力の成果であつて，これらの権利は，過去幾多の試錬に堪へ，現在及び将来の国民に対し，侵すことのできない永久の権利として信託されたものである。

第98条【最高法規，条約及び国際法規の遵守】

① この憲法は，国の最高法規であつて，その条規に反する法律，命令，詔勅及び国務に関するその他の行為の全部又は一部は，その効力を有しない。

② 日本国が締結した条約及び確立された国際法規は，これを誠実に遵守することを必要とする。

第99条【憲法尊重擁護の義務】

天皇又は摂政及び国務大臣，国会議員，裁判官その他の公務員は，この憲法を尊重し擁護する義務を負ふ。

第11章　補則

第100条【憲法施行期日，準備手続】

① この憲法は，公布の日から起算して6箇月を経過した日（昭和22.5.3）から，これを施行する。

② この憲法を施行するために必要な法律の制定，参議院議員の選挙及び国会召集の手続並びにこの憲法を施行するために必要な準備手続は，前項の期日よりも前に，これを行ふことができる。

第101条【経過規定―参議院未成立の間の国会】

この憲法施行の際，参議院がまだ成立してゐないときは，その成立するまでの間，衆議院は，国会としての権限を行ふ。

第102条【同前―第1期の参議院議員の任期】

この憲法による第1期の参議院議員のうち，その半数の者の任期は，これを3年とする。その議員は，法律の定めるところにより，これを定める。

第103条【同前―公務員の地位】

この憲法施行の際現に在職する国務大臣，衆議院議員及び裁判官並びにその他の公務員で，その地位に相応する地位がこの憲法で認められてゐる者は，法律で特別の定をした場合を除いては，この憲法施行のため，当然にはその地位を失ふことはない。但し，この憲法によつて，後任者が選挙又は任命されたときは，当然その地位を失ふ。

240　資料

②大日本帝国憲法（抄）

1889(明治22)年2月11日発布
1890(明治23)年11月29日施行

第1章　天皇

第1条　大日本帝国ハ万世一系ノ天皇之ヲ統治ス

第3条　天皇ハ神聖ニシテ侵スヘカラス

第4条　天皇ハ国ノ元首ニシテ統治権ヲ総攬シ此ノ憲法ノ条規ニ依リ之ヲ行フ

第5条　天皇ハ帝国議会ノ協賛ヲ以テ立法権ヲ行フ

第6条　天皇ハ法律ヲ裁可シ其ノ公布及執行ヲ命ス

第7条　天皇ハ帝国議会ヲ召集シ其ノ開会閉会停会及衆議院ノ解散ヲ命ス

第8条　①　天皇ハ公共ノ安全ヲ保持シ又ハ其ノ災厄ヲ避クル為緊急ノ必要ニ由リ帝国議会閉会ノ場合ニ於テ法律ニ代ルヘキ勅令ヲ発ス
②　此ノ勅令ハ次ノ会期ニ於テ帝国議会ニ提出スヘシ若議会ニ於テ承諾セサルトキハ政府ハ将来ニ向テ其ノ効力ヲ失フコトヲ公布スヘシ

第9条　天皇ハ法律ヲ執行スル為ニ又ハ公共ノ安寧秩序ヲ保持シ及臣民ノ幸福ヲ増進スル為ニ必要ナル命令ヲ発シ又ハ発セシム但シ命令ヲ以テ法律ヲ変更スルコトヲ得ス

第11条　天皇ハ陸海軍ヲ統帥ス

第13条　天皇ハ戦ヲ宣シ和ヲ講シ及諸般ノ条約ヲ締結ス

第2章　臣民権利義務

第20条　日本臣民ハ法律ノ定ムル所ニ従ヒ兵役ノ義務ヲ有ス

第22条　日本臣民ハ法律ノ範囲内ニ於テ居住及移転ノ自由ヲ有ス

第28条　日本臣民ハ安寧秩序ヲ妨ケス及臣民タルノ義務ニ背カサル限ニ於テ信教ノ自由ヲ有ス

第29条　日本臣民ハ法律ノ範囲内ニ於テ言論著作印行集会及結社ノ自由ヲ有ス

第31条　本章ニ掲ケタル条規ハ戦時又ハ国家事変ノ場合ニ於テ天皇大権ノ施行ヲ妨クルコトナシ

第3章　帝国議会

第33条　帝国議会ハ貴族院衆議院ノ両院ヲ以テ成立ス

第34条　貴族院ハ貴族院令ノ定ムル所ニ依リ皇族華族及勅任セラレタル議員ヲ以テ組織ス

第4章　国務大臣及枢密顧問

第55条　①　国務各大臣ハ天皇ヲ輔弼シ其ノ責ニ任ス
②　凡テ法律勅令其ノ他国務ニ関ル詔勅ハ国務大臣ノ副署ヲ要ス

第56条　枢密顧問ハ枢密院官制ノ定ムル所ニ依リ天皇ノ諮詢ニ応ヘ重要ノ国務ヲ審議ス

第5章　司法

第57条　①　司法権ハ天皇ノ名ニ於

テ法律ニ依リ裁判所之ヲ行フ
② 裁判所ノ構成ハ法律ヲ以テ之ヲ定ム

第7章　補則

第73条　① 将来此ノ憲法ノ条項ヲ改正スルノ必要アルトキハ勅命ヲ以テ議案ヲ帝国議会ノ議ニ付スヘシ
② 此ノ場合ニ於テ両議院ハ各々其ノ総員3分ノ2以上出席スルニ非サレハ議事ヲ開クコトヲ得ス出席議員3分ノ2以上ノ多数ヲ得ルニ非サレハ改正ノ議決ヲ為スコトヲ得ス

③労働基準法（抄）

公布　1947（昭和22）年4月7日　法49
最終改正　2015（平成27）年5月29日　法31

第1章　総則

第1条【労働条件の原則】
① 労働条件は，労働者が人たるに値する生活を営むための必要を充たすべきものでなければならない。
② この法律で定める労働条件の基準は最低のものであるから，労働関係の当事者は，この基準を理由として労働条件を低下させてはならないことはもとより，その向上を図るように努めなければならない。

第2条【労働条件の決定】
① 労働条件は，労働者と使用者が，対等の立場において決定すべきものである。

② 労働者及び使用者は，労働協約，就業規則及び労働契約を遵守し，誠実に各々その義務を履行しなければならない。

第3条【均等待遇】
使用者は，労働者の国籍，信条又は社会的身分を理由として，賃金，労働時間その他の労働条件について，差別的取扱をしてはならない。

第4条【男女同一賃金の原則】
使用者は，労働者が女性であることを理由として，賃金について，男性と差別的取扱をしてはならない。

第2章　労働契約

第15条【労働条件の明示】
① 使用者は，労働契約の締結に際し，労働者に対して賃金，労働時間その他の労働条件を明示しなければならない。〔以下略〕

第20条【解雇の予告】
① 使用者は，労働者を解雇しようとする場合においては，少くとも30日前にその予告をしなければならない。30日前に予告をしない使用者は，30日分以上の平均賃金を支払わなければならない。〔以下略〕

第3章　賃金

第24条【賃金の支払】
① 賃金は，通貨で，直接労働者に，その全額を支払わなければならない。〔以下略〕
② 賃金は，毎月1回以上，一定の期日を定めて支払わなければなら

ない。〔以下略〕

第28条【最低賃金】

賃金の最低基準に関しては，最低賃金法（昭和34年法律第137号）の定めるところによる。

第4章　労働時間，休憩，休日及び年次有給休暇

第32条【労働時間】

① 使用者は，労働者に，休憩時間を除き1週間について40時間を超えて，労働させてはならない。

② 使用者は，1週間の各日については，労働者に，休憩時間を除き1日について8時間を超えて，労働させてはならない。

第32条の2

使用者は，〔略〕就業規則その他これに準ずるものにより，1箇月以内の一定の期間を平均し1週間当たりの労働時間が前条第1項の労働時間を超えない定めをしたときは，同条の規定にかかわらず，その定めにより，特定された週において同項の労働時間又は特定された日において同条第2項の労働時間を超えて，労働させることができる。

第39条【年次有給休暇】

① 使用者は，その雇入れの日から起算して6箇月継続勤務し全労働日の8割以上出勤した労働者に対して，継続し，又は分割した10労働日の有給休暇を与えなければならない。

② 使用者は，1年6箇月以上継続勤務した労働者に対しては，雇入れの日から起算して6箇月を超えて継続勤務する日〔略〕から起算し

た継続勤務年数1年ごとに，前項の日数に，次の表〔略〕に掲げる労働日を加算した有給休暇を与えなければならない。〔表，③〜⑧略〕

第6章の2　女性

第65条【産前産後】

① 使用者は，6週間（多胎妊娠の場合にあつては，14週間）以内に出産する予定の女性が休業を請求した場合においては，その者を就業させてはならない。

② 使用者は，産後8週間を経過しない女性を就業させてはならない。ただし，産後6週間を経過した女性が請求した場合において，その者について医師が支障がないと認めた業務に就かせることは，差し支えない。

③ 使用者は，妊娠中の女性が請求した場合においては，他の軽易な業務に転換させなければならない。

第11章　監督機関

第97条【監督機関】

① 労働基準主管局（厚生労働省の内部部局として置かれる局で労働条件及び労働者の保護に関する事務を所掌するものをいう。以下同じ。），都道府県労働局及び労働基準監督署に労働基準監督官を置くほか，厚生労働省令で定める必要な職員を置くことができる。〔②〜⑥略〕

④労働組合法（抄）

公布　1949（昭和24）年6月1日　法174
最終改正　2014（平成26）年6月13日　法69

第1章　総則

第1条【目的】

① この法律は，労働者が使用者との交渉において対等の立場に立つことを促進することにより労働者の地位を向上させること，労働者がその労働条件について交渉するために自ら代表者を選出することその他の団体行動を行うために自主的に労働組合を組織し，団結することを擁護すること並びに使用者と労働者との関係を規制する労働協約を締結するための団体交渉をすること及びその手続を助成することを目的とする。〔②略〕

第2条【労働組合】

この法律で「労働組合」とは，労働者が主体となつて自主的に労働条件の維持改善その他経済的地位の向上を図ることを主たる目的として組織する団体又はその連合団体をいう。〔以下略〕

第2章　労働組合

第6条【交渉権限】

労働組合の代表者又は労働組合の委任を受けた者は，労働組合又は組合員のために使用者又はその団体と労働協約の締結その他の事項に関して交渉する権限を有する。

第7条【不当労働行為】

使用者は，次の各号に掲げる行為をしてはならない。

1　労働者が労働組合の組合員であること，労働組合に加入し，若しくはこれを結成しようとしたこと若しくは労働組合の正当な行為をしたことの故をもつて，その労働者を解雇し，その他これに対して不利益な取扱いをすること又は労働者が労働組合に加入せず，若しくは労働組合から脱退することを雇用条件とすること。〔以下略〕

2　使用者が雇用する労働者の代表者と団体交渉をすることを正当な理由がなくて拒むこと。

3　労働者が労働組合を結成し，若しくは運営することを支配し，若しくはこれに介入すること，又は労働組合の運営のための経費の支払につき経理上の援助を与えること。〔以下略〕

第8条【損害賠償】

使用者は，同盟罷業その他の争議行為であつて正当なものによつて損害を受けたことの故をもつて，労働組合又はその組合員に対し賠償を請求することができない。

第4章　労働委員会

第19条【労働委員会】

① 労働委員会は，使用者を代表する者（以下「使用者委員」という。），労働者を代表する者（以下「労働者委員」という。）及び公益を代表する者（以下「公益委員」という。）各同数をもつて組織する。

244　資料

② 労働委員会は，中央労働委員会及び都道府県労働委員会とする。〔③略〕

⑤男女雇用機会均等法（抄）

（雇用の分野における男女の均等な機会及び待遇の確保等に関する法律）

公布　1972（昭和47）年7月1日　法113
最終改正　2014（平成26）年6月13日　法67

第1条【目的】
　この法律は，法の下の平等を保障する日本国憲法の理念にのっとり雇用の分野における男女の均等な機会及び待遇の確保を図るとともに，女性労働者の就業に関して妊娠中及び出産後の健康の確保を図る等の措置を推進することを目的とする。
第5条【募集及び採用】
　事業主は，労働者の募集及び採用について，その性別にかかわりなく均等な機会を与えなければならない。
第6条【差別的取扱いの禁止】
　事業主は，次に掲げる事項について，労働者の性別を理由として，差別的取扱いをしてはならない。
　　1　労働者の配置（業務の配分及び権限の付与を含む。），昇進，降格及び教育訓練
　　2　住宅資金の貸付けその他これに準ずる福利厚生の措置であつて厚生労働省令で定めるもの
　　3　労働者の職種及び雇用形態の変更
　　4　退職の勧奨，定年及び解雇並びに労働契約の更新
第9条【婚姻，妊娠，出産等を理由

とする不利益取扱いの禁止等】
① 事業主は，女性労働者が婚姻し，妊娠し，又は出産したことを退職理由として予定する定めをしてはならない。
② 事業主は，女性労働者が婚姻したことを理由として，解雇してはならない。〔③〜④略〕

⑥地方自治法（抄）

公布　1947（昭和22）年4月17日　法67
最終改正　2015（平成27）年6月26日　法50

第1編　総則

第1条【この法律の目的】
　この法律は，地方自治の本旨に基いて，地方公共団体の区分並びに地方公共団体の組織及び運営に関する事項の大綱を定め，併せて国と地方公共団体との間の基本的関係を確立することにより，地方公共団体における民主的にして能率的な行政の確保を図るとともに，地方公共団体の健全な発達を保障することを目的とする。
第1条の2【地方公共団体の役割，国の役割及び配慮事項】
① 地方公共団体は，住民の福祉の増進を図ることを基本として，地域における行政を自主的かつ総合的に実施する役割を広く担うものとする。〔②略〕
第1条の3【地方公共団体の種類】
① 地方公共団体は，普通地方公共団体及び特別地方公共団体とする。
② 普通地方公共団体は，都道府県

資料　245

及び市町村とする。

③ 特別地方公共団体は，特別区，地方公共団体の組合及び財産区とする。

第2編 普通地方公共団体

第2章 住民

第10条【住民の意義，権利義務】

① 市町村の区域内に住所を有する者は，当該市町村及びこれを包括する都道府県の住民とする。

② 住民は，法律の定めるところにより，その属する普通地方公共団体の役務の提供をひとしく受ける権利を有し，その負担を分任する義務を負う。

第3章 条例及び規則

第14条【条例，罰則の委任】

① 普通地方公共団体は，法令に違反しない限りにおいて第2条第2項の事務に関し，条例を制定することができる。

② 普通地方公共団体は，義務を課し，又は権利を制限するには，法令に特別の定めがある場合を除くほか，条例によらなければならない。〔③略〕

第6章 議会

第2節 権限
第96条【議決事件】

① 普通地方公共団体の議会は，次に掲げる事件を議決しなければな

らない。

1 条例を設け又は改廃すること。

2 予算を定めること。

3 決算を認定すること。

4 法律又はこれに基づく政令に規定するものを除くほか，地方税の賦課徴収又は分担金，使用料，加入金若しくは手数料の徴収に関すること。〔以下，略〕

第7章 執行機関

第2節 普通地方公共団体の長
第139条【知事，市町村長】

① 都道府県に知事を置く。

② 市町村に市町村長を置く。

第140条【任期】

① 普通地方公共団体の長の任期は，4年とする。〔②略〕

⑦国際連合憲章（抄）

1945年6月26日成立
1945年10月24日発効

第1章 目的及び原則

第1条【目的】

国際連合の目的は，次のとおりである。

1 国際の平和及び安全を維持すること。そのために，平和に対する脅威の防止及び除去と侵略行為その他の平和の破壊の鎮圧とのため有効な集団的措置をとること並びに平和を破壊するに至る虞のある国際的の紛争又は事態の調整又は解決を平和的手

段によって且つ正義及び国際法の原則に従って実現すること。

2　人民の同権及び自決の原則の尊重に基礎をおく諸国間の友好関係を発展させること並びに世界平和を強化するために他の適当な措置をとること。

3　経済的，社会的，文化的又は人道的性質を有する国際問題を解決することについて，並びに人種，性，言語又は宗教による差別なくすべての者のために人権及び基本的自由を尊重するように助長奨励することについて，国際協力を達成すること。

4　これらの共通の目的の達成に当って諸国の行動を調和するための中心となること。

第2条【原則】

この機構及びその加盟国は，第1条に掲げる目的を達成するに当っては，次の原則に従って行動しなければならない。

1　この機構は，そのすべての加盟国の主権平等の原則に基礎をおいている。

2　すべての加盟国は，加盟国の地位から生ずる権利及び利益を加盟国のすべてに保障するために，この憲章に従って負っている義務を誠実に履行しなければならない。

3　すべての加盟国は，その国際紛争を平和的手段によって国際の平和及び安全並びに正義を危くしないように解決しなければならない。

4　すべての加盟国は，その国際

関係において，武力による威嚇又は武力の行使を，いかなる国の領土保全又は政治的独立に対するものも，また，国際連合の目的と両立しない他のいかなる方法によるものも慎まなければならない。

5　すべての加盟国は，国際連合がこの憲章に従ってとるいかなる行動についても国際連合にあらゆる援助を与え，且つ，国際連合の防止行動又は強制行動の対象となっているいかなる国に対しても援助の供与を慎まなければならない。

6　この機構は，国際連合加盟国でない国が，国際の平和及び安全の維持に必要な限り，これらの原則に従って行動することを確保しなければならない。

7　この憲章のいかなる規定も，本質上いずれかの国の国内管轄権内にある事項に干渉する権限を国際連合に与えるものではなく，また，その事項をこの憲章に基く解決に付託することを加盟国に要求するものでもない。但し，この原則は，第7章に基く強制措置の適用を妨げるものではない。

⑧世界人権宣言（抄）

1948年12月10日採択

前　文

人類社会のすべての構成員の固有の尊厳と平等で譲ることのできない

権利とを承認することは，世界における自由，正義及び平和の基礎であるので，

人権の無視及び軽侮が，人類の良心を踏みにじった野蛮行為をもたらし，言論及び信仰の自由が受けられ，恐怖及び欠乏のない世界の到来が，一般の人々の最高の願望として宣言されたので，

人間が専制と圧迫とに対する最後の手段として反逆に訴えることがないようにするためには，法の支配によって人権保護することが肝要であるので，

諸国間の友好関係の発展を促進することが，肝要であるので，

国際連合の諸国民は，国際連合憲章において，基本的人権，人間の尊厳及び価値並びに男女の同権についての信念を再確認し，かつ，一層大きな自由のうちで社会的進歩と生活水準の向上とを促進することを決意したので，

加盟国は，国際連合と協力して，人権及び基本的自由の普遍的な尊重及び遵守の促進を達成することを誓約したので，

これらの権利及び自由に対する共通の理解は，この誓約を完全にするためにもっとも重要であるので，

よって，ここに，国際連合総会は，社会の各個人及び各機関が，この世界人権宣言を常に念頭に置きながら，加盟国自身の人民の間にも，また，加盟国の管轄下にある地域の人民の間にも，これらの権利と自由との尊重を指導及び教育によって促進すること並びにそれらの普遍的かつ

効果的な承認と遵守とを国内的及び国際的な漸進的措置によって確保することに努力するように，すべての人民とすべての国とが達成すべき共通の基準として，この世界人権宣言を公布する。

第1条【自由平等】

すべての人間は，生れながらにして自由であり，かつ，尊厳と権利とについて平等である。人間は，理性と良心とを授けられており，互いに同胞の精神をもって行動しなければならない。

第2条【権利と自由の享有に関する無差別待遇】

1　すべて人は，人種，皮膚の色，性，言語，宗教，政治上その他の意見，国民的若しくは社会的出身，財産，門地その他の地位又はこれに類するいかなる事由による差別をも受けることなく，この宣言に掲げるすべての権利と自由とを享有することができる。

2　さらに，個人の属する国又は地域が独立国であると，信託統治地域であると，非自治地域であると，又は他のなんらかの主権制限の下にあるとを問わず，その国又は地域の政治上，管轄上又は国際上の地位に基づくいかなる差別もしてはならない。

⑨国際人権規約（抄）

1966年12月16日国連第21回総会採択，

1976年3月23日発効

日本1979（昭和54）年6月21日批准

■A規約──経済的・社会的および文化的権利に関する国際規約

第1条【人民の自決の権利】

1 すべての人民は，自決の権利を有する。この権利に基づきすべての人民は，その政治的地位を自由に決定し並びにその経済的，社会的及び文化的発展を自由に追求する。

2 すべての人民は，互恵の原則に基づく国際的経済協力から生ずる義務及び国際法上の義務に違反しない限り，自己のためにその天然の富及び資源を自由に処分することができる。

第6条【労働の権利】

1 この規約の締約国は，労働の権利を認めるものとし，この権利を保障するため適当な措置をとる。この権利には，すべての者が自由に選択し又は承諾する労働によって生計を立てる機会を得る権利を含む。

第8条【団結権】

1 この規約の締約国は，次の権利を確保することを約束する。

(a) すべての者が，その経済的及び社会的利益を増進し及び保護するため，労働組合を結成し及び当該労働組合の規則にのみ従うことを条件として自ら選択する労働組合に加入する権利。〔以下略〕

第11条【生活水準の確保】

1 この規約の締約国は，自己及びその家族のための相当な食糧，衣類及び住居を内容とする相当な生活水準についての並びに生活条件の不断の改善についてのすべての者の権利を認める。〔以下略〕

■B規約──市民的及び政治的権利に関する国際規約

第6条【生存権】

3 生命の剥奪が集団殺害犯罪を構成する場合には，この条のいかなる規定も，この規約の締約国が集団殺害犯罪の防止及び処罰に関する条約の規定に基づいて負う義務を…〔中略〕…免れることを許すものではないと了解する。

第7条【拷問の禁止】

何人も，拷問又は残虐な，非人道的な若しくは品位を傷つける取扱い若しくは刑罰を受けない。特に，何人も，その自由な同意なしに医学的又は科学的実験を受けない。

⑩人種差別撤廃条約（抄）

（あらゆる形態の人種差別の撤廃に関する国際条約）

1965年12月21日 国連第20回総会採択，
1969年1月4日発効
日本1995（平成7）年12月20日批准　条約26

第1条【人種差別の定義】

1 この条約において，「人種差別」とは，人種，皮膚の色，世系又は民族的若しくは種族の出身に基づくあらゆる区別，排除，制限又は優先であって，政治的，経済的，社会的，文化的その他のあらゆる公的生活の分野における平等の立場での人権及び基

本的自由を認識し，享有し又は行使することを妨げ又は害する目的又は効果を有するものをいう。

第2条【当事国の差別撤廃義務】

1　締約国は，人種差別を非難し，また，あらゆる形態の人種差別を撤廃する政策及びあらゆる人種間の理解を促進する政策をすべての適当な方法により遅滞なくとることを約束する。〔以下略〕

第3条【人種隔離の禁止】

締約国は，特に，人種隔離及びアパルトヘイトを非難し，また，自国の管轄の下にある領域におけるこの種のすべての慣行を防止し，禁止し及び根絶することを約束する。

⑪女子差別撤廃条約（抄）

1979年12月18日採択，1981年9月3日発効
日本1985（昭和60）年7月1日批准　条約7

第1条【女子差別の定義】

この条約の適用上，「女子に対する差別」とは，性に基づく区別，排除又は制限であつて，政治的，経済的，社会的，文化的，市民的その他のいかなる分野においても，女子（婚姻をしているかいないかを問わない。）が男女の平等を基礎として人権及び基本的自由を認識し，享有し又は行使することを害し又は無効にする効果又は目的を有するものをいう。

第2条【締約国の差別撤廃義務】

締約国は，女子に対するあらゆる形態の差別を非難し，女子に対する差別を撤廃する政策をすべての適当な手段により，かつ，遅滞なく追求することに合意し，及びこのため次のことを約束する。

（a）　男女の平等の原則が自国の憲法その他の適当な法令に組み入れられていない場合にはこれを定め，かつ，男女の平等の原則の実際的な実現を法律その他の適当な手段により確保すること。(b)〜(g)略

第11条【雇用における差別撤廃】

1　締約国は，男女の平等を基礎として同一の権利，特に次の権利を確保することを目的として，雇用の分野における女子に対する差別を撤廃するためのすべての適当な措置をとる。〔(a)〜(f)略〕

⑫児童の権利条約（抄）

1989年11月10日採択，1990年9月1日発効
日本1994（平成6）年5月16日批准　条約2

第1条【児童の定義】

この条約の適用上，児童とは，18歳未満のすべての者をいう。〔以下略〕

第6条【生命への権利，生存・発達の確保】

①　締約国は，すべての児童が生命に対する固有の権利を有することを認める。

②　締約国は，児童の生存及び発達を可能な最大限の範囲において確保する。

第12条【意見表明権】

① 締約国は，自己の意見を形成する能力のある児童がその児童に影響を及ぼすすべての事項について自由に自己の見解を表明する権利を保障する。〔以下略〕

第16条【プライバシー・通信・名誉の保護】

① いかなる児童も，その私生活，家族，住居若しくは通信に対して恣意的に若しくは不法に干渉され又は名誉および信用を不法に攻撃されない。

第28条【教育への権利】

① 締約国は，教育についての児童の権利を認めるものとし，この権利を漸進的にかつ機会の平等を基礎として達成するため，特に，

　(a) 初等教育を義務的なものとし，すべての者に対して無償のものとする。

　(b) 種々の形態の中等教育（一般教育及び職業教育を含む。）の発展を奨励し，すべての児童に対し，これらの中等教育が利用可能であり，かつ，これらを利用する機会が与えられるものとし，例えば，無償教育の導入，必要な場合における財政的援助の提供のような適当な措置をとる。〔(c)～(e)略〕

⑬消費者基本法（抄）

旧「消費者保護基本法」公布 1968（昭和43）年6月5日 法78

最終改正 2012（平成24）年8月22日 法60

第1条【目的】

この法律は，消費者と事業者との間の情報の質及び量並びに交渉力等の格差にかんがみ，消費者の利益の擁護及び増進に関し，消費者の権利の尊重及びその自立の支援その他の基本理念を定め，国，地方公共団体及び事業者の責務等を明らかにするとともに，…〔中略〕…国民の消費生活の安定及び向上を確保することを目的とする。

第19条【苦情処理及び紛争解決の促進】

① 地方公共団体は，商品及び役務に関し事業者と消費者との間に生じた苦情が専門的知見に基づいて適切かつ迅速に処理されるようにするため…〔中略〕…主として高度の専門性又は広域の見地への配慮を必要とする苦情の処理のあっせん等を行うものとするとともに，多様な苦情に柔軟かつ弾力的に対応するよう努めなければならない。〔②③略〕

⑭環境基本法（抄）

1993（平成5）年11月19日公布

第1条【目的】

この法律は，環境の保全について，基本理念を定め，並びに国，地方公共団体，事業者及び国民の責務を明らかにするとともに，環境の保全に関する施策の基本となる事項を定めることにより，環境の保全に関する施策を総合的かつ計画的に推進し，もって現在及び将来の国民の健康で

文化的な生活の確保に寄与するとともに人類の福祉に貢献することを目的とする。

第2条【定義】

① この法律において「環境への負荷」とは，人の活動により環境に加えられる影響であって，環境の保全上の支障の原因となるおそれのあるものをいう。

② この法律において「地球環境保全」とは，人の活動による地球全体の温暖化又はオゾン層の破壊の進行，海洋の汚染，野生生物の種の減少その他の地球の全体又はその広範な部分の環境に影響を及ぼす事態に係る環境の保全であって，人類の福祉に貢献するとともに国民の健康で文化的な生活の確保に寄与するものをいう。

③ この法律において「公害」とは，環境の保全上の支障のうち，事業活動その他の人の活動に伴って生ずる相当範囲にわたる大気の汚染，水質の汚濁（水質以外の水の状態又は水底の底質が悪化することを含む。……），土壌の汚染，騒音，振動，地盤の沈下（鉱物の掘採のための土地の掘削によるものを除く。以下同じ。）及び悪臭によって，人の健康又は生活環境（人の生活に密接な関係のある財産並びに人の生活に密接な関係のある動植物及びその生育環境を含む。以下同じ。）に係る被害が生ずることをいう。

索 引

■ あ

INF 全廃条約　103
IMF=GATT 体制　206, 207
IT 革命　178
「アイヌ文化振興法」　36
アイヌ民族差別　35
アウン=サン=スー=チー　18
アカウンタビリティ　193
赤字国債　145, 156, 162
アクセス権　45
アグリビジネス　175
朝日訴訟　37, 38
アジア・アフリカ会議　100
アジア太平洋経済協力（APEC）　219
アジア太平洋自由貿易圏（FTAAP）　219
アジア通貨危機　219
アジア NIES　218
アジア・ヨーロッパ首脳会議（ASEM）　218
アジェンダ21　223
足尾銅山鉱毒事件　194
ASEAN 経済共同体（AEC）　99, 218
ASEAN 自由貿易地域（AFTA）　218
ASEAN 地域フォーラム（ARF）　99
アダム=スミス　116
新しい人権　41
圧力団体　85
アパシー　85
アフガニスタン侵攻　102
アフリカ人権憲章　91
アベノミクス　165
「天下り」　64
アムステルダム条約　217
アムネスティ=インターナショナル　31
アメリカ独立革命　6
アメリカ独立宣言　6
アメリカ独立戦争　6
アラブ石油輸出国機構（OAPEC）　102
アル=ゴア　223
安全保障会議　53
安全保障理事会　95
安保論争　49

■ い

育児・介護休業法

違憲立法（法令）審査権　16, 25, 71
いざなぎ景気　162
異次元の金融緩和　157
『石に泳ぐ魚』事件　43, 44
イタイイタイ病　195
一事不再理　29
一国二制度　103
一般意志　5
一般会計予算　145
一般特恵関税　213
一票の格差　82
一票の価値　82
居住・移転の自由　33
伊藤博文　20
イニシアティブ　72
委任立法　64
イノベーション　116, 141
イラク戦争　52
イラク復興支援特別措置法　52
岩戸景気　161
インフォームド=コンセント　46
インフラ　129
インフレーション（インフレ）　135, 156

■ う

ヴァイマル憲法　9, 37
ウィリアム=ペティ　166
ウィルソン　94
ウィーン会議　88
植木枝盛　20
ウェストファリア条約　88
「失われた10年」　165
『宴のあと』事件　43, 44
「宇宙船地球号」　224
ウルグアイ=ラウンド　174, 211

■ え

『永遠平和のために』　94
A 規約　91
『永久平和案』　94
エコマーク　193
エドワード=クック　8
恵庭事件　49
NPO 法　87
エネルギー革命　225
愛媛玉串料訴訟　31
エリザベス救貧法　184
エンゲル係数　123
冤罪　30, 68
円高・ドル安　164,

205
円高不況　164
円安・ドル高　205

■ お

王権神授説　4, 8
「大きな政府」　62
大阪空港公害訴訟　43
大津事件　66
沖縄返還協定　50, 109
沖ノ鳥島　3
汚染者負担の原則（PPP）　197
オゾン層の破壊　221
ODA 大綱　227
オバマ　104
オープン=マーケット=オペレーション　157
温室効果　221
温暖化防止条約　223
オンブズマン制度　62, 75

■ か

改革・開放政策　18, 103, 121, 220
会計検査院　144
外交三原則　109
外国為替銀行　203
外国為替市場　131, 203, 207
介護保険法　37, 73, 187
解散請求　72
会社法　124
解職請求　72
改正安全保障会議設置法　52
改正住民基本台帳法　44
ガイドライン　52
改廃請求　72
開発援助委員会（DAC）　211
開発協力大綱　228
開発独裁　18
外部経済　134
外部性　134
外部不経済　134
下院　15, 16
価格の下方硬直性　132
価格の自動調節機能　132
化学兵器禁止条約（CWC）　105
家永裁判所　64, 66
核拡散防止条約（NPT）　103, 104
拡大 EC　216
核兵器開発競争　100
革命権　5
「学問の自由」　31
核抑止論　100

家計　115, 122
家計貯蓄率　124
「影の内閣」　16, 76
貸金業法　153
可処分所得　123
カストロ政権　101
寡占　132
過疎　132
華族　21, 34
価値尺度手段　151
価値貯蔵手段　151
学校教育法　40
合併・買収（M&A）　215
家庭裁判所　66
家電リサイクル法　198
株式　124
株式会社　124
株式市場　131
株式の相互持ち合い　127
株主　124
株主総会　126
カルテル　133
過労死　180
為替介入　205
為替手形　203
簡易裁判所　66
環境アセスメント条例　75
環境アセスメント（環境影響評価）法　42, 197
環境基本法　42, 197
環境権　42
環境省　197
環境保護運動　85
環境ホルモン　196
監査請求　72
関税　148
関税及び貿易に関する一般協定（GATT）　118, 207, 210
関税同盟　216
間接金融　152
間接税　148
間接統治　108
間接民主制　11
完全競争市場　130, 131
環太平洋経済連携協定（TPP）　219
カント　94
管理価格　132
管理通貨制度　156
官僚制　64

■ き

議院規則制定　56
議院内閣制　15, 59
議会　4, 11
機械打ち壊し運動　176
議会政治　11

議会制民主主義 11, 55
機関委任事務 73
企業 114, 122
企業統治 127
企業の社会的責任 (CSR) 128
企業物価指数 135
企業別組合 178
気候変動に関する政府間パネル(IPCC) 223
気候変動枠組条約 221, 223
基軸通貨 205, 207
期日前投票制度 83
岸信介 49
技術革新 116, 178
規制緩和 129, 182
寄生地主制 171
貴族院 15, 21
北大西洋条約機構(NATO) 99, 106, 107
規模の経済 117, 132
基本的人権 6, 27
基本的人権の尊重 24, 27
基本的人権の保障 4, 6, 91
義務教育 40
逆進性 149
牛肉・オレンジの輸入自由化 174
キューバ危機 101
教育基本法 40
教育の機会均等 34, 40
教育を受けさせる義務 28, 40
教育を受ける権利 37, 40
供給 129
恐慌 142
強行採決 12
共産党(ソ連) 102
共産党(中国) 18
教書 16
行政委員会 61
行政監察官制度 62, 75
行政官僚 64
行政国家 62
行政裁判 68
行政裁判所 64
行政刷新会議 63
行政指導 62
行政手続法 62
「共通だが差異ある責任」 224
共同企業 124
共同防衛義務 49
京都議定書 221
恐怖の均衡 100
「狂乱物価」 137

拒否権(国連) 95
拒否権(米) 16
緊急集会(参議院の) 57
緊急輸入制限 174
キングストン協定 208
均衡価格 131
「銀行の銀行」 155
緊張緩和 101, 103
欽定憲法 20
金本位制 155, 207
金融 152
金融機関 152
金融危機 142
金融市場 131, 156, 203
金融自由化 158
金融収支 202
金融政策決定会合 157
金融庁 158
金融ビッグバン 158
勤労者 38, 176
勤労所得 123
勤労の義務 28

■ く
クエスチョン=タイム 59
グナイスト 20
熊本水俣病 195
グラスノスチ(公開性) 102
クーリング=オフ制度 191, 192
グリーン購入 193
グリーン=コンシューマー 192, 193
グリーンGDP 140
グロティウス 89
グローバル化 215
クロヨン 150
軍国主義 14, 28, 31
軍縮特別総会 105
軍法会議 65

■ け
経営所得安定政策 175
計画経済 13, 114, 120, 220
景気循環 142
景気変動 142
経済 114
経済活動の自由 8, 32, 115
経済協力開発機構(OECD) 211
経済社会理事会 95
経済主体 122
経済成長 141
経済成長率 141
経済相互援助会議 99
経済大国 112

経済調和事項 196
経済的自由権 29
経済特別区 220
経済のグローバル化 178, 206
経済のサービス化 167
経済の民主化 160, 161
経済摩擦 163
経済連携協定(EPA) 216
警察予備隊 47
刑事裁判 68
刑事補償請求権 41
傾斜生産方式 160
経常収支 202
「軽薄短小」型 166
ケインズ 117, 142
ゲティスバーグ演説 8
ケネー 117
ケネディ 101, 191
検閲 32
減価償却 138
研究開発(R & D)投資 141
兼業化 172
現金通貨 151
健康保険 185
原告 67
検察官 68
検察審査会 70
検察庁 69
原子力発電所 226
原水爆禁止運動 112
「憲政の常道」 21
建設国債 145
減反政策 172
憲法 4
憲法改正時の国民投票 40
憲法研究会 23
憲法審査会 25
憲法前文 24, 46
憲法調査会 25
「憲法草案要綱」 23
「憲法の番人」 71
憲法問題調査委員会 23
「権利請願」 8
権力 2
権力集中制 17
権力分立制 10
言論の自由 8

■ こ
小泉純一郎内閣 79
公開市場操作 157
「公海自由の原則」 89
公害対策基本法 42, 196
公開の法廷 67
公害問題 41, 194
交換手段 151

公企業 124
後期高齢者医療制度 187
好況 142
公共財 123, 134
「公共の福祉」 28, 33
合資会社 126
皇室裁判所 65
公衆衛生 37, 185
工場制度 116
工場長責任制 220
公職選挙法 81-83
硬性憲法 25
公正取引委員会 61, 133
厚生年金制度 186
交戦権の否認 47
拘束名簿式比例代表制 81
公聴会 57
郷鎮企業 220
公定歩合 157
公的介護保険制度 187
公的扶助 185
合同会社 126
高等検察庁 70
高等裁判所 66
高度経済成長 42, 158
後発発展途上国(LDC, LLDC) 213, 229
幸福追求権 42, 43
公平の原則 147
合名会社 126
高齢社会 150
国債 145, 150
国際開発協会(IDA) 211
国際慣習法 89
国際共産党情報局 99
国際協調主義 109
国際協力機構(JICA) 228
国際刑事裁判所(ICC) 91
国際決済銀行(BIS) 159
国際司法裁判所 90, 95
国際収支 202
「国際収支の天井」 162
国際人権規約 91, 185
国際石油資本 213
国際通貨基金(IMF) 118, 207
国際標準化機構(ISO) 196
国際復興開発銀行(IBRD) 207
国際分業 199
国際法 89
国際連合 94
国際連盟 94

国際労働機関（ILO）96, 185
国事行為 24, 61
国税 148
国勢調査 82
国政調査権 56
国籍条項 36
国選弁護人制度 69
国内純生産（NDP）138
国内総生産（GDP）112, 138
国富 140
国民 2, 93
国民皆年金 186
国民皆保険 186
国民経済 122
国民経済計算体系（SNA）138
国民健康保険法 37, 186
国民主権 6, 7, 24
国民純生産（NNP）138
国民純福祉（NNW）140
国民所得（NI）138
国民所得の三面等価 139
国民審査 40, 66
国民生活センター 191
国民全体の代表 12
国民総所得（GNI）138
国民総生産（GNP）138, 162
国民投票法 25
国民年金法 186
国民の三大義務 28
国連改革 98
国連海洋法条約 90, 93
国連加盟 108
国連環境開発会議 223
国連環境計画（UNEP）223
国連軍 96
国連憲章 90, 94
国連食糧農業機関（FAO）96
国連総会 31
国連人間環境会議 223
国連分担金 98, 109
国連平和維持活動（PKO）協力法 51
国連貿易開発会議（UNCTAD）213
児島惟謙 66
55年体制 77
個人企業 124
個人情報保護関連法 44

コスト＝プッシュ＝インフレーション 135
護送船団方式 158
コソボ問題 106
5大国 95
国会 25, 55, 56
国会対策委員会 59
国家権力 2, 10
国家公安委員会 61
国家公務員法 39
国家神道 10
国家賠償請求権 41
『国家論』 2
「国権の最高機関」 55
固定為替相場制 207
固定資産税 148
固定資本減耗 138
戸別所得補償制度 175
コーポレート＝ガバナンス 127
コミンフォルム 99
米の輸入自由化 174
コモン＝ロー 8
コール市場 157
ゴルバチョフ 102
混合経済 119
コンプライアンス 128

■ さ

財 114, 122, 129
罪刑法定主義 30
最高検察庁 70
最高裁判所 64, 66
最高裁判所の規則制定 56
最高人民法院 18
最後の貸し手 156
財産権の保障 32, 115
再審制度 30, 68
財政 143
財政投融資計画 147
財政の硬直化 146
財政の自動安定化装置 143
財政民主主義 144
最低輸入量 174
財投債 147
在日外国人差別 35
在日韓国・朝鮮人 35
財閥解体 108, 160
裁判員裁判 68
裁判員法 68
裁判官の独立 66
裁判所 4
再販売価格維持制度 190
裁判を受ける権利 68
裁量的財政政策 143
砂漠化 221
サービス 114, 122, 131
サービス残業 180

サービス収支 202
サブプライム危機 142
サボタージュ（怠業）39
サミット 211, 214
参議院 56
参議院の緊急集会 57
産業革命 116, 176
産業公害 194
産業構造の高度化 161, 169
産業集積型 169
三権分立 10, 55
三十年戦争 88
参審制 67
三審制度 67
酸性雨 221
参政権 40
「三ちゃん農業」172
サンフランシスコ会議 94
サンフランシスコ平和条約 49, 108, 109
「三位一体改革」74
「三割自治」74

■ し

自衛隊 47
自衛隊法 47
ジェンダー 34
私擬憲法 20
「事業仕分け」63, 129
事業税 148
資金吸収オペレーション 157
資金供給オペレーション 157
死刑廃止条約 31
資源循環型社会 198
資源ナショナリズム 213
資源配分の調整 143
自己決定権 46
自己破産 153, 190
資産所得 123
自主財源 74
支出 139
市場 129
市場経済 114
市場の失敗 132
市場メカニズム 120
G7 210, 211
自然環境保全法 42, 197
事前協議 49
自然権 5, 6
自然権思想 5
「思想・良心の自由」31
持続可能な開発 223
下請け型 169
自治事務 73
市町村合併 74
市町村民税 148

失業率 164, 182
実質経済成長率 141
疾病保険法 184
幣原喜重郎 23
G20 212
児童手当法 186
児童の権利条約 92
死票 80
シビリアン＝コントロール 48
G5 163, 209
司法権の独立 64, 66
司法制度改革審議会 67
資本主義経済 114, 116
市民運動 85
市民階級 4
市民革命 5, 116
『市民政府二論』5
事務総長（国連）97
シャウプ税制 149
社会契約説 5
『社会契約論』5
社会権（社会権の基本権）9, 37
社会権規約 91
社会主義 13, 17
社会主義経済 120
社会主義市場経済 121, 220
社会的責任投資（SRI）128
社会福祉 37, 185
社会保険 185
社会保険制度 184
社会保障 37, 184
社会保障制度 185
シャドー＝キャビネット 16, 77
周恩来 100
「集会・結社・表現の自由」7
重化学工業化 161, 166
衆議院 21, 56
衆議院の解散 60
衆議院の優越 57
自由権（自由権的基本権）8, 29, 37
自由権規約 91
「重厚長大」型 166
重商主義 4, 117
終身雇用制 178
自由選挙 80
集団的安全保障 94
集団的自衛権 49, 53
周辺事態法 52, 109
自由貿易 200
自由貿易協定（FTA）216
自由放任主義 117
住民運動 74
住民基本台帳ネットワ

ーク 44
自由民権運動 20
「住民自治」 71
自由民主党 77
住民税 148
住民投票 40, 72
住民投票条例 75
主業農家 172
主権 2, 93
主権国家 2, 93
主権者 3
出入国管理及び難民認定法（入管法） 182
ジュネーヴ軍縮委員会 105
ジュネーヴ四巨頭会談 101
需要 131
主要国首脳会議 211
循環型社会形成推進基本法 198
シュンペーター 118
上院 15, 16
常会 57
消極国家 37
上告 67
少子高齢社会 188
小選挙区制 80
小選挙区比例代表並立制 81
上訴 67
小党分立制 77
常任委員会 57
常任理事国 95, 98
消費者運動 85
消費者基本法 193
消費者契約法 192
消費者庁 193
「消費者の四つの権利」 191
消費者物価指数 135
消費者保護基本法 191, 193
消費税 148
消費生活センター 191
消費性向 123
情報開示 159
情報化社会 43
情報公開条例 45, 75
情報公開法 45, 62
情報の非対称性 133
常務委員会 18
条約 89
条例 3
条例制定権 72
職業選択の自由 33
職能給 179
食糧管理制度 171, 174
食料自給率 173, 174
食料・農業・農村基本法 174
『諸国民の富』 116
女子差別撤廃条約

34, 92
所得再分配の機能 143
所得税 143, 148
庶民院 15
所有と経営の分離 126
地雷禁止国際キャンペーン 105
知る権利 44
新ガイドライン 52, 109
審議の原理 12
「信教の自由」 31
新興工業経済地域（NIES） 212, 219
人工知能（AI） 167
新国際経済秩序（NIEO） 214
人事院 61
神社神道 31
人種差別撤廃条約 92
新食糧法 174
人身（身体）の自由 8, 29
信託統治理事会 95
人民主権 5
「臣民の権利」 20
神武景気 161
信用創造 153, 154
新冷戦 102

■ す
垂直的公平性 147, 150
垂直的分業 200
水平的公平性 147, 150
水平的分業 200
枢軸国 94, 99
枢密院 23
スエズ動乱 100
スタグフレーション 137
スターリン 13
ステークホルダー 127
ストック 140
ストックオプション 126
ストライキ（同盟罷業） 38, 39
砂川事件 49
スミソニアン協定 208

■ せ
成果給 179
生活型公害 195
生活保護法 37, 185
請願 85
請願権 41
清教徒革命 6
政教分離 31
政権公約 76

制限選挙 13, 40
政策金利 157
生産 115, 137
生産手段 13
生産の集中 117
政治 2
政治献金 85
政治資金規正法 79
精神的自由権 29, 31
製造物責任法（PL法） 192
生存権 9, 37, 42, 185
政党交付金 79
政党助成法 79
政党政治 76
青年海外協力隊 228
政府 122
政府開発援助（ODA） 109, 142, 227
生物兵器禁止条約 105
「政府の銀行」 155
成文憲法 4
成文国際法 89
成文法 3
勢力均衡 88
政令 61
政令指定都市 75
世界大恐慌 22, 117, 142, 155
世界銀行（IBRD） 207, 211
世界人権宣言 91, 185
「世界の工場」 117
世界貿易機関（WTO） 174, 211
責任内閣制 60
石油危機 137, 163, 211
石油輸出国機構（OPEC） 163, 213, 225
セクシュアル＝ハラスメント（セクハラ） 34, 181
セクショナリズム 64
積極国家 37
積極的無関心 84
絶対王政（絶対主義） 4
絶対君主制 4
設備投資 161
説明責任 193
セーフガード 174
セーフティ＝ネット 183, 188
ゼロ＝エミッション 198
ゼロ金利政策 156
全会一致の原則 94
尖閣諸島 93, 110
選挙 80
選挙運動 82
選挙管理委員会 83

選挙区選挙 81
選挙権の平等 34
全国人民代表大会（全人代） 18
全国水平社 35
「専守防衛」 48
先進国首脳会議 211
『戦争と平和の法』 89
戦争の放棄 47
「全体の奉仕者」 39, 64
全米自由貿易地域（FTAA） 218
戦略兵器削減条約（START） 103
戦略兵器制限交渉（SALT） 103
戦略防衛構想（SDI） 102
戦力の不保持 47

■ そ
ソヴィエト社会主義共和国連邦 13, 120
総会（国連） 95
争議権 38, 176
総辞職 60
総選挙 57
遡及処罰の禁止 29
族議員 78, 85
租税 10, 147
租税法律主義 147
尊厳死 46
尊属殺重罰規定違憲判決 71

■ た
第一次世界大戦 90, 117
第1次石油危機 137, 163, 225
代議制 11
代議政治 11
耐久消費財 118
怠業 39
大国一致の原則 95
第五福竜丸事件 100
第三世界（第三勢力） 100
大衆運動 85
大衆政党 85
大衆民主主義 84
大正デモクラシー 21
対人地雷禁止条約 105
大西洋憲章 94
大選挙区制 80
大統領制 16
第二次世界大戦 98, 99
第2次石油危機 137, 226
大日本帝国憲法 20
代表の原理 12
代表民主主義 11

256 索引

第4次中東戦争 100,
　106, 225
大陸間弾道弾(ICBM)
　100
代理戦争 100
兌換銀行券 155
竹島 93, 110
多国籍企業 215
多国籍軍 106, 190
多重債務 153, 190
タックス＝ヘイブン
　215
多党化 78
田中角栄 108
田中正造 194
弾劾裁判所 66
団塊の世代 181
団結権 38, 176
男女共同参画社会基本
　法 34, 181
男女雇用機会均等法
　34, 92, 181
男女の本質的平等 34
男女普通選挙制 23
炭素税 223
団体委任事務 73
団体交渉権 38, 176
団体行動権 38, 176
「団体自治」 71
ダンバートン＝オー
　クス会議 94
ダンピング 133

■ ち
治安維持法 22, 31,
　176
治安警察法 176
「小さな政府」 129
地球温暖化 221
地球サミット 223
知事 72
知識集約型産業 166
知的財産権(知的所有
　権) 168, 211, 217
地方検察庁 70
地方公営企業 124
地方公共企業体 124
地方公共団体 3, 71
地方交付税交付金
　74, 147
地方公務員法 39
地方債 74
地方裁判所 66
「地方自治は民主主義
　の学校」 71
地方税 148
地方分権一括法 72
地方分権推進法 72
チャーチスト運動 13
チャーチル 94
中距離核戦力(INF)全
　廃条約 103
中小企業 168
中小企業基本法 168
中選挙区制 81

中ソ対立 100
朝鮮人強制連行 14
朝鮮戦争 47, 96, 100,
　160
直接金融 152
直接税 148
直接選挙 55, 80
直接民主制 11
直間比率 148
陳情 85

■ つ
通常国会 57
通信の秘密 32
通信傍受法 32
津地鎮祭訴訟 31, 32

■ て
帝国議会 21
帝国主義 13, 89
定住外国人 41
ディスクロージャー
　(情報開示) 159
ディマンド＝プル＝
　インフレーション
　135
手形割引 153
デタント 101, 103
デフレーション(デフ
　レ) 135, 136
デフレ＝スパイラル
　136
テロ対策特別措置法
　52
天安門事件 18, 103
天皇 4, 15, 59
天皇機関説 21
天皇主権 24

■ と
東欧革命 102
東西冷戦 99
当座預金 151, 153
同時多発テロ事件
　52, 107
党首討論 59
統帥権の独立 21
統治行為論 71
『統治二論』 5
東南アジア諸国連合
　(ASEAN) 99, 218
東南アジア非核兵器地
　帯条約 104
投票率 80, 83
同和対策審議会答申
　35
同和問題 35
独裁政権 18
特需 160
特殊法人 62
独占 132
独占禁止法 33, 133
特定非営利活動促進法
　87
特定秘密保護法 45

特別委員会 57
特別会 57
特別会計予算 145
特別行政区 103
特別国会 57
特別裁判所 66
特別引出し権(SDR)
　208
独立国家共同体(CIS)
　102
特例国債 145
ドッジ＝ライン 160
都道府県民税 148
ドーハ＝ラウンド
　211
トラテロルコ条約
　104
取締役会 126
ドル危機 208, 211
トルーマン 99
トルーマン＝ドクト
　リン 99
トレードオフ 114
ドント式 82

■ な
内閣 4, 15, 59
内閣総理大臣 59
内閣の助言と承認
　24, 61
内閣不信任決議 57
長沼ナイキ基地訴訟
　49
ナショナリズム 89
ナショナル＝ミニマ
　ム 143, 185
ナチス 14, 28
南南問題 213
南米南部共同市場
　(MERCOSUR)
　218
南北朝鮮首脳会談
　103
南北問題 212

■ に
新潟水俣病 195
ニクソン＝ショック
　208
ニース条約 217
二大政党 16, 76
日米安全保障条約
　49, 108, 109
日米相互防衛援助
　(MSA)協定 109
日米地位協定 50, 109
日米同盟 53, 109
日米防衛協力のための
　指針 52, 109
日華平和条約 108
日韓基本条約 108
日ソ共同宣言 108
ニッチ型 169
日中共同声明 108
日中平和友好条約

109
日朝国交正常化交渉
　108
日本銀行 151, 155
日本国憲法 23
ニューディール政策
　117, 184
人間の安全保障 228

■ ね
「ねじれ国会」 56
熱帯雨林の消失 221
年功序列型賃金 178
年次有給休暇 180
年俸制 179

■ の
農業基本法 171
納税の義務 28, 147
農地改革 108, 160,
　171
ノーマライゼーション
　190

■ は
バイオテクノロジー
　175
陪審制 68
排他的経済水域 93,
　110
配当 124
ハイパー＝インフレ
　ーション 135
「派遣切り」 182
派遣労働者 165, 178,
　182
「発券銀行」 155
パートタイマー 178,
　182
鳩山一郎 108
派閥 78
バブル経済 137, 164,
　178
バリアフリー化 128,
　189, 190
パリ協定 223
パレスチナ解放機構
　(PLO) 106
パレスチナ問題 106
バンドン会議 100
「万人の万人に対する
　闘争」 5

■ ひ
非営利組織 86
PL法 192
非価格競争 133
非核三原則 50, 112
比較生産費説 199
東日本大震災 226
非関税障壁 211
ビキニ環礁水爆実験
　100
B規約 91
非競合性 134

PKO 協力法　51
非拘束名簿式比例代表
　制　82
被告　68
非自民連立政権　79
非常任理事国　95, 109
ビスマルク　184
非正規労働者　165
非政府組織 (NGO)
　96, 105, 108, 214
ビッグデータ　167
非同盟諸国首脳会議
　100
ヒトラー　14, 206
秘密選挙　80
百里基地訴訟　49
ビューロクラシー　64
表現の自由　43
平等選挙　80
ビルト＝イン＝スタ
　ビライザー　143
比例代表制　81

■ ふ
ファシスト政権　14
ファシズム　10, 14
フィスカル＝ポリシ
　ー　143
フィラデルフィア宣言
　185
フィランソロピー
　128
フェアトレード　214
付加価値生産性　170
不換銀行券　156
不起訴処分　70
武器輸出禁止　112
武器輸出三原則　50
不況　142
福祉国家　9, 37
福島第一原子力発電所
　の事故　198, 226
不在者投票制度　83
フセイン　106
不逮捕特権　59
普通選挙制　13, 40
普通選挙　22
普通預金　151, 153
復興債　145
復興庁　62
ブッシュ　102
不当廉売　133
不当労働行為　39, 177
部分的核実験禁止条約
　(PTBT)　103
不文法　3
不法就労　182
不法投棄　196
プライス　71
プライス＝テーカー
　131, 133
プライス＝リーダー
　132
プライバシーの権利
　43

プライマリー＝バラ
　ンス　145
部落差別　35
ブラクトン　8
プラザ合意　210
フランス革命　14
フランス人権宣言　6
フリードマン　119
不良債権　158, 164
武力攻撃事態対処法
　52
フレックスタイム制
　180
ブレトン＝ウッズ体
　制　207
フロー　140, 202
プロイセン憲法　20
プログラム規定説　37
ブロック経済　206
プロレタリア独裁体制
　13
分配　114, 139
文民　59
文民統制　47

■ へ
ペイ＝オフ　159
「平成の大合併」　74
平成不況　164
平和維持活動　96
平和維持軍　96
平和共存　101
「平和原則14カ条」　94
平和憲法　24
平和五原則　100
平和十原則　100
平和主義　24, 46
平和的生存権　46
「平和のための結集」決
　議　96
ヘッジファンド　215
ペティ・クラークの法
　則　166
ベトナム戦争　100,
　208, 218
ベバリッジ報告　184
ベルリンの壁　101
ペレストロイカ (改革)
　102
変形労働時間制　180
弁護人　68, 69
弁護人依頼権　29, 69
ベンチャー＝ビジネ
　ス　169
変動為替相場制　208

■ ほ
保安隊　47
法　3
防衛省　54
防衛庁　47
貿易収支　202
貿易摩擦　164, 210
法科大学院　70
包括的核実験禁止条約

　(CTBT)　104
法治主義　8
法定受託事務　73
法定手続の保障　29
法的権利説　37
「法の支配」　8
『法の精神』　10
法律　3
北米自由貿易協定
　(NAFTA)　217
保護貿易　200
保守合同　77
補正予算　145
捕捉率　150
ボーダン　2
ポツダム宣言　22, 108
ホッブズ　5
北方領土問題　93, 110
輔弼機関　21
堀木訴訟　37
ポリシー＝ミックス
　144

■ ま
マイナス金利　157
マイナンバー　44
マイノリティ　35
マーシャル＝プラン
　99
マス＝コミュニケー
　ション (マスコミ)
　83
マーストリヒト条約
　98, 103, 217
マス＝メディア　45,
　83
マッカーサー　23
マッカーサー三原則
　23
松本烝治　23
マニフェスト (政権公
　約)　76
マネー＝サプライ
　152
マネー＝ストック
　152
マルクス　120
マルタ会談　102

■ み
「見えざる手」　117
ミニマム＝アクセス
　174
美濃部達吉　21
民営化　129
民会　11
民事裁判　68
民主社会党　78
民主集中制　17
民主主義　10, 24
「民主主義の学校であ
　る」　71
民主党　79
民族紛争　100
民定憲法　20

民本主義　21

■ む
無過失責任制　197
無限責任社員　125
無差別最恵国待遇
　210
ムッソリーニ　14, 206
村山富市　79

■ め
明治憲法　23
名誉革命　6
メジャー　213
メセナ　128
免責特権　59

■ も
黙秘権の保障　30
持分会社　126
モノカルチャー経済
　212
モンテスキュー　10

■ や
薬害エイズ問題　45
薬事法距離制限違憲判
　決　77
夜警国家　9, 37, 61,
　117
靖国神社公式参拝
　31, 32, 111
野党　76
ヤルタ会談　99

■ ゆ
唯一の立法機関　55
有限責任　124
有限責任社員　125
有効需要　117, 142
有事法制関連三法　52
柳美里　44
輸入課徴金　210
ユーロ　98, 217

■ よ
容器包装リサイクル法
　198
預金準備率操作　157
預金通貨　151
予算　144
予算の先議　57
吉野作造　21
四日市ぜんそく　195
与党　60, 76
ヨーロッパ安全保障協
　力会議 (CSCE)
　101, 103
ヨーロッパ安全保障協
　力機構 (OSCE)
　103
ヨーロッパ共同体
　(EC)　216
ヨーロッパ経済共同体
　(EEC)　216

258　索引

ヨーロッパ原子力共同体（EURATOM）216
ヨーロッパ司法裁判所 98
ヨーロッパ人権裁判所 91
ヨーロッパ人権条約 91
ヨーロッパ石炭鉄鋼共同体（ECSC）216
ヨーロッパ中央銀行（ECB）217
ヨーロッパ通常戦力（CFE）条約 105
ヨーロッパ連合（EU）98, 108, 216, 217
ヨーロッパ連合条約 217
世論 83, 93
世論操作 84
四大公害事件 195

■ ら

ラダイト運動 176
ラッサール 9
ラテンアメリカ統合（ALADI）218
ラロトンガ条約 104

■ り

『リヴァイアサン』 5
利益誘導政治 78
リカード 199
リクルート事件 64, 79
リコール 72
利潤 116
リージョナリズム 216
リスケジューリング 214
リスト 200
リストラ 164
リスボン条約 99, 217
立憲主義 4
リーマン＝ショック 142, 182
領域 2, 93
両院協議会 57
領土 2, 93
リンカン 8
臨時会 57
臨時国会 57

■ る

累進課税 143, 148
累積債務問題 214
ルソー 5, 6
ルーブル合意 210

■ れ

令状主義 30
冷戦 47, 51, 99
冷戦の終結 102

レーガノミクス 209
レーガン 102
レッセ＝フェール 117
レーニン 13, 120
レファレンダム 72
連合国軍最高司令官総司令部（GHQ／SCAP）23, 108, 160
連座制 83
連邦議会 16
連立政権の時代 79
連立内閣 60

■ ろ

労働委員会 39, 177
労働関係調整法 39, 177
労働基準法 38, 176, 181
労働基本権 37
労働組合法 38, 177
労働三権 38, 176
労働三法 38, 160, 176
労働市場 131
労働者派遣法 178
6次産業 175
ロシア革命 9, 13, 120
ローズヴェルト 94, 117
ロッキード事件 79
ロック 5, 6
ロックアウト（作業所閉鎖）39
ロビイスト 85
ローマ条約 216

■ わ

ワイマール憲法 9, 37
ワーク＝ライフ＝バランス 184
ワルシャワ条約機構（WTO）100
湾岸戦争 51, 106, 109

■ 欧文略語

AEC 99, 218
AFTA 218
AI 167
ALADI 218
APEC 219
ARF 99
ASEAN 99, 218
ASEM 218
BIS 159
BRICS 212
CFE 105
CIS 103
COMECON 99
CSCE 101, 103
CSR 128
CTBT 104
CWC 105
DAC 211

EC 216
ECB 217
ECSC 216
EEC 216
EPA 216
EU 98, 108, 216, 217
EURATOM 216
FAO 96
FTA 216
FTAA 218
FTAAP 219
G5 163, 209
G7 210, 211
G20 212
GATT 118, 207, 210
GDP 112, 138
GHQ 23, 47, 108, 160
GNI 138
GNP 138, 162
IBRD 207, 211
ICBM 100
ICC 91
IDA 211
ILO 96, 185
IMF 118, 207
INF 103
INGO 214
IPCC 223
ISO 196
JICA 228
LDC 213, 229
LLDC 213, 229
M&A 215
MERCOSUR 218
MSA 109
NAFTA 217
NATO 99, 106, 107
NDP 138
NGO 96, 105, 108, 214
NI 138
NIEO 214
NIES 212, 219
NNP 138
NNW 140
NPO 86
NPT 103, 104
OAPEC 163
ODA 109, 214, 227
OECD 211
OPEC 163, 213, 225
OSCE 103
PKF 96
PKO 96
PL 192
PLO 106
PPP 197
PTBT 103
R&D 141
SALT 103
SCAP 23, 108, 160
SDI 102
SDR 208
SNA 138
SRI 128

START 103
TPP 219
UNCTAD 213
UNEP 223
WTO（世界貿易機関）174, 211
WTO（ワルシャワ条約機構）100

編者

山崎　広明 やまざきひろあき

執筆者

山崎　広明

平島　健司 ひらしまけんじ

阪口正二郎 さかぐちしょうじろう

粕谷　　誠 かすやまこと

故 村田　彰夫 むらたあきお

装幀　菊地信義　　カバーイラスト　石井香衣

もういちど読む山川政治経済［新版］
やまかわせいじけいざい

2018年6月20日　1版1刷　印刷
2018年6月25日　1版1刷　発行

編　者　山崎広明
やまざきひろあき

発行者　野澤伸平

発行所　株式会社 山川出版社

　　　　〒101-0047　東京都千代田区内神田1-13-13
　　　　電話　03（3293）8131（営業）・8135（編集）
　　　　https://www.yamakawa.co.jp/
　　　　振替　00120-9-43993

印刷所　株式会社 加藤文明社
製本所　株式会社 ブロケード

©Hiroaki Yamazaki 2018 Printed in Japan
ISBN 978-4-634-59107-3
造本には十分注意しておりますが，万一，落丁・乱丁などがございましたら，
小社営業部宛にお送り下さい。送料小社負担にてお取り替えいたします。
定価はカバーに表示してあります。